성공을 위한 

리허설
Rehersal

김영기 외 20인 공저

성공을 위한 **리허설**
Rehersal

초판 1쇄 발행 2012년 2월 1일

지 은 이 김영기 박사 외 20인 공저

발 행 인 권선복

편집주간 오성용

디 자 인 엄희주

교정교열 박소은, 이정화

업무지원 박순예, 박소은

마 케 팅 이승훈, 이란

발 행 처 도서출판 행복에너지

출판등록 제315-2011-000035호

주   소 서울특별시 강서구 화곡동 24-322

전   화 0505-666-5555

팩   스 0303-0799-1560

홈페이지 www.happybook.or.kr

이 메 일 ksb6133@naver.com

값 15,000원
ISBN 978-89-966988-8-3   03040

도서출판 행복에너지는 독자 여러분의 아이디어와 원고 투고를 기다립니다. 책으로 만들기를 원하는 콘텐츠가 있으신 분은 이메일이나 홈페이지를 통해 간단한 기획서와 기획의도, 연락처 등을 보내주십시오. 행복에너지의 문은 언제나 활짝 열려 있습니다.

성공을 위한 리허설

Rehersal

김영기 외 20인 공저

차례

Dream

Smile

성공_을
위한 *Rehersal*

성공 앞에 희망을 잃어버리고

의욕을 발휘하지 못하는 많은 이들에게

"우리의 마음은 밭이다. 그 안에는 기쁨, 사랑, 즐거움, 희망과 같은 긍정의 씨앗이 있는가 하면 미움, 절망, 좌절, 시기, 두려움 등과 같은 부정의 씨앗이 있다. 어떤 씨앗에 물을 주어 꽃을 피울지는 자신의 의지에 달렸다."

이것은 틱낫한 Thich Nhat Hanh 스님이 남긴 명언입니다. 그분의 말처럼 모든 것의 근간에는 우리들의 마음이 자리하고 있습니다.

치솟는 물가와 불안정한 정국, 그로 말미암아 각박해져 가는 세상 속에서 우리들은 살아가고 있습니다. 이러한 배경 때문인지 과거보다 사람과 사람과의 온기가 싸늘하게 식어가고 있다는 인상을 지울 수가 없습니다. 이를 증명이라도 하듯 주위를 둘러보면 온통 그릇된 인생관과 성공관, 물질주의적이고 개인주의적인 성향의 사람들이 눈에 들어옵니다.

이제 '성공'이라는 화두는 더는 영광의 의미가 아니며, 정의와 정도를 걷는 영예의 자리가 아닌 실정입니다. 세파에 찌든 사람들은 그저 지금의 상태보다 경제적으로 풍족해지는 것, 남보다 재화를 많이 가지는 것을 '성공'이라 쉽게 이야기하고 있습니다. 흡사 탈출이나 해방과 같은 맥락으로 성공을 이야기하는 것입니다. 하지만, 부의 축적과 무분별한 경쟁은 성공과 구분되어야 합니다. 성공이란 그것을 이루었을 때 행복해야만 진정한 성공이라고 볼 수 있기 때문입니다. 행복과 일치하는 성공의 삶을 지향하는 것은 이런 이유에서 시작됩니다.

그릇된 의미로 퍼지는 성공의 의미를 다시 회복시키기 위해, 진정한 성공관을 설파하고자, 대한민국의 숨은 힘을 상징하는 각계의 인사들을 섭외하여 한 권의 책으로 엮었습니다. 행복학, 경영학, 시니어 학습, 건강학, 리더십, 컨설팅, 진로진학, 실무로 얻은 노하우 등 각기 다른 전문분야를 가진 명사들의 노하우와 정보가, 막연한 성공 앞에 희망을 잃어버리고 의욕을 발휘하지 못하는 많은 이들에게 큰 도움이 되리라 믿습니다.

사람들이 다시 성공을 꿈꿀 수 있는 책을 만들자는 취지로 시작한 작업은, 각계각층에서 혁혁한 이력을 자랑하는 인물들을 대상으로 섭외를 시작하여, 이중 참여의사를 표한 분들의 원고를 받아 진행되었습니다. 훌륭한 원고를 보내주시고 편집기간 내내 적극적으로 참여해주신 김영기 박사님 외 20분의 협조에 진심으로 감사의 인사를 올립니다.

아울러, 원고를 읽고서 진심 어린 칭찬과 격려를 보내주시고 흔쾌히 추천사를 써주신 김철운 한국물가협회 회장님과 유준상 한국정보기술연구원

원장님에게도 고마움을 표합니다. 앞으로도 보내주신 관심과 기대에 어긋나지 않는 좋은 책을 만들도록 더욱 정진하겠습니다.

우리들의 마음에는 기름지고 드넓은 밭이 존재하고 있습니다. 그 밭에 어떤 씨앗을 뿌리고 키워나갈지 이 책을 통해 다시 한 번 생각해보는 계기가 되길 빌어봅니다.

모두의 밭에 성공의 싹이 움트길 기대하며.

2012년 2월 1일

도서출판 행복에너지

대표 권선복 외 편집부 일동 드림

성공은 배우고 연습한 자에게 찾아온다

김철운 한국물가협회 회장

윈스턴 처칠은 "성공이란 열정을 잃지 않고 실패를 거듭할 수 있는 능력이다."라고 정의했습니다. 이는 쉽게 공감이 가는 말이며, 그만큼 당연하게 들리는 말이기도 합니다. 문제는 이 쉬운 말을 실천하기가 너무나 어렵다는 것입니다. 따라서 윈스턴 처칠의 말은 "열정을 잃지 않고 계속 노력하고 경험을 쌓아야만 성공할 수 있다"는 의미로 바꿔 생각할 수 있습니다.

성공과 행복한 삶을 위해 우리는 열정을 잃지 않는 방법부터 배워야 합니다. 실패를 거듭하더라도 모든 역경을 반복하더라도 기세가 꺾이지 않는 강한 마음을 바로 세워야 합니다. 이러한 강한 마음은 삶의 자양분이 되어 우리를 성공의 길로 인도할 것입니다.

이 책 「성공을 위한 리허설」은 성공을 돕는 확실한 방편들을 제시하고 있습니다. 다양한 주제로 각기 다른 방향에서 짚어주는 성공의 노하우, 행복의 노하우는 삶을 긍정하게 만들고 다시 한 번 열정을 이끌어내는 비법을 우리에게 전합니다.

말하고자 하는 바가 분명하고, 읽고 이해하기 쉬우며, 충분히 실천 가능한 글을 읽어내려가며, 그 시선의 끝에 '성공'이 기다리고 있음을 느낄 수 있었습니다.

뛰어난 기획과 컨셉으로 보기 드문 훌륭한 책을 출간한 〈도서출판 행복에너지〉 관계자 분들의 노고에 감사드리며, 훌륭한 원고로 많은 사람들에게 행복을 전해 준 공저자분들이 이 책을 계기로 대한민국을 넘어, 세계로 진출하는 글로벌 멘토가 되길 기대해봅니다.

우리에게도 멘토가 필요하다

한국정보기술연구원 원장, 전 국회경제과학위원장 유준상

바야흐로 멘토의 시대다. 요즘 유행하고 있는 프로그램들을 보면 가수, 연기, 요리, 연애, 심지어는 다이어트까지 분야와 장르를 막론하고 자신의 실력과 재능을 뽐내며, 다른 사람과 경쟁하는 모습을 쉽게 볼 수 있다. 계속되는 경쟁과 대결에서 끝까지 살아남은 최후의 승자는 힘겨운 싸움과 거듭된 승리에 걸맞은 엄청난 보상을 거머쥐고, 프로는 막을 내린다.

많은 전문가들은 이러한 프로그램들이 무한경쟁의 악순환을 부추기며, 경쟁과정에서 도태된 사람들에 대한 인식을 그릇된 방향으로 고정시키고 있다며 우려를 표하고 있다. 하지만 그러한 바탕에서도 호평을 받을 만한 문화가 만들어졌으니, 그것이 바로 '멘토' 제도의 활성화이다.

유행 탓인지 사회 여러 곳에서 본인의 미래를 위한 멘토를 찾고, 그로부터 배움을 구해 스스로의 발전을 꾀하는 사람들이 늘어나고 있다. 사람은 항상 발전하기 위해 무언가를 배우고, 실력을 키워 눈앞의 어려움을 타파하고 문제를 해결해 나가며 성장한다. 문제는 가장 최고의 것, 가장 훌륭한 것을 알려주는 스승을 만나는 일은 쉽지 않다는 점이다. 「성공을 위한 리허설」의 출간이 기쁘고 의미가 있는 것은 이 때문이다. 무려 21명이나 되는 각 전문 분야의 멘토들과 함께 성공을 위한 예행연습을 할 수 있다는 사실은 누군가에게는 인생의 한 축을 바꾸는 행운이 될 것이다.

우리에게도 멘토가 필요하다. 절실하게 필요하다. 바닥난 열정을 다시 채우고, 어떤 식으로 그 열정의 방향에 대한 배움이 간절하다. 이제「성공을 위한 리허설」의 목소리를 따라 천천히 성공을 연습해보자. 훌륭한 멘토들의 진솔한 노하우들을 실천하다 보면 기다려왔던 성공의 확률은 비약적으로 높아질 것이다.

성공을
위한 리허설

Success

I

김영기

한종국

이경삼

조성목

김재우

김종규

김종태

박경식

성공을
위한 리허설
Rehersal

김 영 기

비즈니스 닥터(Business Doctor)의 길

약   력 | 비즈니스 닥터(Business Doctor) 제자 양성 사관학교
'SUV경영지도사' 멘토 교수 및 경영지도사/부동산 브랜드마케팅박사
(주)비즈니스닥터코리아 대표컨설턴트, (주)IPR커뮤니케이션 대표컨설턴트
작은사랑실천운동시민연합 상임대표, 대한민국문화홍보단 상임단장
중앙대학교 산업교육원 경영학과 외래교수
호서대재단 서울벤처대학원 경영지도사과정 교수
세종대학교 신문방송학과 · 경인여대 겸임교수 역임
경기대대학원, 강남대, 경인여대 외래교수 역임
이 메 일 | iprcom@naver.com   휴대폰 | 010 · 9408 · 2714

불우한 어린 시절, 한국의 슈바이처를 꿈꾸며

태어날 때부터 대학졸업 때까지 셋방살이로 이 집 저 집 옮겨 다니면서 살아온 저는 유난히 집에 대한 한이 많았습니다. 저는 어려운 집안 형편 때문에 초등학교 때에는 우산장사, 중학교 시절에는 프레스공 같은 험한 일을 해야 했습니다. 집에는 쌀이 없어서 국수를 뜨거운 물에 불렸다가 건져 먹기 일쑤였으며, 도시락을 쌀 형편이 되지 않아 학교 수도꼭지를 붙잡고 물배를 채우며 점심을 해결했습니다.

빨리 돈을 벌어 어머님의 고생을 덜어주겠다는 일념으로, 고등학교도 공업고등학교를 선택했습니다. 돈이 없어 많은 설움도 당했습니다. 대학교 합격에도 불구하고 첫 학기 등록금이 없어 큰집에 보증을 서달라고 찾아갔다가 거절당했던 마음의 상처는 지금껏 아픈 기억으로 남아 있습니다.

결국 학자금 융자제도를 통해 어렵게 대학에 갈 수 있었습니다. 대학 1학기 등록금을 해결하고 나니 자연히 나머지 7학기는 장학금을 타도록 노력할 수밖에 없었습니다. 이는 스스로의 삶을 주도하는 자생력을 기르는 계기가 되었습니다. 또한 군 문제 해결과 취업 걱정 끝에 ROTC 사관학교인 117ROTC에 지원하여 국가관 및 혹독한 군사훈련을 받았던 일은 정말로 힘들기도 했지만, 좋은 사람들과 함께하고 아랫사람들을 다루는 경험을 축적할 수 있었습니다. 그 모든 경험들은 인생에 소중한 도움이 되고 있습니다.

이렇게 어려운 과정을 거쳐 자라온 저는 항상 '내가 커서 돈을 벌면 내 어린 시절처럼 불우한 환경의 어린이를 도와야겠다.'고 곱씹었습니다. 나 자신이 그 설움을 잘 알고, 그 어려움을 이해하기 때문이었습니다. 그러던 어느 날, 대학원 시절을 보내던 중 우연히 슈바이처에게 박사학위가 5개 있으며 아프리카에서 인술을 베풀다가 세상을 떠났다는 것을 알았습니다. 이에 감동한 저는 그 순간 슈바이처 박사를 제 삶의 멘토로 삼게 되었습니다. 그의 인생관에 관심을 가지고, 향후 기업을 일으켜 100억을 모아 재단에 출연하여 한국의 유니세프를 만들겠다는 원대한 꿈을 꾸었습니다.

지방공고를 나왔지만 교수의 꿈을 꾸고 박사가 되다

저는 부산전자공고 통신설비학과를 다니면서 이과, 공학계통이 적성에 맞지 않는다는 것을 깨닫게 되었습니다. 그 당시 국내 산업환경에서 전자통신분야는 도입기에 해당하는 분야였기 때문에, 졸업만하면 무조건 전화국(지금의 KT)에 취업할 수 있었습니다. 하지만 저는 그러한 좋은 기회를 버리고, 대학입시에 도전해 보겠다는 생각을 했습니다.

이때 저에게 영향을 준 친구들은 부산 서면교회 친구들이었습니다. 모두가 교회 다락방에서 성경공부와 대학입시 공부를 병행하는 것을 보고 문득 나도 해봐야겠다는 도전의식이 생겼습니다. 그런데 저는 중학시절에도 뒤에서 맴도는 성적이었고, 고교시절에는 학교특성상 기능적인 실습수업에 치중하다보니 자연히 기초가 약했기에, 결국 그만 낙방하고 말았습니다.

결과적으로 저는 3수를 한 다음에서야 겨우 대학에 들어갈 수 있었습니다. 3수 끝에 들어간 대학에서 저는 참으로 많은 것을 접했습니다. 다양한 문화와 캠퍼스를 접하면서 꿈이 커진 저는 어느덧 대학교수가 되겠다는 꿈을 꾸게 되었습니다. 그건 말 그대로 그저 꿈이었습니다. 스스로 생각하기에 머리도 썩 좋지도 않은 것 같았고, 집에 돈도 없어 박사학위까지는 사실상 불가능했습니다. 그럼에도 불구하고 저는 박사학위를 만 40세 전에 취득하여 교수의 꿈을 이루겠다며 "내 꿈은 40에 박사가 되어 교수가 되는 것"이라고 허풍을 치고 다녔습니다. 친구들은 "저 놈은 원래 뻥이 쎈 놈이야!" 하고 저에 대해 좋지 않은 평가를 했던 기억이 있습니다.

이후 저는 매일경제신문 광고국에 첫 입사를 하게 되었습니다. 대부분의 편집국 기자들이 소위 말하는 SKY대학 출신들이고, 그들과 함께 일하면서 제 자신이 초라해 보이기 시작했습니다. 그래서 언론사 재직자들에게 장학금을 지원해 주는 제도를 활용해 동국대 언론대학원 신문방송학과에 입학을 했습니다.

주경야독을 하면서 겨우 석사학위를 받을 즈음 되니 저는 이미 3명의 자녀와 부모님을 책임져야하는 가장이 되어 있었습니다. 그러다보니 자식들 교육비와 생활비도 빠듯하여 차마 많은 비용이 들어가는 박사과정을 밟을 수가 없었습니다. 40살까지 박사학위를 취득하겠다던 꿈은 그렇게 잠시 접어둬야 했습니다. 그러다가 이 이루지 못한 꿈에 대한 아쉬움

이 계속 남아, 한참의 시간이 흐른 2005년에 박사과정에 도전하여 2009년 2월, 그렇게 꿈에 그리던 박사학위를 받게 되었습니다. 이 때 제 나이가 48세. 제 자신과 약속했던 꿈을 8년이 넘어서야 이루게 된 것입니다. 너무나 기뻤습니다. 그때부터 시간강사로 시작하여 겸임교수, 주임교수 등, 제도권 내의 저명한 교수는 아니지만 박사가 되고 교수가 되는 꿈을 이루게 되었습니다.

하나의 꿈을 이루고서 이제 또 다른 새로운 꿈과 목표를 향해 가고 있습니다. 슈바이처 박사와 같이 박사학위 5개는 받지 못하더라도 사회복지학 박사와 경영학 박사학위 등 3개 이상의 박사학위를 추가로 받는 것을 2012년의 새로운 꿈과 목표로 설정한 것입니다. 이렇게 시작된 제 인생 후반의 첫출발은 바로 경영지도사라는 자격증을 만나면서부터입니다.

국가공인 경영지도사 자격증을 취득하고 바뀐 인생 후반전, 그 첫출발은 기업계의 슈바이처가 되는 일

'비즈니스 닥터(Business Doctor)' 시대를 연 경영지도사.

경영지도사(經營指導士, CMC: Certified Management Consultant)는 경영합리화를 위해 경영진단이라는 조사방법에 의거, 객관적인 입장에서 대상기업을 엄밀히 조사·분석하여 기업적인 질환의 원인을 발견하고 그에 대한 합리적인 대책을 제공하는 사람이라는 사전적 의미를 갖고 있습니다.

'경영지도사'는 흔히 '비즈니스 닥터(Business Doctor)'라고도 하며 병원에서 의사가 환자를 진료하는 과정처럼 기업 경영에 문제가 생겼거나 기업성장을 위해 기업의 문제점을 진단하고 해결하는 방향에 대해 제시하는 역할을 수행하는 전문 컨설턴트라고 할 수 있습니다.

현재 국내에서는 '중소기업진흥 및 제품구매촉진에 관한 법률 제47조'에 의거하여 중소기업 경영문제에 대한 종합 진단(경영컨설팅)과 마케팅관리, 재무관리 및 회계, 인사관리 및 수출입업무 등 마케팅 평가, 확인, 대행 등 법적기능을 수행하는 국가공인 전문자격증으로 최근 관심을 모으고 있기도 합니다.

경영지도사 자격증을 취득하기 위해서는 한국산업인력공단에서 매년 1회씩 치르는 1, 2차 시험에 합격해야 하며, 1차 시험(금년 5月)은 경영학,

회계학, 조사방법론, 기업진단론, 중소기업 법령, 영어 6과목을 객관식 5지선다형으로 과목당 40문항씩 출제되어 평균 60점 이상(과목당 과락 40점 이하)되어야 합격이고, 2차 시험(2011년의 경우 8月)은 부문별(마케팅, 재무, 인적자원, 생산)로 3과목씩 치러지는 서술(논술)형 시험으로 과목당 최소 40점 이상, 평균 60점 이상이면 합격할 수 있습니다.

경영지도사 자격증을 취득하게 되면 일반직 공무원(행정, 세무, 교육행정, 사회복지, 기업행정)의 경우, 가점 대상이 되며 대학에서 경영학을 공부하는 학생들에게는 45학점이 A등급으로 인정되는 혜택이 있습니다. 또한 ROTC 임관대상자가 경영지도사의 자격을 취득한 경우 경리장교로 임관이 가능해집니다. 충분한 실무경험을 갖춘 지도사의 경우는 개인 컨설팅사 설립이 가능하다는 점과 경영지도사 자격 취득 시 인사고과와 특별 수당을 지급하는 기업들이 증가하면서 더욱 주목받고 있습니다.

그러나 이렇게 중요한 '경영지도사'들의 활동영역인 대한민국 컨설팅 시장(2010년 기준 약 5조원)의 약 93%가 외국계 컨설팅 업계에 의해 잠식되어 있다는 것은 충격이 아닐 수 없습니다. 가장 큰 문제점은 컨설팅 시장 자체를 빼앗기는 것보다 우리 대한민국 기업의 주요 정보들이 외국인들의 손에 넘어가 국부 유출이 심각하다는 것입니다.

그렇기 때문에 막연히 '경영지도사' 자격증을 취득해서 취업 혹은 창업에 활용하겠다는 생각보다는 말 그대로 '비즈니스 닥터'가 되어 대한민국의 중소기업을 살리고 발전시키는 경영컨설턴트가 되겠다는 비전과 사명감을 가져야 합니다.

그래서 제가 주임교수로 몸담고 있는 서울벤처정보대학원대학교 (www.suv.ac.kr)에서는 최초로 경영지도사 과정을 직접 신설해 운영 중에 있으며, 'SUV경영지도사' 과정(http://cafe.naver.com/suvmc, 02-2052-5505)을 개설해 현재 12기까지 200여명의 제자를 양성하고 있습니다.

'비즈니스 닥터'의 선결요건 - 개인 브랜드신뢰도를 높여라

국가공인 자격증인 경영지도사는 퇴직 후에 나이가 들면 들수록 더욱 진가를 발휘하기 때문에 향후 100세 시대를 맞아 맞춤 직업으로 손꼽히는 자격증입니다. 때문에 최근에는 '비즈니스 닥터'가 되기 위한 직장인, 대학생들의 응시가 크게 늘어나고 있습니다.

과거 경영지도사 자격증을 취득한 이들은 각자의 목적과 취향에 따라 여러 부류로 갈렸습니다. 소위 좋은 직장에 다니면서 보험성격으로 따 놓는 사람들이 있는가 하면, 자격증을 따놓고서도 무엇을 해야 할지 몰라서 엄두를 내지 못하는 사람들, 2007년도 이전에 1과목으로 시험을 치러서 합격한 분들, 자격증을 제대로 활용하여 억대 연봉을 받고 있는 유능한 컨설턴트 등 여러 부류가 존재하고 있습니다.

유명무실한 자격증 활용에 고심한 한국산업인력공단에서는 '공인경영지도사' 2007년도(제22회) 시험부터 정부의 국가고시 시험 주관처인 한국

산업인력공단에서 시험관리를 강화하고 현행 과목인 1차 공통 6과목과 2차 분야별 3과목 시험을 치르게 재정비 했습니다. 이로써 명실상부한 국가공인 자격증으로 자리매김하게 된 것입니다.

국가공인 1급 자격증인 '공인경영지도사' 자격증은 똑같은 레벨에 있는 변호사, 변리사, 공인회계사, 세무사, 공인노무사에 비하여 아직까지는 인지도도 약하고 신뢰도도 약한 것이 사실입니다.

브랜드마케팅을 공부하고 박사학위를 받은 현재 만 50세인 저도 이 자격증이 있다는 사실을 3년 전에야 알았으니 이 자격증의 브랜드정체성, 브랜드인지도, 브랜드신뢰도 나아가서는 브랜드프리미엄과 가치가 아직까지는 미약하다는 것은 명약관화(明若觀火)합니다.

그러나 반대로 뒤집어 생각해보면, 지금은 미약한 국가공인자격증이지만 앞으로 국가공인 1급 자격증으로서 명확한 포지셔닝과 법적·제도적 뒷받침이 동반해 준다면 소위 말하는 의사, 변호사, 공인회계사와 같이 '사' 자의 반열에 올라서는 것은 시간문제라고 생각합니다.

인체의 병을 진단하고 치료의 방향을 제시하는 병원의 의사처럼 경영지도사는 기업의 병을 진단하고 문제점을 해결할 수 있는 방향을 제시하는 '비즈니스 닥터'라고 할 수 있습니다. 우리는 이에 자부심을 가져야 합니다.

하지만 14,000명이나 되는 경영지도사, 기술지도사들이 병원 의사들과 같이 계속적인 수많은 공부와 노력들을 했느냐, 하고 물었을 때 떳떳하게 그랬다고 답할 선배 경영지도사들이 얼마나 있을까 하는 의문이 드는 것도 현실적인 문제 중 하나입니다. 물론 자격이 부족한 선배들이 있는 반면에 억대 연봉을 받으면서 경영컨설턴트로서 자리를 확실하게 잡아가고 있는 선배들도 일부 있는 것으로 알고 있습니다. 하지만 전체적으로 볼 때 아직까지는 기본자질이나 컨설턴트로서 갖추어야 할 기본요건도 갖추지 못하고 그저 공인자격증만 취득해 경영컨설팅시장에 진입하는 지도사들이 많아 안타까울 따름입니다. 따라서 엄격한 자격증 제도도 중요하지만 체계적인 교육제도가 더욱 중요할 것으로 생각됩니다.

다소 늦긴 했지만 현재 정부에서 4개 대학에 지원하고 있는 경영컨설팅학과 석박사전문 인력 양성은 올바른 일이라 생각합니다. 앞으로는 각 대학들의 경영컨설팅학과 신설과 대학내 경영전문MBA과정에도 경영컨설팅학과가 신설되기를 희망하고 있습니다. 2010년도 기준 5조원대의 컨설팅 시장에서 93%를 외국계 컨설팅사에 빼앗기면서 막대한 국부유출이 되고 있는 현실시장에서 우리가 해야 할 일과 방향은 이미 정해져 있는 것입니다. 따라서 우리 경영지도사들과 앞으로 경영컨설턴트를 지망하고 있는 예비 컨설턴트들은 외국계 컨설팅사들의 컨설턴트와 경쟁하기 위해서 어떠한 무기를 갖출 것인지에 대하여 진지하게 고민해야 하는 것이 미래의 아젠다(Agenda: 중요안건)라고 할 수 있습니다.

선진 컨설팅 기법의 벤치마킹, 계속적인 학문연구, 한국 상황에 맞는 컨설팅 모델 연구, 지속적인 기업연구 등등 많은 노력을 계속해야 하겠지만, 가장 중요한 것은 각 개인의 '브랜드신뢰도'를 구축하는 것이라고 생각합니다. 컨설팅서비스라는 것은 '컨설팅결과보고서'라는 것으로 귀결 되겠지만 사실은 컨설팅 과정 중에 일어나는 수많은 대화와 관계 속에서 기업의 문제점을 찾아내고 해결 방향을 함께 모색하는 것이라 할 수 있습니다. 때문에 '비즈니스 닥터'가 컨설턴트에게 믿음을 주지 못하거나 신뢰를 얻지 못한다면 제대로 된 경영컨설팅이 이루어질 수 없는 것입니다.

기업경영이란 종합응용과학이며 종합예술로써 현실적인 효율성과 효과성을 생명으로 하는 유기체와 같은 특수 업무입니다. 특히 주로 상대하는 중소벤처기업 사장님들은 그 분야에 목숨을 내놓고 일을 하는 만물박사들인데, 업종·업태의 깊이와 전문성 위주로 접근했다가는 백전백패일 것은 분명합니다.

우리가 병원에 가면 문진을 작성하고 각종 검사를 하고난 이후에 의사와 상담하면서 병을 찾아내듯이 기업의 컨설팅도 먼저 인간(직원)에 대한 이해, 시장에 대한 이해 등 산업심리학적인 접근 방법이 중요할 것이며, 그를 위해서는 무엇보다도 컨설턴트 자체의 신뢰성이 갖춰져야만 제대로 된 컨설팅을 진행할 수 있다고 봅니다.

이 신뢰성은 하루아침에 만들어지는 것이 아닙니다. 신뢰를 쌓는 방법에는 자기관리의 습관화, 약속은 반드시 지키기, 매력적이고 깔끔한 외모, 믿음이 가는 언변, 따뜻한 인간미, 정확한 끝맺음 등 자신의 마음관리, 행동관리, 언행일치, 시간관리 등 많은 방법들이 있습니다.

결론적으로 제가 말씀드리고 싶은 것은 '비즈니스 닥터'가 가장 기본적으로 갖추어야 할 중요덕목은 바로 자신의 '브랜드신뢰도'라는 것입니다. 제가 '브랜드신뢰도'라는 화두를 던지는 것은 경영지도사시험에 합격하는 것도 중요하지만 제대로 된 진짜배기 컨설턴트가 활동하기 위한 무대를 만들어야 하기 때문입니다.

우리가 슈바이처라는 개인브랜드를 좋게 기억하듯이 인생

성공의 핵심가치는 '개인 브랜드신뢰도'를 높이는 것입니다.

저의 석사, 박사과정 전공은 브랜드마케팅입니다. 브랜드마케팅의 대가 미국의 아커(Aaker. D. A.)교수와 켈러(Keller. K. H.)교수를 연구하다 보니 '브랜드신뢰도'에 대한 연구발표가 빠져 있었습니다. 그래서 저는 "우리 한국 사회가 과연 신뢰할 수 있는 사회인가?"라는 문제 제기를 하면서부터 '브랜드신뢰도(Brand Trust)'를 연구하기 시작했습니다.

저는 2006년도 박사과정 동안 브랜드마케팅을 연구하여 2008년 등재학술지논문과 2009년 2월 통과된 박사학위논문을 통해 '브랜드신뢰도'란 개념을 세계에서 처음으로 학문적으로 연구하여 '브랜드신뢰도가 브랜드프리미엄에 크게 영향을 미치는 것'을 사회과학적으로 입증했습니다. 이는 때마침 시기가 잘 맞아, 2009년도에 미국의 세계적인 리더십 전문기업 코비링크월드와이드 창업자이자 『성공하는 사람들의 일곱가지 습관』이란 책을 낸 스티븐 R 코비의 아들인 스티븐 MR 코비의 『신뢰의 속도(THE SPEED OF TRUST)』라는 책이 김경섭님과 정병창님을 통해 2009년 9월 번역되어 처음 출판됨으로써 '브랜드신뢰도'라는 용어가 우리 사회에서도 중요한 화두로 떠오르게 되었습니다.

브랜드신뢰도에 대한 이해를 돕기 위해 박근혜 대표와 안철수 원장을 거론하고자 합니다. 특히 정치인 박근혜 前 한나라당 대표는 과거 수도 이전 및 세종시에 대한 국민여론이 극심한 분열 양상으로 전개되자 신뢰의 정치를 강조하며 이 문제를 슬기롭게 매듭짓는 정치력을 발휘하였으며 언론과의 인터뷰에서 국민의 신뢰를 얻을 수 있는 신뢰의 정치, 신뢰의 사회를 일관성 있게 강조하였습니다. 또한 최근 정치인은 아니지만 안철수 서울대 융합기술대학원 원장의 개인 브랜드신뢰도가 갑작스럽게 상승하면서 2012년 대통령 선거후보로 부상했으며, 이는 2012년 12월에 치러질 대한민국 대통령 선거에서 '개인 브랜드신뢰도의 전쟁'을 예고하고 있습니다.

이처럼 개인 브랜드신뢰도는 '공정한 사회', '믿을 수 있는 사회'를 이루는데 토대를 구축할 수 있어 궁극적으로는 국민성을 향상 시키는데 영향을 줄 것이라는 게 필자의 일관된 소신입니다. 우리 한국 사회가 선진국에 진입하기 위해서는 국민성 개조를 위한 국민혁명이 일어나야 된다고 보고 있습니다.

개인의 이름 석 자로 표현되는 개인브랜드는 그 사람의 이미지와 평판 등으로 여러 사람들에게 비춰지게 되는데, 한 개인이 일생을 살다가 사라진다고 해도 개인 브랜드신뢰도가 있는 사람들은 후세의 사람들이 두고두고 기억을 합니다.

세계적인 '비즈니스 닥터' 스티븐 MR 코비는 『신뢰의 속도(THE SPEED OF TRUST)』에서 개인 신뢰의 4가지 핵심요소에 대하여 다음과 같이 주장했습니다.

마지막으로 제가 독자 여러분들에게 드리고 싶은 말씀은 누구나 꿈과 희망만 있다면 아무리 어려운 역경도 헤쳐 나갈 수 있다는 것입니다. 한때 불우한 성장과정으로 좌절하기도 하고 수많은 실패를 경험하고 심지어 죽음 직전까지도 내몰렸던 필자였지만, 역경을 극복한 후에는 또 다른 미래의 희망과 기회를 발견할 수 있었습니다. 바로 이것은 우리 모두의 삶인 것 같습니다. 저처럼 보잘것없는 사람도 수많은 실패와 좌절을 극복하고 한국과 기업의 슈바이처를 꿈꾸고 있지 않습니까? 경제적으로 다소 힘들고 실패했더라도 언제나 하느님은 다시 시작할 수 있는 기회를 만들어 주십니다.

가장 중요한 것은 스스로가 강해지는 것입니다. '포기만 하지 않으면 나는 할 수 있다'라고 외쳐보십시오. 꿈과 희망이 절로 안겨올 것입니다. 어려움에 처하신 모든 분들이 꿈과 용기를 발휘할 수 있기를 바랍니다.

성공을 위한 *Rehersal*

성공을 위한 리허설
Rehersal

한 종 국

기본이 답(答)이다

약   력 | 미래경영컨설팅그룹 대표 컨설턴트
경영학사 및 산업관리공학 석사, 경영컨설턴트
경영지도사(중소기업청)외 자격증 14개, (주)한국이포 창업 대표이사 역임
(주)우주 엔프라 대표이사, (주)삼영기업 회장
(주)에이스기업자문 수석 컨설턴트, (주)미래경영기술 수석컨설턴트
미래경영컨설팅 그룹 대표 컨설턴트(현), 중소기업진흥공단 위촉 전문위원(현)
경기지방 중소기업청 경영상담위원(현)
서울상공회의소 강서구상공회 경영상담위원(현)
이 메 일 | atactic@paran.com   휴대폰 | 010·4230·9001

기업 경영컨설팅

아침 7시 30분

경기도 안산시 시화공단 내 모 회사 정문 앞. 차를 주차하고 출근하는 회사원들을 살펴본다. 인사를 하며 출근하는 직원, 말없이 정문을 통과하는 직원, 옷을 단정히 입은 직원 또는 풀어 헤치고 나타난 직원, 지각한 직원 들이 보인다. 오늘은 모 회사 경영컨설팅 개시회의를 하는 날이다. 컨설팅을 시작하기 전에 임직원의 마음가짐을 알아보기 위해 제일 먼저 하는 일이 관찰이다.

관찰 파일에는 사전 방문 시 느낀 점이나 관찰한 내용이 적혀있다. 직원들의 표정, 복장상태, 예절, 목소리의 명암 및 회사 내 화장실과 계단 및 사무실의 청소상태나 자재와 제품의 정돈 상태, 소음, 조명, 냄새 등 환경을 먼저 살펴본다. 이는 의사가 진찰실로 들어오는 환자의 얼굴과 몸자세를 보면서 진찰을 하는 것과 유사한 단계이다. 병이 들어 있는지? 깊은 병이 있는지? 가벼운 병인지? 눈으로 진단하는 것이다.

지난 10년 동안 중소기업 경영컨설팅을 하면서 쌓은 안목이라 할까? 대개 첫인상이 고객사의 문제점으로 나타나게 된다.

8시 40분

정문을 통과하며 경비원에게 인사하고 2층 사무실로 올라간다. 계단에 기름때가 묻어 있고 청소상태가 불량이다. 하루에도 수십 번 다니는 계단일 터인데 직원들의 눈에 띄지 않는 것일까? 주인의식의 부재라는 진단이 나온다.

사무실 문을 노크하고 큰소리로 인사하며 들어간다. 바라보며 인사하는 사람, 힐끗 쳐다보고 하던 일을 계속하는 사람, 쳐다보지도 않는 사람 등등 반응이 가지각색이다. 고객이나 손님이 오면 인사하고 응대하는 것이 기본 아닌가? 필자의 오감은 예민하게 움직인다. 문제점들 하나하나가 뇌리에 포착된다.

관리부장이 일어서서 맞이한다. "어서 오십시오! 먼 길 오시느라 수고하셨습니다." 이미 구면이라 편하게 맞이한다. "사장님께서 9시 30분까지 아침 업무회의를 주재하시니 접견실에서 잠시 기다리셔야 하겠습니다."라고 한다. "알겠습니다. 차 한 잔 마시고 공장을 먼저 둘러보고 싶습니다. 안내자를 소개해 주십시오." 차 한 잔 마시는 동안 생산부 김대리가 맞이하러 온다.

김대리와 인사를 나누고 공장으로 가면서 몇 가지 질문을 한다. 입사하신지 얼마나 되셨나요? 이는 김대리가 회사 현황에 대하여 잘 알고 있는지를 판단하는 질문이다. 입사 5년차라 하니 현황은 어느 정도 숙지한 경력자이다.

공장 건물이 ㄱ자로 배치되어 있다. 한쪽은 창고용이고 한편은 공장이라 한다. 먼저 창고로 들어간다. 한편은 원자재 및 부자재가 쌓여 있고, 한편은 제품이 쌓여 있다. 한눈에 보아도 정리 정돈이 잘 안되어 있다. 통로부터 어지럽다. 처음 보는 필자로서는 구분이 잘 안 된다. 관찰 파일에 상황을 기록한다.

기록하는 내용을 본 김대리가 한마디 한다. "요즘 일정이 바빠서 정리할 시간이 없습니다. 인원도 부족하고요." 어느 중소기업이라고 인원이 풍족하고 시간이 남아도는 것이 아니다. 부족한 자원을 효율적으로 활용하여 생산성을 올리는 것이 조직원의 몫이 아닌가? 변명은 하기 싫어하는 사람들의 몫이다. 변명을 하지 말고 그 이유를 알아야 한다.

필자의 머리에는 창고의 문제점과 더불어 해결책으로 눈으로 보는 관리 프로그램이 떠오른다. 곧바로 창고를 지나 공장으로 들어간다. 큰소리로 작업자들에게 인사를 한다. 소음으로 인사가 잘 안 들려도 인사는 기본이라 반드시 한다.

장비와 기계가 배치되어 있다. 먼저 작업환경을 관찰한다. 조명도, 환기, 냄새, 소음, 기계 장비의 청소상태, 가동 상태 등을 보고 기록한다. 헌데 조명과 기름냄새가 좋지 않다. 김대리에게 물어보니 본인들은 매일 작업을 해 익숙해져 괜찮다고 한다. 너무 익숙해 문제가 무엇인지 모르는 게 문제인데도 말이다.

필자의 뇌에는 고용노동부에서 지원하는 고용창출프로그램이 떠오른다. 정부의 지원제도를 활용하면 환경개선비용의 50% 이내, 5천만 원까지 지원을 받을 수 있다. 다음은 공정도를 보여 달라고 한다. 공정도를 보며 LAY-OUT과 작업 동선을 살펴본다. 작업자와 물량이 움직이는 거리가 최소한으로 배치되어 있는지가 관건이다. 낭비가 발생할 것 같은 몇 공정이 눈에 보인다. 세부 컨설팅 할 때 자세히 검토해야 할 것 같다. 공장 내 화장실을 들어 본다. 역시 청결상태는 불량, 암모니아 냄새, 깨진 타일, 기름때 묻은 수건, 버려진 휴지 등등 머리가 어지럽다.

이런 환경에서 품질향상이나 생산성 향상을 외칠 수가 있을까? 관리의 기본이 안 되는 회사라 인식된다. 왜 기본이 안 이루어지는지? 그 원인을 파악하는 것이 첫째 임무다. 원인을 알아야 해결책이 나오게 된다.

공장을 나와 주변을 살펴본다. 창고 뒤쪽에 폐자재와 불용 물품들이 있다. 녹이 슬고 오염된 것이 몇 년이 지난 것들이다. 이번 기회에 정리하도록 권고해야겠다. 열 평정도 되는 정원에 향나무와 꽃들이 심어져 있으나, 한눈에 보아도 관리가 안 되어 있다.

9시 40분

회의실로 들어간다. 사장님과 반갑게 인사를 나눈다. 자리에 앉자마자 요즈음 경기가 안 좋아 큰일 났다고 하소연이다. 세계금융불안으로 경제가 안 좋은 것은 사실이다. 그러나 외부환경이 나쁘다고 주저앉을 수는 없지 않은가? 맞장구를 치면서 최근의 동향과 앞으로의 예측을 물어 본다. 중소기업은 최고경영자의 사고와 경영능력이 사활을 결정하는 데 지대한 영향을 끼치게 되므로 매우 중요한 요소이다.

잠시 후 팀장 이상 급의 간부들이 회의실로 모여온다. 이번 경영컨설팅의 목적과 기대효과 및 일정계획을 설명하고 협의하는 시작회의를 시작한다.

시작회의 준비물	순서
1. 설명자료(파워포인트) 2. 프로젝터 3. 노트북 4. 회의록 5. 카메라 6. 순서지 7. 기타 자료	1. 인사 및 참석자 소개 2. 대표이사 인사말 3. 컨설턴트 대표 인사말 4. 회의 목적 및 소요시간 설명 5. 경영컨설팅 목적 및 기대효과와 　 일정계획 설명 6. 협조사항 요청 7. 질의와 답변 8. 회의 종료
※ 모든 것의 시작은 철저한 준비에서 비롯된다	

시작회의를 마치고 잠시 한숨을 돌린다. 사장님은 외부 약속이 있어 먼저 일어나신다. 중소기업 사장은 고달프다. 너무나 바쁘다. 필자도 창업을 하여 중소기업을 경영한 경험이 있다. 창업 초기에는 자금조달, 생산기반 구축, 인원 충원, 원·부자재 확보, 제품개발, 거래처 개척 등등 하루 18시간을 투입하는 강행군이었다. 창업보다 수성이 더 어렵다고 한다. 시시각각 변하는 기업환경에 일일이 대응하려면 하루 24시간도 모자란다. 그러면 최고경영자는 어떻게 이를 해결하여야 하는가? 답은 시스템 경영이다. 뒤에서 시스템 경영에 대하여 설명할 기회를 남겨두려 한다.

11시

관리부장과 사내 자료 수집에 대하여 논의한다. 의사가 문진을 하기 위해 진행하는 단계와 같다.

사내 자료 수집 리스트

1. 조직도(명단 포함)
2. 업무 분장표
3. 최근 3년 간 재무제표
4. 제품 목록 및 용도
5. 공정도
6. 회사 소개서
7. 사업계획서
8. 기타

12시 30분

중식 및 휴식, 상무이사와 회사식당에서 중식 후 담소.

13시 30분

설문서를 작성한다. 관찰한 내용을 중심으로 기업의 문화와 조직원 마음가짐, 사기, 비전공유수준 등을 중심으로 해당 기업에 맞게 작성한다.

17시

완성한 설문서를 출력하여 관리부장에게 배포를 의뢰하고 다음 방문 일자를 약속하고 정문을 나선다.

19시

사무실에 도착하여 하루 일과를 정리하고, 컨설팅보고서와 수행일지를 작성하며 다음 단계 컨설팅을 준비하고 마감한다.

간단하게 경영컨설팅 시작일의 하루 일정을 정리해 보았다. 컨설턴트는 전문가이다. 따라서 고객의 수준보다 반 박자 앞서 나가야 한다. 너무 앞서도 안 되고 뒤쳐져서는 더욱 안 된다. 그러므로 기업의 현재 수준을 정확히 파악하는 것이 중요하다.

우리나라 중소기업의 경영컨설팅 역사는 오래되지 않았다. 1997년 외환위기를 격고 대기업들이 외국 경영컨설팅업체를 통해 구조조정과 혁신을 통해 살아남는 것을 인식한 중소기업들도 이제야 서서히 경영컨설팅의 중요성을 인정하고 도입하는 단계다. 또한 중소기업청에서도 경영컨설팅의 중요성을 인식하고 컨설팅 비용을 일부 지원하는 제도를 실행 중이다. 각 기관과 많은 기업경영컨설팅 업체가 설립되어 활발하게 활동하고 있음은 매우 고무적인 현상이다.

2. 시스템 경영

방침관리

중소기업경영에서 가장 중요한 것은 최고경영자의 철학과 이념이다. 이것은 기업의 규모와 사업범위, 성공 여부를 결정하는 기초적인 요소로서 사업을 왜 하는지에 대한 당위성과 신념이다. 다음은 이념에 따른 꿈과 비전이다. 사업의 원대한 목표와 실현가능성 있는 비전이 명확한 기업은 어려움이 닥쳐도 꿋꿋이 나아가는 힘이 있다. 이는 마라토너가 골인점만 생각하며 앞으로 달려 나가는 것과 같다.

다음 단계는 비전을 실현 시킬 수 있는 경영전략이다. 경영전략은 손자병법에 나오는 "지피지기(知皮知己)면 백전백승(百戰百勝)"으로 지피는 기업을 둘러싼 외부환경(거시적 환경과 미시적 환경: 경쟁관계 포함)과 내부 환경을 정확히 파악하고 분석하여 대응전략을 수립하고 전술을 개발하여 실행해 나가는 것이다.

하지만 안타깝게도 필자가 중소기업 경영컨설팅을 수행하면서 이정도 수준의 기업을 만난 적이 거의 없다. 대부분의 기업들이 발등에 떨어진 불을 끄느라 사장이고 임원이고 간부급이고 모두가 정신이 없다. 결국

제자리에서 빙빙 돌고 성장이 더딜 수밖에 없는 것이다.

최고경영자는 경영자의 역할을 제대로 해야 한다. 경영자가 실무를 맡고 관리업무에 참여해서는 발전이 없는 것이다. 그 이유를 물으면 대개가 사람이 없어서이다. 우리나라 중소기업의 경영 애로사항을 조사하면 첫째가 자금부족, 두 번째가 인력이다. 중소기업에는 고급 인력이나 젊은 인력의 수급이 어렵다. 젊은 구직자에게 물어보면 중소기업은 비전이 없고 대우가 나빠 안 간다고 한다. 사회구조적인 문제라 하겠다. 그렇다고 손을 놓아서는 최고경영자의 자격 미달이다. 꿈과 비전을 함께 할 인재를 불러 모으고 그들과 인생을 걸어야 한다.

성공한 기업의 공통된 특징은 '경영자와 임직원의 한마음 한뜻', '창의와 기술력', '벽이 없는 의사소통과 믿음'이다. 이러한 중요성 때문에 기업은 방침관리를 철저히 수행해야 한다. 기업은 살아있는 유기체나 다름없다. 항상 기업을 둘러싸고 있는 환경과 접촉하며 생존하고 있다. 따라서 기업이 지속성장하고 극심한 경쟁에서 살아남아 달성하고자 하는 꿈과 비전을 이루기 위해서는 경영방침이 Up - Date 되어야 하고, 경영방침에 따라 전략이 수정되어야 한다. 길게는 3년, 짧게는 6개월을 주기로 전략을 검토하고, 수정하며 사업계획을 변경하여야 한다.

품질경영시스템

ISO9001 품질경영시스템을 소개한다. ISO9001 품질경영시스템은 UN 산하 국제기구인 ISO(International Organization for Standardization)에서 제정한 국제적으로 통용되는 경영시스템이다. 이는 일정한 품질수준의 경영을 하기 위한 최소한의 시스템으로 전 산업에서 이 틀을 기반으로 하여 응용할 수 있는 유연한 시스템이다. 시스템 경영에 취약한 중소기업이 수준에 맞게 시스템을 구축, 도입하여 운용한다면 매우 훌륭한 경영시스템을 갖출 수 있을 것이다.

하지만 안타깝게도 국내에 도입된지 20년이 지났지만, 여태껏 제대로 정착되지 못하고 있다. 이는 시스템에 익숙지 않은 국민성 때문이라 생각한다.

국제 표준화 기구(ISO) 소개

명칭 International Organization for Standardization(국제표준화기구) (ISO)란 약칭은 영문 명칭의 두문자가 아니라 국제표준화기구의 설립 취지인 '통일된', '동등한'이란 의미의 그리스어 'isos' 및 라틴어 접두사 'iso-'에서 유래되었습니다.

설립 1947년 2월 23일

목적 제품 및 서비스의 국제적 유통을 촉진하기 위한 국제규격의 제정 및 보급국가 기술 발전을 위한 정보, 지식의 국제교류 촉진에 목적을 두고 있습니다.

지위 UN 산하 비정부간 기구(NGO)

ISO9001:2008 시스템 범위 제품 설계에서부터 생산과 서비스에 이르기까지 전 과정에 걸친 품질경영시스템입니다.

ISO 9001(2008)

개발/설계　　　제조/생산　　　검사/출하　　　설치/서비스

2004년 12월 ISO 9000 규격의 전면 개정으로 9001로 통합되었으며, 제품실현 항목에서 설계관리 유무를 판단하여 인증범위에서 구분하게 되었습니다. 또한 2008년에 일부 개정하여 2009년부터 시행하고 있습니다.

관리의 기본

기업을 관리함에 있어 기본은 표준화이다. 표준화는 가장 바람직한 방법을 정하고 모든 임직원이 실천하는 것이다. 관리 표준화를 위한 방법 중에 3정(定)이 있다. 3정은 "정품, 정량, 정위치"이다.

"정품"은 규격에 맞는 바른 물건(기업 내에서 사용하는 모든 자원)이고 "정량"은 효율적으로 관리하기 위한 정해진 수량이며, "정위치"는 효율적으로 활용하기 위해 정해 놓은 위치를 말한다.

원 · 부자재의 3정은 제품을 만들기 위한 수준의 규격에 맞는 원 부자재이고, 정량은 재고 또는 공정의 흐름에 따라 소요되는 수량이며, 정위치는 적재 또는 작업자의 편리한 장소에 놓여 있는 것이다. 이는 적정한 재고와 적합한 자원(물품)으로 비용을 감소하고 생산성을 높이는 방법이다. 또한 낭비를 줄이고 작업장을 쾌적하고 안전하며 좋은 환경으로 만드는 활동이 5행이다. 5행은 실행 단계별로 다음과 같다.

5행 5단계 (정리, 정돈, 청소, 청결, 에티켓)

1단계 : 정리

정리 POINT
- 생산 현장에서 필요한 것, 필요하지 않은 것을 구분하여 목록을 만든다.
- 정리 대상을 층별화하여 단계적으로 설정하고, 필요도에 따라 정리한다.
- 필요한 것과 필요 없는 것을 구분하고, 현장별로 배포할 목록을 층별화에 의거해 다시 만들어 현장에 붙인다.

정리란 단계를 밟아 스텝별로 추진하는 것이 필요하다. 눈앞의 성과만 추구해 일시적으로 하면 아무런 성과가 없다.

이에 따라 필요 없는 것은 모두 처분한다.

2단계 : 정돈

정리 POINT
· 작업 공구는 사용 빈도가 높은 순서로 둔다.
· 바닥에 두는 물건은 반드시 선으로 표시한다.
· 선반에 두는 물건은 반드시 품명을 표시한다.
· 서류, 보관함에는 내용물을 표시한다.

정돈이란 정리된 것(반드시 필요한 것)을 작업에 사용하기 쉽도록 두는 장소를 표준화하는 것으로 다음 3가지 기본 요소로 구성된다.

＊ 물건 두는 장소를 정한다.
＊ 물건 두는 장소를 표시한다. (간판 작전)
＊ 물건 이름을 표기한다. (눈으로 보는 관리 작전)

정돈이란 물건 두는 방법의 표준화로 정돈된 것에 대해 하나도 빠트리지 않고 위의 요소를 적용해야 한다. 현장은 달라도 기본 요소에 대한 기본 틀을 감독자 회의에서 결정하여 모든 현장에서 같은 방법으로 적용한다. 물건을 두는 방법과 두는 장소 표시는 작업효율을 높이는 매우 중요한 요소이다.

3단계 : 청소

청소 POINT
- 매일 5분씩 청소 시간을 정해 청소를 업무의 일부로 여긴다.
- 청소 실시의 책임 구분을 명확히 한다.
- 청소 방법을 표준화한다.
- 청소 용구를 준비한다.
- 청소하며 작업장이나 장비, 기계를 점검하고 점검일지를 작성한다.

청소란 말끔히 치워 기분을 좋게 하는 것, 장비를 점검하여 문제가 없는 현장을 유지하는 것이다. 쓰레기가 널려 있는 현장에서는 품질 불량이나 기계트러블이 발생할 위험이 있다. 청소는 업무의 일부로 생각하고 수행하여 항상 기분 좋고 깨끗한 현장을 유지도록 노력해야 한다.

4단계 : 청결

청결 POINT
- 작업복의 세탁과 세수, 세면 권유.
- 머리나 손, 발톱 손질 권유.
- 박테리아나 유독균 살균.
- 작업대의 기름이나 먼지, 오염물을 제거한다.

청결이란 정리, 정돈, 청소 상태를 유지하며 또한 위생적인 현장을 보존하는 것이다.

5단계 : 생활화 및 에티켓 지키기

생활화 및 에티켓 지키기 성공 POINT

· 생활화란 강요라고 생각하고 엄격하게 지도한다.

· 관리 · 감독자가 현장을 순회하여 잘못된 점을 게시하고 알려준다.

· 직장 규율을 매뉴얼로 만들어 철저히 교육한다.

· 상호 존중하며, 존댓말과 긍정적인 언어를 사용한다.

· 동료 · 선후배간의 인사와 칭찬하기, 스마일 운동, 생활체조 등 명랑한 분위기 조성이 지속적으로 힘쓴다.

생활화란 정해진 것을 언제라도 올바로 지키는 습관을 몸에 심어 주는 것으로 직장 규율이 유지되고, 인간관계를 친밀하게 하며, 분위기를 밝게 해 준다.

5행 매너리즘 탈출 방법

5행 활동은 누구나 할 수 있는 것처럼 보이지만 막상 실천하다 보면 만만치 않음을 알 수 있는데 이는 기본적이고 당연하다고 생각되는 것을

5행 정착 포인트

· 현장 전원이 5행의 필요성과 효과에 대하여 철저하게 학습한다.

· 공장 혁신의 기본은 5행이라는 신념을 갖는다.

· 전 부문, 전원 참가로 5행이 큰 성과를 내도록 한다.

· '집요함과 인내'가 5행 성공의 기본임을 늘 환기시키도록 한다.

· 5행 실천 방법을 표준화하여 도구, 담당자, 시간 등을 명확히 한다.

· 5행 추진 계획을 만들어 계획적으로 추진한다.

· 고객 만족을 유발하는 5행의 마음가짐으로 실시한다.

· 5행에 의해 수익을 올리는 공장 체질을 조성한다.

· 5행은 기업 관리 바로미터이다.

· 5행은 매일 매일이 승부라는 사실을 명심한다.

계속해서 실행하는 것이 어렵다는 것을 보여 주는 것이다. 이 때문에 매너리즘에 빠지기 쉬운데 여기서 탈출하는 방법은 다음과 같은 포인트를 파악하는 것이다. 이를 토대로 현장 관리·감독자가 중심이 되어 대응해 나가야 한다.

5행의 조건 10가지

5행을 현장에 도입하여 전원 참가로 즐겁게 유지하기 위해서는 관리·감독자가 5행의 요점을 잘 파악하고 있어야 한다. 5행을 성공하려면 다음 10가지 조건을 분명하게 이해하고 실천해야 한다.

5행을 지속적으로 지키면 일터가 쾌적하고 안전하며, 명랑한 직장 분위기가 조성되어 직원들의 근무 만족도가 높아져 생산성 향상이 이루어진다.

5행을 즐겁게 계속한다.

5행은 재미있게 하지 않으면 계속할 수 없다. 아무리 비장감을 가지고 시작해도 현장에 쉽게 정착되지 않는다. 즐겁게 계속할 수 있는 아이디어를 궁리한다.

5행을 업무의 일부로 한다.

5행은 원래 업무의 일부이다. 5행을 업무의 일환으로 생각하면 작업자의 의식도 바뀐다.

5행을 현장 개선의 계기로 삼는다.

현장에서 5행을 현장 개선의 계기로 삼기 위해서는 5행 성공 체험을 주기적으로 발표하도록 한다.

5행은 구호만으로는 안 된다.

고정 관념에 지배되어 업무에 쫓기는 현장 작업자는 5행을 추진하라는 현장이나 감독자의 구호로는 움직이지 않는다. 관리·감독자가 솔선수범하는 모범을 보여야 한다.

5행의 핵심 추진자는 관리 감독자이다.

5행을 성공시키기 위해서는 현장의 관리, 감독자가 추진자가 되어 즐겁게 5행을 실천한다.

5행의 본래 목적은 기업 체질 개선이다.

기업 간 경쟁이 치열해 지고 있는 오늘날 기업 환경에서는 작업장이 매우 중요한 역할을 담당하므로 탄력적이고 유연한 체질로 작업장을 개선해야 한다. 따라서 이를 위한 가장 기본적인 수단이 5행이다.

5행을 통해 인재를 육성한다.

5행을 추진하기 위해서는 각 현장마다 리더십을 지닌 사람이 필요하므로 현재 없다고 해도 5행을 추진하면서 리더를 육성한다.

5행은 현장 개선의 핵심이다.

5행은 현장 개선의 핵심으로 업무를 즐겁게 추진하고 현장의 성과 향상, 공장 개혁을 위한 중요한 기본 사항임을 현장 전원이 알고 있어야 한다. 아울러 자신의 소중한 업무임을 인식해야 한다.

5행은 낭비를 제거해 원가를 절감한다.

생산 현장에서 원가 절감의 기본은 5행에 있다. 매일 산재해 있는 낭비가 누적됨에 따라 많은 비용 낭비가 발생한다. 5행을 철저히 실시하여 낭비를 배제하고 원가 절감을 추진한다.

5행의 기본은 낭비 발견하는 데 있다.

우선 생산 현장 주위의 낭비를 찾아내 불필요한 것부터 버린다. 낭비를 발견하여 필요한 것과 필요 없는 것을 구별하는 것이 기본이다. 현장은 5행을 추진하는데 가장 좋은 장소이다.

성공하는 기업

세계적으로 성공한 기업들의 공통점은 기본을 중시한다는 것이다. 기본이 튼튼해야 지속성장이라는 꽃을 피울 수 있다.

-기업경영컨설팅의 정확한 기업진단은 의사가 환자를 진찰하고 진단하며 처방을 내려 치유하는 과정과 같다. 역량 있고 경험이 많은 경영컨설턴트를 만나는 것은 수진(受診)기업의 행운이다.

- 방침관리는 기업의 정신적인 면을 강조하며, 전 임직원이 단결하여 이루고자 하는 꿈과 비전을 공유, 공감하는 효과를 발휘한다. 기업의 내재 역량을 한 곳으로 집중하여 시너지 효과를 발휘하게 하는 것이다.

- 시스템경영은 효율화를 가져온다. 시행착오를 방지하기 위해 누적된 경영 지식 데이터는 온고이지신(溫故而知新)의 능력을 발휘한다. 또한 명백한 책임과 권한의 분장(分掌)으로 목표관리가 가능하고 성과에 따른 인센티브를 실행할 수 있게 한다.

- 관리의 기본인 3정과 5행은 밝은 직장 분위기 조성과 능률을 증대시켜 생산성을 높이는 효과가 있다. 이러한 경영기법은 기업이 지속적으로 성장하게 하여 비전을 앞당기고 실현하는 지름길이며, 마법이라 하겠다.

6개월 후 종료회의 날 07시 30분

정문 근처에 차를 세우고 출근하는 임직원의 모습을 관찰한다.

처음 시작회의날 관찰한 모습과는 전혀 다른 풍경이다. 대표이사를 비롯해 임원들이 정문 안 쪽에서 출근하는 직원들을 맞이한다. 직원들은 만면에 웃음을 띠우며 큰 목소리로 인사하며 출근을 한다. 7시 50분 전원 출근이다. 먼저 출금한 직원들이 갖자 맡은 구역의 청소를 시작한다. 임원들도 함께 하며 동료 상하 간에 칭찬 한마디씩 나누며 대화를 나누는 모습이 보인다. 모두 함께 청소하니 10분이면 청소가 끝난다. 사무실의 화장실 청소는 대표이사의 담당이고 공장의 화장실은 공장장이 담당한다. 화장실이 호텔 수준으로 수리되었음은 물론이다. 임원이 솔선수범하여 청소를 하니 직원들이 어지럽힐 염려가 적어 날이 지날수록 청소할 양이 줄어든다. 이것이 생활화의 이점이다.

청소를 마친 임직원이 공장 마당에 모여 아침 체조를 한다. 리드는 직원들이 돌아가며 한다. 이는 직원들의 통솔력과 리더십을 기르는 방편이기도 하다. 체조를 마친 후 대표이사와 공장장이 그날의 당부와 제품주문 사항을 발표하고 힘차게 파이팅을 외치고 한마음이 되어 자기 자리로 향하는 모습이 아름답기도 하다. 11시 40분 종료회의를 마치는 시간에 사내 방송 멘트가 흘러나온다. 고객사에 출장 가 있는 영업사원의 수주계약이 성공했음을 알리는 방송이다.

"여러분! 기뻐하십시오! 4억 2천만 원 계약 완료했습니다." 방송이 나가자 전 임직원이 벌떡 일어나 "와아!" 환호성에 회사가 떠나갈 것 같다. 필자도 덩달아 신이 났고 한껏 축하를 한다. 이것이 중소기업 경영컨설팅의 참된 보람이 아닐까?

예시로 든 모 회사는 실제로 필자가 수행한 기업경영컨설팅 중 일부를 편집한 것이며, 열거한 프로그램을 도입하여 지속성장하고 있는 실제 기업임을 밝혀 두며 마친다.

이 경 삼

달팽이 박사의 인생 역정

약   력 | 농수축산연구원 강사, 농협대학 강사(전)
　　　　　새마을운동본부 강사, 농업기술자협회 농민대학 강사(전)
　　　　　단국대학교경영대학원 총동창회장(전)
　　　　　대한민국문화연예대상시상식 조직위원장(현), 동국대학교 APP 총동문회장(전)
　　　　　한국와우연구회장(현), (주)한민식품 대표이사(현)
수   상 | 행정안전부장관, 보건복지부장관, 대한민국문화공로대상,
　　　　　국제라이온스협회 회장, 국제로타리 회장 외 다수
저   서 | 식용달팽이 양식과 요리법(오성출판사)
이 메 일 | escargor@hanmail.net　　　　　휴 대 폰 | 010·5259·0417

달팽이와의 첫 만남

　본래 나의 직업은 극장의 영사기사였다. 학창시절부터 영화를 너무 좋아해 몰래 극장에 드나들다 선생님께 들켜 혼난 적이 한두 번이 아니었다. 영화보기를 너무 좋아한 나머지 극장이 직장이 되었다.

　영사기능사 1급은 1973년 육군에 입대하여 교환병으로 강원도 철원 문혜리 군인극장에 파견 나가 있을 때 휴가를 받아 응시해, 단 한 번에 땄다. 군 제대 후 상경하여 미아리 A극장에 취업했다, 79년 결혼 후 전셋집도 직장과 가까운 근처에 얻었다. 그러나 80년대 국내 TV방송이 컬러로 전환되면서 극장들은 심한 불황을 겪었다. 82년 몸담았던 극장도 이내 문을 닫게 되었다.

　그때부터 나는 직장은 그만 다니고 새로운 사업을 해야겠다는 신념으로 새벽부터 일어나 노량진 농수산물시장과 남대문시장, 용산시장, 경동시장 등을 돌아 다녔다. 하지만 내 자신의 능력으로 할 수 있는 것은 아무것도 없었다. 모든 가게마다 몇 백, 몇 천만 원 이상의 권리금이 붙어있었기 때문이었다. 전세를 300만 원에 살고 있는 나의 처지로는 엄두도 낼 수 없었다. 나는 모처럼 휴가를 내 고향에 계시는 부모님과 상의하여, 퇴직 후 할 수 있는 일을 알아보기 위해 기차를 탔다. 마침 앞은 좌석에 당시 J화장품 사보가 놓여있어 무심코 책을 넘겨보니 고려대학교 식품공학박사 유모교수가 쓴 「달팽이 요리-밤을 위한 요리」란 제목의 기사를 읽게 됐다. 프랑스 최고급 식재료인 달팽이의 몸속에는 뮤신(MUSIN)이란 성분이 있는데, 그 성분이 인간의 피부노화를 방지해 주고 강정, 강장효과를 가져다주며, 기호식품인 관계로 국민소득이 5천 달러 선에 들어서면 달팽이 요리가 크게 각광을 받은 다는 것이 주요 내용이었다. 한국에도 수십 종의 달팽이가 있지만 식용이 아니므로 먹지 못하며 약용으로만 활용된다고 쓰여 있었다. 그러고 보니 외국영화에서 스테미나 식품으로 달팽이 요리가 자주 등장하던 장면이 생각났다. 몇 년 안에 우리나라에서 86아시안게임과 88서울올림픽이 열리는 시점이었기 때문에 달팽이 양식이 성공할 경우, 우리나라를 찾아오는 외국인들에게 접대할 수 있으며 우루과이라운드로 시름에 빠진 농촌경제를 위해서 달팽이 양식은 참 좋은 아이템이라 생각됐다.

마침 고향에 가니 해외건설 현장에 갔다 온 친구가 있어 달팽이 요리에 대해 물어보았다. 친구는 유럽에서 달팽이 요리가 고급 요리로 취급되며 많은 이들이 먹고 있다고 했다. 우리나라도 머지않아 먹게 될 것이기에 앞으로 유망한 사업이라며 자기가 외국의 식생활을 잘 아는 양 자신있게 말했다.

확신을 갖다

그날로 나는 달팽이에 대한 정보를 얻기 위해 남산도서관을 찾아갔다. 달팽이에 관한 모든 책을 뒤졌다. 하지만, 달팽이를 소재로 한 소설책 몇 가지가 있을 뿐 달팽이 양식에 대한 정보는 전혀 찾아볼 수 없었다. 할 수 없이 고려대 식품공학과 교수님을 찾아 자문을 구했다. 그분은 대만에서 달팽이 양식을 전문적으로 하니 대만 서점을 찾아가 보라 일러 주셨다. 곧바로 당시 명동에 위치한 대만대사관 근처 대만서적 판매점에 들렀다.

"달팽이 양식에 관한 책자가 있습니까?"

"달팽이 서적은 지금 우리 서점에는 없습니다. 주문을 하면 대만에서 구해다 드리지요."

"가능한 빨리 구해주십시오. 기간은 얼마나 걸립니까?"

"빨라도 한 달은 예상하셔야 됩니다."

달팽이 책자를 구해달라는 주문과 함께 그때부터 하루도 빠짐없이 온통 달팽이 양식 생각에 몰두했다. 한 달 후 그 서점에서 대만에서 들여온 달팽이 책자를 구할 수 있었다. 중국어로 된 책자였다. 번역을 하기 위해 당시 집 근처 중국집 주인에게 "번역료는 후하게 쳐줄테니 외국어대학교 중국어과 학생에게 부탁해 이 책을 번역해 달라"고 요청했다. 중국어 책을 번역하는데도 두 달이 더 걸렸다. 번역료도 감수비를 포함하여 1백만 원이라는 비싼 값을 치러야했다. 그래도 할 수 없었다.

번역된 책을 읽어보니 당시 식용달팽이를 공급하는 나라는 프랑스 대만 등 몇 나라에 불과 한 것을 알 수 있었다. 달팽이 요리가 유행하는 프랑스의 경우 매년 6천억 원에 상당하는 5만 톤의 달팽이를 소비하며, 미국은 연 4억 달러 이상을 수입하는 것으로 파악됐다. 대만의 경우도 연 1천 톤이 넘는 달팽이를 소비하며 선술집 또는 야시장 포장마차 등지에서 술 안주로 내놓을 정도로 대중화 되어 있었다. 하지만 국내에서는 달팽이를 양식하는 곳은 없었다. 달팽이 요리를 취급하는 호텔들은 외국에서 '외화획득용 원자재'로 전량 수입한 통조림에 의존하고 있었다. 나는 달팽이를 양식하여 공급할 시 판매가 가능할지를 알아보기 위해 신라호텔 23층 프랑스 레스토랑, 힐튼호텔, 워커힐 호텔 등과 유명 레스토랑 주방장들을 찾아가 직접 시식도 해보면서 시장조사를 했다.

"제가 국내에서 달팽이를 양식해서 살아있는 달팽이를 가져오면 사줄 수 있습니까?"

처음에는 모두 무슨 뚱딴지같은 소리냐며 곱지 않은 눈빛을 보이던 주방장들은 나의 설명을 듣고서야 입을 열었다.

"달팽이 통조림 보다야 살아있는 달팽이가 백번 낫지요. 단 가격만 비싸지 않다면요."

순간 나는 속으로 소리쳤다. '바로 이거야! 달팽이 양식을 하면 틀림없이 되겠다.' 라고. 달팽이 양식을 하는 것은 복잡한 지식이나 학식이 필요하지 않았다. 무엇보다 맘에 들었던 것은 큰 밑천이 안 든다는 것이었다. 시골 양계장에서 닭을 키워 달걀을 내다 파는 것처럼 달팽이를 길러 갖다 주기만 하면 되는 일이였다. 특히 달팽이는 장소를 많이 차지하는 것도 아니어서 조그만 공간만 있어도 양식이 가능했다. 살고 있던 전세방에 마침 다락이 있어 달팽이 양식장으로 활용하면 될 것 같았다. 문제는 달팽이 종자를 확보 하는 일이었다. 국내에서는 식용달팽이가 전혀 없는 관계로 종자 역시 대만으로부터 수입해야 했다.

달팽이 양식에 도전하다

집 근처에 화교 보따리장수가 있었다. 이 화교에게 살아있는 어미 달팽이를 사다달라고 부탁했다. 화교는 대만에 전화를 걸어보더니 2백만 원을 요구했다. 전세집을 월세로 돌리는 방법 밖에는 달리 그 돈을 마련할 방안이 없었다. 주인에게 사정하여 전셋값을 돌려받아 달팽이 종자를 사고 달팽이 양식장을 만드는 데 털어 넣었다.

달팽이의 수명은 2~6년이며, 휴면 상태일 경우 6개월 이상 아무것도 먹지 않고도 견딜 만큼 생명력이 강하다. 또 자기 체중의 2백배나 되는 물건을 끌고 갈 정도로 힘이 센가 하면 끈끈한 뮤신 성분으로 인해 면도날 위를 지나가도 전혀 상처가 나지 않는다고 책에 적혀 있었다. 이런 달팽이의 생명력 때문에 대만에서 산채로 가져 오는 것은 아무 문제도 아니었다.

드디어 나에게 달팽이 약 100마리가 전달되었다. 이때가 83년 3월이었다. 오래전 미리 책자를 보고 다락방에 달팽이를 양식할 거처를 마련해 둔 터였다. 직장도 3월초 폐업을 하여 퇴직금 2백30만 원을 받아 사업 밑천으로 쓰기 위해 집사람과 상의하여 통장에 넣어 두었다. 그때부터 달팽이와 동거가 시작됐다. 달팽이는 고온 다습한 환경에서 자란다. 습기를 좋아하는 달팽이들에게 수시로 물을 뿌려주고, 상추와 배추 등을 갖다 먹였다. 어미 달팽이들은 왕성한 번식력을 발휘해 무수히 알을 낳아 달팽이 새끼들이 부화되었다. 나는 뛸 듯이 기뻤다, 이런 추세라면 금방 달팽이가 백배 천배 늘어나 큰돈을 벌 수 있을 것이라 생각했다.

그러나 어찌된 일인지 새끼 달팽이들은 알에서 부화 후 1개월을 넘기지 못하고 죽어 갔다. 대만 번역책자를 붙들고 수십 차례 읽고 또 읽었으나 번역이 신통치 않아서 그런지 도저히 원인을 알 수 없었다. 자나 깨나 다락에서 달팽이 양식에 온 신경을 쏟았지만 결과는 변하지 않았다. 아침에 다락에 올라가면 점심때 한 번 저녁에 한 번 내려오는 식으로 2개월을 다락에서 생활했다. 겨울이 닥쳐오니 어미 달팽이도 온도에 적응하지 못해 죽어 나가기 시작했다. 알에서 부화한 새끼 달팽이들도 계속 죽어가며 온 집안에 온통 달팽이 썩은 냄새가 진동하였다. 나는 달팽이가 죽는 원인을 찾기 위해 애를 태우다, 달팽이에게 수돗물 대신 북한산에서 생수를 받아와 달팽이에게 뿌려주고 제발 잘 자라 달라고 하루에도 수차례 간절히 기도했다. 혹시 달팽이 통에 넣어준 모래가 잘못되어 죽은 건가 싶어 모래를 수차례 물에 씻어주었으나 달라지지 않아 산속에서 모래를 퍼와 깔아주기도 하고 한강 백사장에 가서 모래를 퍼오기도 했지만 결과는 마찬가지였다. 할 수 없어 마지막으로 프라이팬에 모래를 튀겨 넣어주기도 했지만 점점 상황은 절망적으로 치달았다. 주위에선 미친놈 이라고 손가락질을 했으며 서울에 올라오신 부모님까지도 "그만 때려 치우라!"고 야단치셨다. 달팽이가 농가수입원으로 아주 좋고 수출 전망도 밝다고 설득했지만 귀담아 들어 주지 않았다.

8개월 가까이 달팽이와 씨름이 계속되면서 아이들 돌 반지는 물론 전세보증금과 퇴직금까지 날리고 말았다, 남은 것은 어미 달팽이 40마리뿐이었다. 이래서는 도저히 안 되겠단 판단을 내리고, 대만으로 직접 가서 양식기술을 배우기로 작정했다. 하지만 당장 대만에 갈 여비가 없었다. 공무원 생활을 하는 동생의 적금통장을 해약해서 항공료를 마련하고 보니 제수씨 볼 낯이 없었다. 대만 양식업자를 소개해 주고 취업비자를 내 주는 일은 어미 달팽이를 사다준 화교 보따리장수가 다리를 놓아 주었다. 대만의 달팽이 농장은 남부 까우숑 근교 시골 병동(屛東)에 있었다. 그곳에는 병동농업전문학교가 있었다. 이 학교에 있는 장문중 박사가 달팽이를 연구하는 분이며 이분에게서 달팽이 양식을 배운 '진축하' 라는 분을 소개 받아 달팽이 양식에 관한 도움을 요청하였으나 이루어지지 않았다. 나는 병동농업전문학교에 달팽이를 양식하는 과정에 입학하라는 권유를 받았다. 나의 조건으로는 도저히 받아들일 수 없는 권유였지만 달팽이 양식에 성공하려면 별다른 도리가 없었다. 중국어도 못하는 형편이라 한국에서 대만에 유학 중이던 박 선생을 소개 받아 통역을 받으며 일주일에 한 번 대만에 가서 달팽이 양식에 관한 기초부터 공부를 하게 되었다. 당시 대만에 한 번 다녀오는데 약 50만 원의 경비가 들어갔다. 나에게는 너무나 큰돈이었다. 타이페이에서 갸우슝까지 가는 교통비, 가이드 경비를 포함하면 적은 돈이 아니었다. 대만에 다니는 자금은 시골 부모님과 처갓집에 부탁하여 협조를 받았다. 지금 생각하면 그 돈이 없었다면 나에게 오늘이라는 시간도 없을 것이라 생각된다. 고인이 되신 부모님과 장인께 다시 한 번 감사하다는 말을 전하고 싶다.

대만을 오간지 몇 주가 흘렀다, 달팽이 농장에서 달팽이에게 먹이를 주는 데 보령환이라는 알약 같은 사료를 만들어 먹이는 것을 알았다. 보령환은 하얀 색깔인데 주로 칼슘 성분이었다. 알에서 부화된 새끼 달팽이는 성장하면서 자신의 껍질을 만드는데 이때 많은 칼슘 성분이 필요하다는 것이었다. 달팽이는 새벽에 이슬을 먹고 채소만 먹고 자란 줄 알았지 인위적으로 칼슘을 먹어야 된다는 것은 생각조차 하지 못했다. 내가 새끼 달팽이를 모두 죽인 이유도 껍질을 구성하는 칼슘을 주지 않았기 때문이었다. 또 달팽이에게 정성을 쏟는다고 매일 달팽이 통을 청소를 해주고 먹이를 먹지 못할까 걱정되어 새끼 달팽이들을 통속에서 한 마리씩 떼어 먹이에 올려놓은 것이 잘못이었다. 달팽이는 아무리 인위적인 환경을 만들어도 결코 조작된 상황에 따르는 법이 없었다. 가급적 자연 상태 그대로 놓아두는 것이 달팽이 양식의 매우 중요한 원칙이었다.

이후 대만을 48번 다니면서 배운 대로 달팽이 양식을 했다. 새끼 달팽이들이 죽어나가는 비율은 줄었으나, 여전히 양식 결과가 사업성이 있을 만큼 신통치는 못했다. 나는 대만 학생들과 진 선생에게 편지를 보내 그 사유를 물었으나 답장은 한국은 대만과 환경과 기후가 달라 그런 것이라는 답신뿐이었다. 경쟁자가 생기면 그것이 두려워 달팽이 양식의 노하우를 제대로 가르쳐 주지 않는다는 느낌이 들었다. 할 수 없이 대만에게 배운 지식을 토대로 완벽한 양식법을 직접 찾을 수밖에 없었다. 수많은 시행착오 끝에 해법이 나왔다. 노하우는 온도와 습도 그리고 먹이였다. 그러기를 몇 개월 후, 나는 국내에서 최초로 달팽이 인공양식에 성공했다.

지성이면 감천이다

1984년 6월 한국와우상사(韓國蝸牛商社)라는 상호로 서울시 종로구 종로 6가 42-1번지 신화빌딩 307호에 4평 사무실을 보증금 100만 원에 월세 10만 원짜리로 계약했다. 여직원도 월10만 원에 한 사람 채용했다. 와우(蝸牛)는 달팽이를 가리키는 한자어로 달팽이로 성공을 하겠다는 의지가 고스란히 들어간 상호로 정했다.

창업 후 곧장 양식 전에 납품 약속을 했던 특급호텔의 주방장을 찾아갔다. 달팽이 양식에 성공하면 고정적으로 납품을 받아주기로 이미 언약했던 사람이었다. 하지만 정작 주방장들은 딴소리를 했다. 살아있는 달팽이는 조리하려면 손이 많이 가는 관계로 계속해서 수입한 통조림 달팽이를 쓰겠다는 것이었다.

할 수 없이 서울 시내 유명 호텔 레스토랑 룸살롱 등을 방문해 달팽이 영업을 했다. 하지만 당시 국내에서는 달팽이 요리가 별로 알려져 있지 않아 말이 잘 통하지 않았다. 간신히 양식에 성공하고 나니 산 넘어 산이었다. 판로는 걱정하지 않고 양식에만 매달렸는데 난감한 일이 아닐 수 없었다. 달팽이 양식 성공을 위해 주변에 많은 돈을 빌렸기에 이로 인해 나가는 이자가 한두 푼이 아니었다. 어떻게 해서든지 살아남아야 한다는 생각으로 호텔에 납품을 하지 못하면 살아남기 위해 분양이라도 하기로 작심했다. 당시 새마을운동이 한창 인 때라 강서구 등촌동 새마을 신문사에 연락해 우리나라에서 최초로 달팽이 양식에 성공했다고 소개를 해달라고 부탁을 했다.

2개월 후 연락이 왔다. 사무실을 방문한다는 것이었다. 사무실에 방문한 기자는 바로 농장에 가지고 했다. 하지만 나는 농장이 없었다. 집 다락에서 기르고 있었기 때문이다. 또한 생산도 그리 많지 않다고 사정이야기를 했다. 기자는 많은 생각 끝에 국내 최초의 달팽이 양식이니 소개를 해준다고 하면서 취재를 했다. 매스컴의 위력은 대단했다 〈국내 최초 식용달팽이 양식에 성공 한국와우상사〉라는 기사가 나왔다 많은 사람들이 사무실에 찾아왔다. 많을 때는 하루에 수십 명씩 방문했다. 방문객 모두가 농장을 보기를 원했으며 4평짜리 사무실에서 농장도 없이 달팽이 상자 하나 갖다 놓고 분양 상담을 하니 누구도 믿질 않았다.

우연히도 당시 우리나라에는 농민들을 울리는 지렁이, 메뚜기, 우렁이 등 분양 사기 사건이 나던 시기였다. 많은 피해를 입은 사람들이 우리 사무실에 방문하여 우리도 전자와 같은 부류로 의심하기도 했다. 희망이 없었다. 이렇게 몇 개월이 지나니, 월세도 2개월 밀리고 관리사무실에서도 매일 월세 독촉을 해왔다. 특단의 대책이 필요했다. 이대로 사업을 치우자니 지금까지 나를 바라보던 주변의 모든 사람들이 손가락질할 게 생각나 눈앞이 캄캄했다. '조금만 참으면 된다.' 달팽이 요리는 우리나라에서도 성공할 수 있다. 나는 마음속으로 다짐을 했다. 그리고 마음을 정했다. 아직 보증금은 남아 있으니 얼마간 사무실 문을 닫고 먼저 농장을 만든 후 다시 사무실 문을 열기로 말이다. 힘든 선택을 택한 대가로 처와 아이들은 처가로, 나는 고향으로 흩어지는 이산가족의 신세가 되고 말았다, 그러면서도 나는 가족에게 각자 고향집과 친정집에서 달팽이 양식에 도전하기로 굳게 언약했다. 나는 구례 고향 집에, 부인은 친정집 지하실에 서울에서 가져간 달팽이 종자를 풀어 놓았다

정성을 들여 키운 결과 달팽이들은 잘 자랐고 생각보다 번식을 잘했다. 집사람은 처갓집 공터에 하우스를 만들었다. 장인께서 마련해 주신 것이다. 마침 형님이 싱가폴에 기능공으로 갔다 귀국을 했다. 형님에게 양식장 설치비와 일부 경비를 부탁했더니 흔쾌히 받아주셨다. 형님에게 달팽이 양식에 대한 설명과 앞으로의 전망을 이야기하자 함께 동참하기로 하고 친척집 안쪽 공터에 조그마한 하우스를 만들었다. 하우스에서 잠을 자면서 달팽이 양식에 몰두했다. 지리산 밑자락 공기 좋고 물 좋은 곳에서 양식을 해서 그런지 달팽이들도 잘 자라주었다. 그렇게 조용히 내실을 다지는 인고의 시간을 보내던 어느 날, 지성이면 감천이라고 달팽이 양식이 구례에서 성공하고 있다는 소문이 나 광주 MBC에서 취재를 요청해왔다.

당시 차인태씨가 진행하는 아침프로에 달팽이가 소개되었다. 매스컴의 위력은 역시 대단했다. 전국에서 수많은 사람들이 농장으로 찾아왔다. 이제 농장도 있었고 서울 사무실도 건재했기에, 모든 것이 갖추어진 상황이 되었다. 이날을 위해 그 동안 얼마나 힘들었는가 생각하니 눈물이 앞

을 가렸다. 전세방에서 쫓겨나 고향에 온지 6개월 만인, 85년 9월의 일이었다.

나는 먼저 전신전화국으로 달려갔다. 전주 처가에 전화를 걸어 달팽이 방송을 보라고 알리기 위해서였다. 이제 고생도 끝났다고 부인을 위로 했다. 이때부터 하루에도 몇 사람씩 찾아와 달팽이 분양을 신청했고, 본격적으로 달팽이 사업이 시작되었다.

달팽이, 날개를 달다

본격적으로 달팽이를 팔기 위해서 필수적으로 필요한 것이 '요리 카탈로그'였다. 처음 분양을 통해 들어온 자금을 카탈로그를 만드는데 투자했다. 하지만 막상 카탈로그를 만들려고 하니 한국식 달팽이 요리에 대한 자료가 하나도 없었다. 그리하여 종로 2가에 있는 한국요리학원 왕준련 원장님을 찾아가 한국식 달팽이 요리 개발을 부탁했다. 우여곡절 끝에 제작한 카탈로그를 들고 호텔 레스토랑을 전전하며 달팽이 요리에 대한 설명을 늘어놓았고, 차츰 거래처가 늘어나기 시작했다. 달팽이 통조림은 가공형태로 수입되는 반면 우리나라에서 생산된 달팽이는 살아있는 상태에서 공급하므로 맛이 월등히 좋고 가격 역시 경쟁력이 있었다. 주문은 날마다 늘어났다. 그때부터 달팽이 사업은 순풍을 탔다. 무던히 애를 태우던 달팽이가 솔솔 황금덩어리로 변해갔다.

처음에는 구례에서 달팽이를 양식해 서울로 수송했다. 하지만 거리가 너무 멀었다. 이제 판매처가 확보된 만큼 주저할 이유가 없었다. 86년 아

| 일본 동경식품박람회장에서

시안게임 붐을 타고 달팽이 양식 사업은 날로 번창하고 있었다. 다가오는 88서울올림픽이 있었기 때문이었다. 87년 초, 나는 경기도 용인시 수지면 죽전리에 1천5백 평의 땅을 빌려 달팽이 농장을 마련했다. 쓸모없는 밭이었던 터라 땅 임대료는 연 1백만 원이면 족했다.

달팽이는 키우는 족족 돈이 됐다. 물량이 달리기 시작 했다. 혼자서 양식하면 절대로 공급이 수요를 당할 수 없다고 판단됐다. 나는 한국와우양식지도회를 발족시키고 달팽이 양식 농가를 모집했다. 농가에 달팽이 종자 공급과 함께 일일이 양식 기술을 가르쳐 주고 양식한 달팽이를 전량 수매해 주는 조건이었다. 1백만 원의 소자본으로 연 1천만 원 이상의 소득을 올릴 수 있어 달팽이 양식에 참여하여 농가는 400여 가구로 늘어났다.

88서울 올림픽 붐을 타고 달팽이 요리를 먹는 사람이 갈수록 늘어났다. 달팽이 양식 사업은 88올림픽 때 영국 BBC방송과 미국의 월스트리트 저널과 일본의 NHK등지에 소개되기도 했다. 이로 인해 미국, 캐나다, 말레이시아, 태국, 인도네시아로부터 달팽이를 수입 또는 종자 분양에 대해 연락이 왔다. 레스토랑에서는 마리당 3백 원 정도하는 달팽이 6마리를 1인분으로 요리하여 1만 원 이상을 받고 팔았다, 달팽이 구이는 양식 코스 요리에 들어가 인기를 끌었다.

한국와우상사와 4백여 양식 농가들은 열심히 달팽이를 키워 공급했지만 턱없이 모자랐다. 국내 소비량은 연 80톤인데 이들이 공급하는 양은 채 30톤도 되지 못했다. 밀려오는 주문에 시달리다 못해 각 신문사 공고란에 달팽이 양식 농가 모집광고를 하기로 했다.

이와 동시에 달팽이 공급능력을 늘리기 위해 해외에 달팽이 농장의 건립을 추진했다. 싱가폴에 지사를 내고 프랑스를 방문하여 당시 프랑스 최고의 달팽이 양식업체와 기술제휴를 맺었으며 말레이시아와 인도네시아 측과 합의 대규모 농장과 가공공장을 합작 설립키로 계약을 체결했다. 현지에서 생산된 달팽이는 우리가 수입하고 남은 물량은 미국과 프랑스등지에 수출키로 하고 수출로까지 확보해 두었다. 그런데 당시 국내 법령이 문제였다. 농업의 경우는 해외 투자를 할 수 없다는 것이다, 국내 농민을 보호한다는 이유로 법령에 명문화되어 있어, 해외 달팽이 농장에 대한 출자는 원천적으로 불가능했다. 할 수 없이 자본을 투자하지 않고 합작하는 방안을 찾아야만 했다. 인도네시아 측에 종자와 양식 노하우를 제공하는 대신 말레이시아와 인도네시아 농장으로부터 냉동달팽이를 값싸게 공급받는 방식이었다. 사실상 해외농장까지 갖춘 한국와우상사는 하루가 다르게 매출이 불어났다. 89년 달팽이 인공양식으로 연 20억 원의 매출을 올리는 중소기업 사장이 됐다. 그러나 호사다마(好事多魔)라고 했던가 또다시 시련은 다가왔다.

끝없는 추락, 한 줄기의 빛을 보다

92년 봄, 종로 5가 사무실에서 장부를 정리하고 있는데 집으로부터 전화가 왔다. 부인은 다급한 목소리로 "사람들이 와서 집안에 차압증을 붙이고 있다"며 울먹였다. 감전된 것처럼 전화선을 타고 충격이 전해 왔다. 달팽이 사업으로 큰돈을 벌었다고 소문이 나자 여기저기서 경쟁업체들이 생겨났다. 전국에 약 20여 곳의 달팽이 분양업체가 난립했다. 심지어 가까운 친구를 영업부장으로 맡기고 해외로 출장을 다녔는데 여직원과 컴퓨터에 수록된 고객 명단을 빼내 서울 사당동에 회사를 차리고, 농장을 우리 농장으로 가는 길목에 만들어 놓고, 종자를 반 가격으로 판매하는 일까지 일어났다.

대부분 농민들은 한국와우상사와 수매계약에도 아랑곳하지 않고 돈을 더 준다는 경쟁업체에 달팽이를 공급하는 등 비상식적인 일이 다반사로 일어났다. 그들은 그 회사가 망하면 다시 우리 회사를 찾아와 계약대로 달팽이를 수매하지 않는다고 행패를 부렸다. 그래도 달팽이 수요가 많을 때는 견딜만했다.

90년 8월 걸프전이 터지자 정부는 과소비 억제정책을 펴기 시작했다. 어이없게 달팽이 요리가 호화사치 요리로 지목 되었다. 술집 영업시간도 밤 12시로 제한하면서 요리집이나 룸살롱에 한파가 불어 닥쳐 달팽이 공급량도 크게 줄어들었다. 달팽이 수요가 급감되자 경쟁업체들부터 쓰러지기 시작했다. 한국와우상사도 커다란 시련에 직면했다. 불황 타개를 위해 당시 국내 최고의 제과회사인 고려당과 손잡고 고려당 기술자와 프랑스 현지에 함께 가서 우리 입맛에 알맞은 제품을 개발해 달팽이 버터구이

'에스카르고 뫼니에르'라는 제품을 내놓았다.

이 제품은 일반가정을 겨냥해 내놓은 냉동식품으로 열만 가해 먹을 수 있는 프랑스식 음식이었다. 업소들의 달팽이 수요가 크게 줄어들고 있는 만큼 선물용으로 개발하여 백화점으로 판로를 개척해 보자는 전략이었다. 하지만 이 계획은 소비자들에게 제품을 내 보지도 못하고 좌절됐다. 12개 백화점에 납품 했으나 진열도 하지 못하고 반품되고 말았다. 역시 호화사치품이라고 외면했기 때문이었다.

신규 사업마저 완전 실패하자 회사 형편은 말이 아니었다. 가장 큰 골치는 와우양식회원 농가에서 기르고 있던 달팽이였다. 판로가 막혀 버린 상항에서도 회원 농가에서 생산된 달팽이는 계속 용인농장으로 매일 5~10톤씩 입고되고 있었다. 이렇게 입고된 달팽이는 3일 동안 굶긴 후 삶아 껍질을 빼고 살코기만 냉동시키는 작업을 해야했다. 용인은 서울 근교라 작업을 할 사람이 모자라 경북 안동 등지에서 인력을 모셔와 작업을 했다. 그러나 입고된 물량이 많아 달팽이는 하루에도 수백 킬로 씩 죽어만 갔다. 결국 나는 달팽이 양식을 지도해 준 와우양식지도회 회원들로부터 고소를 당하는 신세가 되었다.

수요격감으로 달팽이가 팔리지 않아 대금을 지불할 수 없는 상황에 빠져 버린 것이다. 농민들은 사기혐의로 검찰에 고소하는 한편, 돈을 받기 위해 집을 압류하고 가재도구에 차압을 한 것이다. 달팽이 사업을 해서 많은 돈을 벌었다고 TV, 신문 등에 보도되었으니 그 돈을 다른 곳에 숨겨 놓은 것이 아니냐는 것이었다. 고소하는 사람이 12명으로 늘어났다. 경찰서 가서 조사를 받고 검찰에 불러가 조사를 받았고, 법정에 서야하는 처지가 됐다.

하지만 수매한 달팽이를 팔아 수매대금을 주지 않은 것이 아니었다. 농가로부터 수매한 달팽이는 고스란히 냉동창고에 쌓여 있었다. 여러 가지 사정이 참작되어 풀려 나오기는 했지만 심한 배신감으로 가슴이 떨렸다. 채권자들이 서울 미아동 주택은 물론 가재도구에 붉은 딱지를 붙였기에, 다시 집을 비워주어야 하는 신세로 전락하고 말았다. 이번에는 전셋집이 아니라 달팽이 사업으로 어렵게 장만한 내 집이였다. 당시 연간 매출 20억 원을 올리던 중소기업 사장으로 올라섰다가 다시 바닥으로 떨어지니 그 충격은 이루 말할 수 없었다. 아무것도 가진 것이 없던 시절에는 날려봤자 툭툭 털고 일어설 수 있었지만 이번에는 너무도 가슴이 아팠다. 불면증으로 잠을 이루지 못해 새벽에 집근처 포장마차에 가서 소주 2병을 먹고 들어와 잠을 청하면 아침에 사무실에서 직원들이 건 전화로 잠을 깼다. 사무실에 지방에서 양식업자들이 찾아와 돈을 달라며 사무실을 점거하고 있다는 연락이었다. 이런 시간을 겪다보니 고혈압까지 찾아왔다.

상황이 이렇게 되자 나는 그날부터 전국을 돌며 와우양식 회원들을 설득하기로 마음먹고 회원들을 찾아다니며 달팽이 양식에 대한 비전을 설명하면서 회원 한 분씩 만나 호소했다. 채권자들에 대한 오랜 설득과 그동안 회원들과의 우호적인 관계로 간신히 주택 경매는 미루어졌지만 돈을 갚아줄 길이 막막했다.

"그렇다, 달팽이 양식 기술을 수출하자!" 어려움이 닥치고 보니 옛날 월세방에서 처음 달팽이를 키우던 일이 생각났다. 이미 89년도에 인도네시아에 달팽이 양식 기술과 종자를 제공해 달팽이 농장을 설립해 준 경험이 있었다. 나는 곧바로 동남아 각국의 농업 관련 기관들에게 편지를 보냈다. 금세 방문해 달라는 답장이 왔다.

나는 가장 먼저 말레이시아 쿠알라룸푸르로 날아갔다. 88서울올림픽 당시 주한말레이시아 대사관 상무관과 서울에 근무할 때 가끔 식사도 하고 했었기 때문에 쉽게 연락이 되어 현지 교포들과 가이드 겸 통역자로 동남아 국가들과 상담을 시작했다. 말레이시아 측과는 조호바르 지역 양식담당자와 1차 75,000달러를 받고 달팽이 종자와 양식기술을 제공키로 기본합의가 이루어 졌다. 다른 나라의 경우도 긍정적인 반응을 보였다. 정말 바쁜 일정으로 상담을 했는데, 국내로 돌아온 뒤 받은 소식은 상담이 아니라 말레이시아 대사관으로부터 거센 항의였다, 알고 보니 말레이시아 가이드가 양식기술 수출 건을 가로채 장난을 친 것이었다.

한국와우상사를 'Korea Snail company'라는 영문명으로 고쳐 명함을 주었는데, 국내에는 어느새 'Hankook snail company'라는 유령회사가 서소문에 간판을 내걸고 있었다. 교포가이드들이 국내 지인들과 짜고 국내에 유령회사를 차려놓고 중간에서 계약금을 가로채려 했던 것이다. 대사관 측과 만나 설명을 하고 오해는 풀었지만 당시 한국 사람들에 대한 이미지는 엄청난 타격을 입었다. 그 일이 있고 난 후로는 아무리 대화가 안 통해도 통역을 붙이지 않고 전자영어사전을 가지고 손짓 발짓으로 상담을 진행했다. 말레이시아 측과 다시 접촉하여 결국 다시 계약을 체결해냈다. 마침 싱가폴에서 사업을 하는 국내 교포를 만나 싱가폴에 지사를 설립하고 그분을 지사장으로 하여, 인도네시아 시장을 겨냥한 인도네시아 농장 설립을 하기로 인도네시아 회사와 계약했다. 자카르타, 보오고르, 자바, 메단에 달팽이 양식장을 만들기 위해 우리 회사의 기술자를 파견하였다. 이 수출이 성사되자 나는 비로소 최소한의 여유를 가질 수가 있었고 자신감도 붙었다. 또한 주변의 채무자들로부터 신뢰도 받았다. 그러나 달팽이 수매로 인해 진 빚을 갚기엔 역부족이었다.

나는 이때 법인을 설립해, 달팽이 수매대금으로 회사 주식을 나누어 주는 방법을 강구했다. 달팽이 사업이 언젠가는 번창할 것으로 믿었는지 채권자들도 흔쾌히 동의했다. 그리하여 말레이시아에서 받은 수출대금을 재투자하여, 91년도 지금의 한민식품주식회사라는 법인을 만들었다. 그리고 달팽이 수매대금 지불액에 대한 회사 지분을 비례하여 채권자들에게 회사 지분을 나누어 주면서 법인 설립이 마무리 되었다.

끝나지 않은 달팽이의 꿈

이렇게 채무문제가 일단락되자 나는 국내 달팽이 시장을 되살리는데 나섰다. 먼저 우리 입맛에 맞는 다양한 한국식 요리법을 개발하는 한편, 달팽이 요리 및 효능에 대해 책을 쓰기로 결심하고 펜을 잡았다. 『식용달팽이 양식과 요리법』이라는 제목의 이 책자는 4쇄까지 찍을 정도로 당시 인기를 끌며 달팽이 홍보에 큰 보탬이 되어 주었다.

나는 그때부터 책을 교재로 삼아 새마을 중앙본부, 농민대학, 전국농어민기술자협회 등 강의 활동도 활발하게 펼쳤다, 이런 노력 끝에 92년 달팽이 효능에 대한 신념이 강한 요즈음 가장 잘 나가는 C식품의 K회장이 달팽이 엑기스를 개발하여 국내에는 달팽이 엑기스 붐이 일기 시작했다. 바로 이때 K회장으로 부터 연락이 왔다. 한번 만나자는 제의였다. 나는 곧바로 K회장과 만나 우리 회사가 보유하고 있는 달팽이 약 12여 톤을 킬로그램당 30,000원씩 공급하기로 계약을 맺고 공급하기 시작하면서 다른 식품회사들도 달팽이 엑기스를 제조하여 판매하는 데 뛰어들기 시작했다. 달팽이 요리가 호화사치 음식이라는 인식도 달팽이 엑기스로 인해 풀리고 있었다. 달팽이 엑기스가 붐을 이루면서 달팽이 주문은 급증했다. 달팽이 사업의 호황기였던 88~89년 수준을 능가할 정도였다. 국내 생산량이 모자라 인도네시아 농장의 달팽이까지 들여와 공급해야만 했다. 옛날의 영광이 다시 찾아온 셈이다. 그때부터 1년 만에 빚을 모두 깨끗이 정리하고 한민식품 주식도 모두 찾아왔다.

93년 경기도 용인시 구성면 보정리에 토지를 매입하여 자체 달팽이 농장을 마련했으며 국내 최초의 달팽이 가공공장도 만들어 '파티엔 에스카르고'라는 상표로 지금까지 공급하고 있으며, 새로운 메뉴인 달팽이 꼬치구이, 버거, 피자, 죽, 버거, 패티, 화장품 원료 등 달팽이 응용식품 및 제품을 개발해 지속적으로 수요를 창출해 나가고 있다.

지난 28년을 뒤돌아보면 나의 사업은 뒤뚱거리는 달팽이만큼이나 불안정한 사업이었다. 달팽이 요리는 기호식품인 관계로 경기상황이나 사회 분위기에 따라 소비량이 들쭉날쭉한 양상을 보인다. 이에 따라 달팽이 사업도 시기별로 명암이 크게 엇갈려 오르막과 내리막을 거듭하는 것이다. 하지만 어떤 일이 있어도 달팽이 사업과 함께 하겠다는 게 나의 신념이다. 나는 달팽이 사업이 내 생애 첫 사업이자 마지막 사업이라 생각한다. 현재 달팽이 사업은 달팽이 요리와 함께 화장품 원료도 공급하고 있으며 내년부터는 프랑스 달팽이 알 요리도 개발하여 공급할 예정이다. 달팽이 사업을 국내에 정착시키기 위해 한국식 달팽이 가공식품을 개발하여 누구나 동네 슈퍼에서도 구매 할 수 있도록 대중화시키는 방안을 오늘도 진행하고 있다.

지금까지 달팽이 사업을 함께 해온 우리 가족과 (주)한민식품 임직원들께 감사드린다. 앞으로 달팽이 요리 체인점을 구축하여 건강에 좋은 달팽이 요리를 전 국민에게 보급하고 우리나라를 찾는 외국인에게 한국식 달팽이 요리를 공급하는데 노력할 것이며 주변에 소외된 사람들을 돕기 위하여 지난 1998년부터 국제봉사단체인 국제로타리 3640지구(서울한미로타리클럽)와 국제라이온스협회 354-C지구(서울국일클럽)과 한국재난구조봉사단(단장)에 가입하여 늘 봉사하는 마음으로 살아가고 있다.

Success

성공을 위한 리허설
Rehersal

조 성 목

뜻이 있는 곳에 길이 있다

약   력 | 충남 강경상업고등학교, 경기대학교, 연세대학교 경제대학원졸업
고려대학교 컴퓨터 정보통신대학원 수료
한국은행근무(조사부, 금융결제부, 발권부 등)
은행감독원근무(은행검사3국)
금융감독원 서민금융총괄팀장
금융감독원 서민금융실장
금융감독원 저축은행검사1국장 재직 중
이 메 일 | chosm@fss.or.kr

자제력 없는 당신 카드를 잘라라

현대는 인터넷의 보급으로 인해 몇 년전만 해도 상상할 수 없을 정도로 초스피드시대가 되어가고 있다.

최근에는 돈 장사에서도 빨리빨리 마케팅이 인기를 끌고 있다. 신용카드산업이 급신장을 이루고 있는 이유도 여기에 있지 않을까? 최근에는 일부 사채업자들도 이런 대출상품 판매에 열을 올리고 있다. 어쩌면 돈을 빌리는 사람의 입장에서 반가운 일일 수도 있다. 그러나 이들은 쉽고 빠른 돈 빌리기의 신속성, 편리성만큼이나 채무자의 판단을 급격히 흐리게 만든다.

한번 더 생각하고 돈을 빌려야 될 일도 우선 빌리고 보자는 심리를 조장해서 당신을 유혹하는 것이다. 또한, 돈을 빌려주는 사람의 입장에서 이런 방식으로 돈을 빌려주다 보면 상대방의 상환능력에 대한 조사를 소홀히 하게 되고, 결국 채무를 못 갚을 때에는 가족에게 대신 갚을 것을 요구하는 등의 무리한 채권회수로 더 큰 폐해를 조장할 가능성이 많다.

빠르고 편한 대출을 취급하는 사람들은 채무자가 돈을 갚지 않을 때 더 가혹한 채권추심행위로 당신을 괴롭힐 수도 있음을 명심하고, 스스로 자제력이 없다고 생각한다면 지금 당장 신용카드를 아주 잘게 자르자.

| NH농협 희망채움 상담센터 현판식 기념사진

도마뱀의 꼬리를 자르자

1997년도 IMF관리체제라는 위기를 겪으면서 절대로 망할 리 없으리라는 여러 개의 은행들이 문을 닫았다. 지난해만 해도 무려 16개의 저축은행이 퇴출되었다.

은행들 문이 닫힌 이유는 여러 가지가 있겠지만, 부실 또는 부실우려 기업에 대한 울며 겨자먹기와 같은 자금지원이라는 꼬리를 자르지 못한 데 그 원인이 있지 않나 싶다. 이미 빌려준 돈을 회수하기 위해서는 어쩔 수 없이 '이번만 지원해주면 살아날 수 있다'는 기업의 말을 믿고(아니 은행도 믿고 싶었겠지만), 기업의 부도를 막아주는 자금지원을 반복하다보니 부실의 규모는 감당할 수 없을 만큼 커져 버린 것이다. 반복되는 자금지원이라는 꼬리를 자르지 못해 거대공룡인 은행조차도 영원히 셔터를 내려 버린 것이다.

하물며 유혹에 약한 서민들은 어떨까?

처음 돈을 빌릴 때부터 떼어먹으려 작정하고 돈을 빌리는 사람은 많지 않을 것이다. 우선, 급한데 시간을 벌어 보자는 생각에서 빚내어 빚 갚기를 반복한다. 막연히 복권에 당첨되거나 경마장에서 대박을 터트려 빚을 갚겠다는 생각인지는 모르지만, 요즘에는 특히 마력의 플라스틱 때문에 돈 빌리기가 쉬워 돌려막기의 유혹에 빠지기 쉽다. 하지만, 빚내어 빚 갚기를 계속한 결과는 무엇인가? 금융채무불이행자(구 신용불량자) 등록시점을 다소 늦추기는 하였을 것이나, 자신이 갚아야 될 빚은 몇 배로 늘어나게 되고, 결국 돈을 받으려고 채무자를 괴롭히는 사람들 또한 증가하지 않겠는가?

도마뱀이 적에게 잡혔을 때 아까운 꼬리를 끊고 달아나듯이 빚의 함정에서 빠져 나오기 위해서는 빚의 꼬리를 잘라야만 가정을 지키고 다시 재활의 길을 모색할 수 있다.

나중에 잘린 꼬리를 다시 자라게 할 수 있을 것이다. 만약 지금 머릿속에 허황된 유혹의 꼬리가 자라고 있다면, 지금 당장 과감한 선택을 하라. 늦었다고 생각할 때가 가장 빠른 때임을 명심하자.

나의 재무상태를 숙지하라

필자가 금융감독원에서 약 10여년 동안 사채를 이용하다가 피해를 보신 분 등 경제적 어려움에 처한 분들과 많은 상담을 하면서 가장 가슴 아프게 느낀 점은 자기 자신을 너무 모른 채, 급한데 쓰고 보자는 식의 채무

돌려막기로 빚을 키워간다는 점이다. 자신의 몸에 무슨 병이 있는지 정확히 알아야 조기 진료가 가능 하듯이 현재 자기 자신의 재무상태에 대한 진단을 받아 보라고 권하고 싶다. 우리가 질병을 조기 발견하기 위해서 평소에 건강진단을 받는 것처럼 말이다.

우리는 누구나 현재보다 나은 재무상태를 꿈꾸며 노력하고 있다. 필자의 직업적 경험에 따르면, 부자일수록, 연봉이 높을수록, 학력이 높을수록 현재 자신의 재무상태를 명확히 알고 있다. 또한 그것에 머무르지 않고 현재의 명확한 분석을 통해 더 나은 미래를 준비하고 있다. 안타까운 것은 오히려 상대적으로 서민들이, 소득이 적을수록, 학력이 낮을수록, 현재의 자신의 재무상태를 명확히 분석하지 않는다는 것이다.

재무설계 상담에서 쓰이는 간단하지만 직관이 내포된 재무상태분석표를 활용해보자.

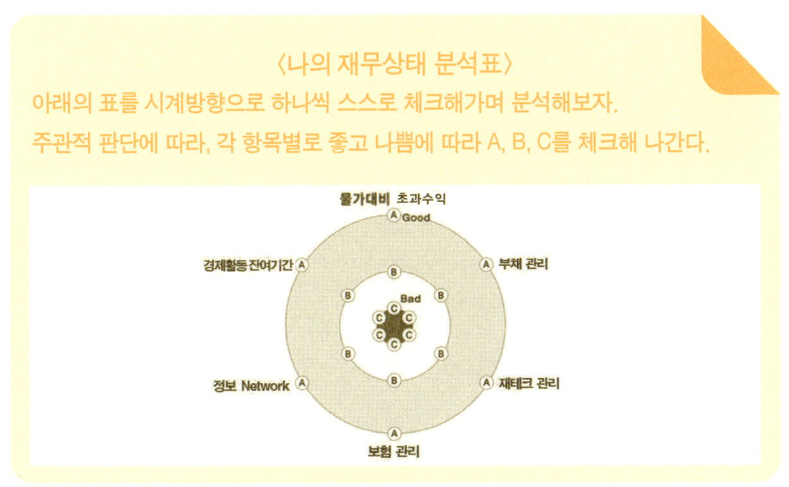

1. 물가대비 초과수익

   지난 2년간 저축과 투자를 통해 얻은 수익률이 물가상승률인 3%이하
   면 C에 체크하라. 수익률이 6%이상이면 B에 체크를, 수익률이 9%이상이면
   A에 체크를 하라.

2. 부채 관리

   (주관적 판단에 따라) 지난 2년간 부채가 늘거나, 제자리이면 C에 체크, 부채가
   감소하였으면 B에 체크, 부채가 상당히 감소, 개선되었으면 A에 체크하라.

3. 재테크 관리

   (주관적 판단에 따라) 지난 2년간 재산이 줄거나, 제자리이면 C에 체크, 재산이
   증가하였으면 B에 체크, 재산이 상당히 증가하였으면 A에 체크하라.

4. 보험 관리

   자신과 가족에 대한 질병과 사망에 대한 보험 대비가 충분하다고 판단하면 A에
   체크하라. 다소 부족하지만 일부라도 가입되어 있으면 B에 체크하라. 보험가입
   이 된 것이 없으면 C에 체크하라.

5. 정보 Network

   (주관적 판단에 따라) 자신의 재무적인 의사결정을 할 때 직업적으로 그 분야
   에 종사하는 전문가를 통해 어느 정도 정보를 수집할 수 있는가 평가한다. 직
   업적으로 그 분야에 종사하는 전문가를 통해 의사결정에 관한 정보를 얻은 후
   판단하면 A에 체크, 신문 스크랩, 인터넷 검색, 강연 참석 등 사전 정보를 확인
   후 판단하면 B에 체크, 일반 금융기관 창구직원 등의 추천으로 판단하면 C에
   체크한다.

6. 경제활동 잔여기간

   일반적인 60세에 경제적 은퇴를 가정하여, 경제활동 잔여기간을 확인한다. 30
   년이 잔여기간인 30대는 A를 체크, 20년이 잔여기간인 40대는 B를 체크, 10년
   이내로 잔여기간이 남은 50대는 C를 체크한다.

이상 여섯 가지의 체크된 것을 선으로 연결하고 선의 내부에 빗금을
친다. 이 도형이 현재의 자신의 재무상태이다. 재무설계는 바로 자신의
재무상태 인식에서 출발한다. 소득과 지출이 일정하다는 전제하에 이 도

형의 크기를 외부적으로 키우는 방법을 이끌어내라. 그것이 곧 재무상태
의 개선이며 재테크이며, 자산관리다.

자신에 맞는 처방전을 찾아보자

채무가 많은 사람의 특징은 모든 것을 혼자서 해결하려고 하는 데 있
다. 혼자 해결하려고 끙끙거리다 보면 더 많은 빚을 지게 된다. 병은 주변
에 알리라고 했잖은가? 가족과 빨리 상의해서 대안을 찾아야 한다. 여의
치 않으면 금융감독원의 서민금융119서비스나 사회적기업인 한국이지론
을 통해서 보다 낮은 금리로 돈을 빌려서 금융비용을 줄이는 방법을 찾아
보자.

빚을 갚을 수 없을 때 금융채무불량자로 등록시키겠다는 돈 장사의 협
박에 당황하여 더 높은 이자의 빚으로 돌려막을 바에는 차라리 금융채무
불이행자가 되는 편이 나을 수도 있음을 명심하자. 그리고 나서 신용회복
위원회를 통해 지원을 받도록 한다. 사채빚 등이 많으면 법원의 개인회생
제도를 활용하거나 파산신청 하는 것도 두려워하지 말자. 오히려 그것이
사채업자들에게 시달리는 것보다 더 나은 일일테니까 말이다.

자산증식 제1원칙, 소득을 증가시켜라

재테크란 재무 테크놀로지의 줄임말로 '자신의 일정한 소득에서 생활
비 등의 소비지출을 차감한 가용가능한 금액을 예금 · 주식 · 부동산 등에

투자하여 수익을 올리는 자금 운영 기법'이다. 이를 식으로 나타내면, 「소득 - 소비지출 = (저축·투자) 가용금액」이다. 이 식에서 보듯이 재테크를 통해 재산을 더욱더 증식하려면 역으로 가용금액이 클수록, 소비지출이 작을수록, 소득이 클수록 재산증식이 용이하다는 것을 알 수 있다.

소득의 증가는 모두의 꿈이다. 자문자답해보자. 자신의 인생을 거슬러 올라가 타임머신을 타고 10대시절로 돌아간다면 다른 부분은 차치하고 현재 자신의 소득을 증가시키기 위해 10대 시절부터 지금까지 무엇을 더 해야 했을까? 보편타당한 답은 의외로 쉽다. 현재 자신의 자녀에게 10대 시절에 무엇에 집중하라고 강조하는가를 보면 알 수 있다.

가장 보편타당한 대답은 바로 '공부'일 것이다. 우리는 공부 즉 교육이 많은 것에 영향을 준다는 것을 특히, 소득의 규모에 아주 밀접한 영향을 미친다는 것을 우리는 인생을 통해 체득해 왔다.

하버드대학에서 소득에 미치는 영향이 가장 큰 것이 무엇인지를 장기간 조사한 결과는 '소득의 차이=교육의 차이'임이 드러났다. 평균 1년 교육의 차이는 소득의 10% 차이를 가져왔다. 교육을 1년 덜 받은 자는 평생 10%를 적게 받는 셈이다. 매년 10% 차이는 복리의 차이로 인해 나중에는 엄청난 경제적 차이를 가져온다는 것을 통계 연구를 통해 밝혀낸 것이다.

우리 사회도 소득에 가장 큰 영향을 주는 변수는 역시 '교육'일 것이다. 청소년기를 지나 성인기 혹은 중장년층이 되어서도 역시 소득의 증가에 영향을 주는 요소로서 필자는 '재교육'을 꼽고자 한다. 각자의 생활현장에서 정말 성실하게 열심히 살아온 많은 분들의 땀에 대한 진실함을 펌

하하고자 하는 관점이 아닌, 보편타당한 시각으로 인생을 되돌아 볼 때 소득의 증가에 가장 큰 영향력을 끼치는 것 하나를 꼽는다면, 재교육을 추천하고 싶다.

필자의 지인 중에 낮에는 택배를 하고 밤에는 대리운전을 하며 누구 못지않게 성실히 사는 지인이 있다. 이 지인의 소득은 대리운전 소득에 따른 변동성은 크지만 평균 월220만원으로 연2,640만원이다. 이 한정된 소득에서 4인 가족의 생활비, 교육비 등 소비생활을 아무리 줄인들 한계가 있다. 저축은 당연 꿈도 꾸지 못한다.

이 지인은 그러던 어느 날, 과감히 자기계발 재교육에 투자했다. 주야로 짬짬이 시간을 내서 6개월간의 노력 끝에 굴삭기 면허를 취득해서 현재 굴삭기 기사로서 연소득이 6,500만원에 이른다. 현재 이 지인의 꿈은 돈을 모아 굴삭기를 사는 것이다. 자기소유 굴삭기로 사업을 하면 굴삭기의 감가상각비 등의 각종 비용을 고려해도 연3,000만 원 이상의 소득이 추가되기에 오늘도 성실히 땀을 흘리고 있다.

자신의 소득을 높여라, 그 과정에서 재교육이 필요하다면 두려움 없이 도전하라. 소득을 올리려면 열심히 하는 것만으로는 우리 사회에서 인정받을 수 없다. 차별성이 없다. 성실에 실력 즉, 재교육을 첨가하라. 이미 우리 사회에서 평생직장은 없다. 하지만 평생 직업은 있다. 자기 분야에서 전문가가 되고자 노력해야 한다. 승진과 전직을 두려워하지 마라. 자기계발 후의 전직은 장래성을 고려할 때 필수적 과정이다.

자산증식의 제1원칙은 소득의 증가임을 잊지 말자.

지출통제와 가계부

앞에서 본, 「소득 – 소비지출 = (저축·투자) 가용금액」에서 소득의 증가와 함께 저축 가용금액을 늘이는 방법이 바로 소비지출을 줄이는 것이다.

"지금 통장에 얼마 있습니까?"

"한 달 생활비의 내역은 알고 계신가요?"

"글쎄요, 얼만지는 잘 모르지만 항상 부족합니다. 나가는 데가 워낙 많아서."

정해진 소득에 식비, 교육비, 피복비, 공과금 등등 참으로 쓰일 곳이 많다. 그리고 더 이상 줄일 곳이 없다고 생각한다. 괜히 배우자와 섣불리 이 주제에 대해 말했다간 부부싸움하기 십상이다.

총 소비지출에서 식료품비 지출이 차지하는 비율을 계산한 값을 엥겔 계수라고 하며, 이 값이 저소득 가계에서 높고 고소득 가계에서 낮다는 통계적 법칙을 엥겔의 법칙(Engelsches Gesetz)이라 한다. 저소득층에서 식료품비 지출을 줄이기가 어렵다는 것을 의미한다. 여기서 말하고자하는 소비지출을 줄이자는 것은 이러한 필수 불가결한 지출을 줄이자는 것이 아니다. 소비내역을 먼저 확인 후 줄일 수 있는 부분과 줄일 수 없는 부분을 구분하여 소비지출을 통제 하에 두어야 한다는 것이다.

소비지출을 통제하기 위해서 우선 소비지출을 꼭 필요한 것, 쓰면 좋은 것, 후회하는 것으로 분류해 본다. 개인마다 처한 환경이 다르므로 주관적 판단에 따라 분류한다. 예를 들어 꼭 필요한 것은 생필품, 공과금(휴

대폰 요금 제외), 교통비, 필수 의복비, 공교육비 등 생활에서 필수 불가결하게 발생하는 소비지출을 이 범주에 놓는다. 쓰면 좋은 것에는 사교육비, 외식비, 휴대폰 요금, 경조사비, 유행하는 의복비 등이 이 범주에 속한다. 후회하는 것에는 충동구매로 구입한 의류, 술 먹다가 지른 '내가 쏠게' 술값 등 소비지출한 다음날 후회되는 것들이 이 범주에 속한다.

소비지출을 통제한다는 것은 자신의 소비내역을 가계부에 기록하여 일정기간 집계하여 이를 위와 같이 꼭 필요한 것, 쓰면 좋은 것, 후회하는 것으로 분류하여 일차적으로 후회하는 지출에 대한 소비통제를 하자는 것이다.

소비를 통제하기 위해서는 우선 자신과 가정의 소비지출 내역을 알아야 한다. 이를 위해 가계부를 몇 개월만이라도 쓰기를 권장한다. 그리고 일정한 단위로 식비, 교통비, 교육비 등 항목별로 집계를 하고 이를 꼭 필요한 것, 쓰면 좋은 것, 후회하는 것으로 분류하면 소비를 통제할 수 있는 놀라운 통계치를 확보할 수 있다. 일단 가계부를 기록하고 생각과 통제는 나중에 하라.

오로지 서민만 가입할 수 있는 '금융상품'이 있다

장기 저금리의 금융환경에서 금리형 상품으로 재산을 증식할 수 없다. 하지만 사회적 소외계층에게는 정부와 지방자치단체의 정책으로 활용할 금융상품이 있다.

"서울 희망플러스 통장"은 자립, 자활의지가 높은 근로 저소득층이 소득수준에 따라 매월 5만원~20만원을 3년간 저축하면 서울시와 사회복지공동모금회 등 민간후원기관이 함께 동일 금액을 추가 적립하여 경제적 자립 기반을 갖출 수 있도록 지원하는 사업이다.

예를 들어 월20만원을 3년 가입하면 본인 납입액 월20만원×3년=720만원에 서울시 무상 적립금 월20만원×3년=720만원을 합한 금액 1,440만원에 이자가 붙어 약 1,700만원을 수령하게 된다. 본인 납입원금 고려시 연 수익률이 78%(=720만÷1,700만÷3년)나 되는 서민 지원형 금융상품이다. 가입 가능한 대상은 기초생활수급자, 차상위복지급여대상자, 가구 소득 인정액이 최저생계비 150%이하인 사람, 최근 1년간 10개월 이상의 근로소득이 있고 현재 재직 중인 사람 등 이다.

"서울 꿈나래 통장"은 저소득 가구 자녀의 성장기 교육자금 적립을 지원하여 교육기회 결핍으로 인한 빈곤의 대물림을 예방하기 위한 사업으로 만12세('98.1.1 이후 출생) 이하 자녀가 있는 가구가 매월 3만원~10만원을 5년 또는 7년간 저축하면 역시 동일금액을 추가 적립하는 사업이다.

2009년 이후로 2010년 현재까지 서울시는 2차년에 걸쳐 시행했다. 2009년에는 총 2만여 명의 참가자를 선정하여 저축을 지원하고 있다. 신청방법은 서울시 공고기간에 신청서식을 주소지 주민센터나 서울시(www.seoul.go.kr), 서울시복지재단 (www.welfare.seoul.kr)에서 다운로드 "신청서식"을 작성하여 주소지 관할 주민센터에서 신청하면 된다.

향후에도 서울시의 장기적 프로젝트로 실행되는 관계로 지속적인 모집이 있을 것이므로 이를 활용하여야 할 것이다. 서울시뿐만 아니라 다른 지자체에서도 단계적으로 실행하거나 실행 준비 중이며, 금융감독원의 서민금융119서비스(http://s119.fss.or.kr)나 행정안전부 OK주민서비스(www.oklife.go.kr)를 통해 확인할 수 있다.

에필로그

이제 이 책을 읽은 후 본인의 희망과 의지를 담아 달라질 〈나의 재무상태 분석표〉를 체크해보자. 아래의 표를 시계방향으로 하나씩 스스로 체크해가며 분석해보자. 주관적 판단에 따라, 각 항목별로 좋고 나쁨에 따라 A, B, C를 체크해 나간다. 조건은 처음과 똑같다.

글을 읽기 전에 그렸던 도형과 비교해보라. 도형의 크기가 외부적으로 커졌는가?

추가된 재원 없이 본인의 의지와 희망으로 이 도형의 크기를 지속적으로 키우는 노력이 당신의 가슴속에서 시작되어야 한다. 이제 남은 것은 용기와 희망을 갖고 실천하는 것뿐이다.

성공을 위한 리허설
Rehersal

김 재 우

인상이 바뀌면 인생이 바뀐다

약   력 | 보건학박사 한의사, 한방피부과 전문인정의, 국제 한방성형 협회 회장
대한민국 의료부문 신지식인, 대한민국 신지식인협회 이사
한방성형 전국네트워크 린바디 한의원 대표원장
중국 클레오파트라 재단 자문의사, 유럽 로열비타 미용스파그룹 자문의사
제 16회 한국 신지식인 협회 의료 부분 최우수상 수상
2011 지식서비스산업 의료부문 최우수 기업선정
KBS 2TV VJ특공대 방송 한방성형 출연, MBC Every1 리얼 다큐 시크릿 성형 출연
다수 방송 출연 및 주치의

이 메 일 | dietkim4085@naver.com   휴 대 폰 | 010·4847·5812

칼 대지 않고 자연미인 되기

여자들은 나이를 불문하고 누구나 예뻐지고 싶은 욕망이 있다. 남성들의 성형 수요가 꾸준하게 증가하고 있지만 아직까지 성형수술은 여성들의 전유물이라 봐도 무방하다. 하지만 대부분의 여성들은 성형을 선호하면서도 실행에 있어 망설이는 이중성을 가지고 있다. 소위 '칼을 댄다.'는 것에 두려움을 갖기 때문이다. 찢고 째고 자르고 붙이는 수술에 대한 공포뿐만 아니라 인위적인 수술로 오히려 부자연스러워 보인다거나하는 부작용들이 그 원인이다. 침술을 이용한 한방성형은 이런 걱정에서 자유롭다. 무수술 한방성형은 침과 매선(한방약실)등을 이용해 경락과 경혈을 자극, 자연스러운 성형을 현실로 만들었다.

내적인 조화를 중요시하고 체질에 따른 처방을 하는 한방의학이 생소한 성형술과 접목되기는 그 발상부터가 쉬운 일이 아니었다. 하지만 서양의학이 가진 한계점을 드러나고 그에 대한 대안으로 한방의학이 발전하며 그 여지가 생기기 시작했다. 필자가 개발한 한방 침술 성형시술법은 그러한 기점에서 탄생한 한방의 새로운 변신 그 자체다. 피부탄력과 주름 개선에 국한되어 있었던 한방의학이 새로운 가능성을 보여준 것이다.

필자는 한방을 응용한 성형으로 머리부터 발끝까지 개선이 가능하도록 심혈을 기울여 연구개발에 매진했다. 그 결과, 콧대를 높이는 안면성형부터 한국 여성의 고질적 고민인 가슴확대의 힙업 성형, 그리고 러브성형까지 한방성형의 영역을 보다 확대해 세분화시킬 수 있었다. 이는 많은 의미를 가지고 있다. 그간 오로지 외과적인 수단에 의존해야 했던 많은 사람들에게 선택의 폭을 넓혔으며, 한방의학의 새로운 지평을 열었다는 평가를 받는 이유이다.

유럽 등 해외에서 더 각광받는 한방성형

한방성형은 '수술'이 아닌 '시술'로 얼굴 전체의 눈가, 입가, 팔자, 이마의 주름개선부터 얼굴 리프팅, V라인, 코 성형이 가능하다. 침으로 가슴 탄력과 볼륨을 주어 반 컵에서 한 컵 이상 확대가 가능하며, 부부생활의 만족도를 높여주는 질 성형까지 가능하다. 이 모든 것이 인위적인 수술이 아닌 무수술로 이뤄지기 때문에 무엇보다 자연스러운 성형을 통해 효과와 만족감을 배가시킬 수 있다는 장점이 있다.

필자는 한 달에 한 번 주기적으로 유럽에 나가며 필리핀과 중국 베이징 등 여러 나라에 가서 한방성형시술을 집도하고 있다. 해외에서는 화학성형이나 인공성형에 대한 불신이 많아 안티도 많은 편이다. 그래서인지 무수술 성형에 목말라하고 있는 실정이다. 까닭에 이를 충족시켜주는 무수술 한방성형이 주목을 받는 것이다.

유럽에서는 특히 러브성형이 남녀 모두에게 각광을 받고 있다. 이는 문화적 환경의 영향이 크다. 서양 남성의 경우 과도한 성관계로 인한 피로와 노화가 축적되어 간장과 신장의 기운이 쇠한 경우가 많다. 이 경우 발기의 강도 및 지속력 저하 증상이 나타나며 종국엔 성욕감퇴까지 이어진다. 그래서 유럽에서는 부부가 함께 러브성형을 받는 경우가 많고, 여성들은 힙업 성형과 러브성형을 함께 받아 그 효과를 배가시킨다.

우리나라에서도 동양인의 특성상 유독 처진 힙이나 작은 가슴, 뭉툭한 콧대 등의 고민을 해결할 실마리로 자연스러운 한방성형을 선호하고 있는 추세다. 시술 예후(豫後)도 좋아 이에 만족하는 환자들의 웃음을 모습을 볼 때마다 매우 보람되고 뿌듯함을 느낀다.

인상과 인생을 개선하는 관상성형

비즈니스를 할 때에는 첫인상이 가장 중요하다는 말을 한 번쯤 들어본 적이 있을 것이다. 첫인상이 각인되는 데에는 행동거지나 말투, 의상, 체취 등 여러 가지 요소가 작용한다. 하지만 결정적인 역할을 하는 것은 바로 얼굴이다.

사람의 인상, 즉 얼굴에는 그 사람의 현재 건상상태와 생활습관이 담겨있다. 또한, 그 사람의 지내온 과거와 그 사람의 흔적 성격까지 읽을 수 있으며, 여기에 더 나아가 그 사람이 자라온 환경, 성향 그리고 현재와 미래까지 엿볼 수 있다. 말하자면 얼굴이 그 사람을 나타내는 바로미터인 셈이다.

사람의 얼굴에는 인체의 오장육부의 상태가 드러나기도 하며, 사람의 생각, 정서, 감정 등이 표정근을 통해 반영한다. 그러므로 지혜로운 우리 선조들은 얼굴 인상을 보고 그 사람의 성향, 건강, 라이프스타일등을 미

| 유럽에서 폭발적인 인기를 누리는 한방성형

뤄서 인지하곤 했다. 관상학은 이러한 행동양식이 오랫동안 정보를 축적하고 체계화 되면서 발전하게 된 학문으로, 대면한 사람을 파악하고 더 나아가 앞날의 인생을 예측하는 수단으로 쓰이고 있다.

과거에는 타고난 운명을 거스를 수 없듯이 타고난 관상도 주어진 대로 받아들여야 하는 것으로 생각했다. 하지만 나날이 과학과 의학이 발달하여 성형술이 태동하고 끊임없이 발전함에 따라 그러한 인식은 조금씩 바뀌어왔다. 오늘 날에는 타고난 외모를 시술로 개선하는 행위가 너무나 당연시 되다 못해 오히려 남들의 부러움을 사는 일로 여겨지고 있다. 이러한 성형술에 대한 인식의 변화와 시술법의 개선은 그간 미의 추구에 묻혀 부가적으로 요구되었던 좋은 인상, 복 있는 관상으로의 성형술이 유행하는 토대가 되었다. 사람의 미래를 좌우한다는 관상의 단점들을 제거해 향후 미래의 복락을 유도한다는 것이다. 현실성이 있네 없네 미신이네 아니

네 하는 문제는 이미 논외의 사항이다. 손금을 교정하고, 이마, 코, 볼, 눈을 조율하여 더 좋은 인상을 추구하는 사람들의 수요는 실제로 꾸준히 증가하고 있으며, 유의미한 수치를 갱신하고 있기 때문이다.

이러한 사회 현상은 필자가 침을 이용하는 비수술법으로 관상성형술을 연구 개발하는 계기가 되었으며, 수년간의 연구 끝에 자리를 잡은 관상성형클리닉은 단순한 미용뿐만 아니라 인생의 운세에도 도움을 주는 수술로 큰 반향을 일으켜 그간 정체되어왔던 한방성형의 새로운 가능성을 열었다.

좋은 인상을 만들어 좋은 인생을 만든다

관상 성형은 수술이나 인공물의 삽입 없는 자연스러운 신체 및 피부자극을 통해 부정적인 인상을 긍정적으로 개선함으로써 신체적, 심리적 상태를 개선하고 기운을 좋게 해 대인관계와 사회생활에서 성공적인 삶을 살아가는 것을 도와주는 의료 시술법이다.

좋은 인상은 만들어질 수 있다. 선천적인 얼굴이 삶에 끼치는 영향을 30%라 하면 70%는 후천적으로 만들어지는 얼굴로 그 사람의 삶을 반영하는 거울이 된다. 사람의 얼굴에서 뼈가 양(陽)이면 살은 음(陰)이다. 선천적 인상인 뼈에는 큰 변화가 없지만, 살(근육, 표정)은 후천적인 삶의 방식, 여건, 생각 그리고 적절한 관리에 따라 자리, 정도, 탄력, 색상 등 무수한 변화를 보인다. 그러므로 한방성형으로 관상의 개선이 가능한 것이다.

절개와 인공보형물의 삽입이 없이 순수 한방 침만으로 근육과 근막 그리고 골격의 조정을 통해서 인상을 개선하고 관상을 향상 시키는 한방성형술은 전례가 없는 획기적인 시술법으로 기존의 시술법에 비해 여러 가지 장점이 있다.

우선 젊은 세대인 대학생들의 반응이 활발하다. 젊은 세대들은 나이가 많은 사람들보다 상대적으로 성형에 대해 관대하며, 이를 적극적으로 활용하는 면이 있다. 이들 대학생들은 겨울방학이 되면 평소보다 성형에 대한 관심이 높아진다. 그 연유를 물어보니, 취업난의 영향이 컸다. 겨울 방학 동안 외모 콤플렉스를 해결하고 좋은 인상을 만들어 취업에 성공하기 위해 성형을 택한다는 것이다.

겨울방학, 특히 새해가 시작되는 지점에서 졸업을 앞둔 대학생들의 소원은 당연히 취업이다. 취업면접에 있어서 좋은 인상과 외모가 스펙의 한 종류로 여겨지다 보니, 성형에 대해 관심을 갖는 것은 당연한 결과다. 물론 여기에는 성형을 통해 취업도 하고 자신감도 회복하려는 의지가 엿보인다.

대학생들이 주로 하는 상담은 눈과 코 부위다. 취업준비와 이미지 개선을 위한 상담이기 때문에 몸매 보다는 얼굴 성형에 대해 관심을 갖는 것이다. 우려가 되는 것은 성형술에 대한 기대가 지나치거나, 현실적으로 수용하기 힘든 요구사항을 무리해서 시술을 받는 것이다.

이왕이면 수술에 대한 전반적인 지식을 가지고 있는 것이 좋다. 쌍꺼풀 수술은 눈의 모양에서 느껴지는 전체적인 이미지, 눈 주변조직의 발달 정도, 눈꼬리의 각도, 몽고주름의 유무, 눈꺼풀의 처진 정도, 눈꺼풀의 두께 및 지방의 양, 쌍꺼풀의 폭과 형태 등 수많은 요인들에 의해 달라지고 표현된다는 것을 알아야 한다. 같은 병원에서 같은 조건으로 시술을 받더라도 개인차에 따라 결과가 다르다는 것을 염두해야 한다.

코 수술에 있어서는 코 수술에 사용되는 보형물의 종류와 안전성에 주의를 기울일 필요가 있다. 어느 연예인과 닮은 코를 해달라고 요구하기보다 자신의 얼굴과 조화된 성형으로 방향을 잡을 필요가 있다. 아무리 예쁜 코라 하더라도 주변의 신체기관과 부조화를 이룬다면 역효과를 부를 수 있다.

성형수술이 보편화되면서 부작용 사례도 늘어나고 있다. 성형외과 전문의와 자세한 상담을 통해서 성형이 꼭 필요한지를 상담할 필요가 있다. 성형은 외모의 개선 그 이전에 자신감의 회복이 중요하기 때문에 수술 전부터 자신의 장점과 개성을 생각해보고 수술을 결정해도 늦지 않다. 자신에게 장점이 될 수 있는 개성을 굳이 성형을 통해서 없앨 필요는 없기 때문이다.

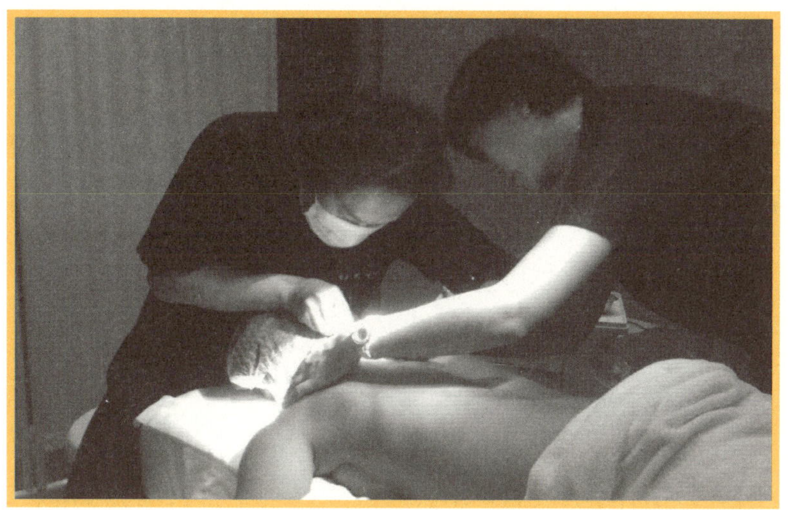

CEO들이 찾는 관상 성형

첨단 과학문명의 극점에 도달해 있다 평가되는 시대에, 점술과 관련된 오컬트 업소들이 늘어나고 있다고 한다. 그 이유는 왜일까? 이는 불안한 현실에 대한 불안감을 점술이라는 신비의 영역을 통해 조금이나마 희석해보려는 사람들의 심리를 반영하고 있다.

관상 성형 또한 크게 보면 이러한 맥락에 해당한다. 관상을 개선시키면 미래에 대한 불안도 개선된다는 믿음이 전제하는 것이다. 사람의 얼굴에는 그 사람의 과거와 사람의 흔적과 역사, 그리고 현재의 마음, 미래가 담겨 있다. 예로부터 관상학은 개인 生에 길흉화복을 예측하는데 활용되어왔다. 그러나 관상은 고정되지 않고 70%는 관리를 통해 긍정적으로 개선될 수 있다.

이러한 논리를 기초로 연구 개발된 것이 침을 이용한 관상 성형시술법이다. 관상 성형은 수술이나 인공물의 삽입 없는 자연스런 신체 및 피부자극을 통해 부정적인 인상을 긍정적으로 개선하여 신체적 심리적 상태를 개선하고 기운을 좋게 함으로써 대인관계와 사회생활에서 성공적인 삶을 살아가는 것을 도와주는 의료시술법이다.

절개와 인공보형물의 삽입이 없어도, 순수 한방 침만으로 근육과 근막 그리고 골격의 조정을 통해서 인상을 개선하고 관상을 향상시킬 수가 있다. 국내 최초의 침술을 이용한 전문 관상 성형을 시작한 필자는 그동안 거대한 기업을 이끄는 CEO, 연예인, 그리고 심지어 정계진출을 준비하는 분들의 끊임없는 방문을 수없이 거쳤다.

그들은 모두 하나같이 관상의 측면을 중요시하며, 대외적인 이미지를 보다 좋게 쌓을 수 있는 인상을 갖기를 원했다. 기존의 외과적인 시술법에 대한 거부감을 가지고 있던 경우에는 비외과적인 침술 성형법에 좋은 반응을 보였다. 한방 침 성형은 단순한 얼굴 인상의 변형뿐만 아니라, 흐트러진 몸의 상태까지 바로잡아 치료를 하는 효과를 가지고 있다. 따라서 미와 건강이라는 두 마리 토끼를 모두 잡을 수 있는 건강한 성형으로 알려지고 있다.

다양한 관상 성형의 영역

필자가 정립한 관상 성형의 영역은 다향하다. 부자가 되기를 원하는 사람들을 위한 재물(재백)궁성형, 정계진출을 모색하는 사람들을 위한 관록궁개선성형, 원만하고 행복한 부부생활을 꿈꾸는 연인들을 위한 부부궁개선성형, 사업의 원활과 형통을 위한 질액궁개선성형, 전체 인생의 형통과 안정을 추구하는 명궁성형 등이 대표적이다.

재물궁성형이란 모든 재물복은 콧대의 높이와 코끝의 형태에 영향을 받기에 침으로 코 끝을 높이고 힘을 주는 침 성형이다. 이것은 코의 미용적인 개선과 재물복을 증가시킨다는 점에서 모든 연령층에서 가장 선호하는 관상 성형 영역이다.

관자놀이 부위가 풍만하고 색이 좋으면 결혼관계가 형통하다는 부부궁성형도 인기 있는 관상 성형이다. 특히 이혼 경험이 있거나 결혼 생활의 위기에 처한 사람들이 관상 성형을 하고 좋아진 경우를 많이 볼 수 있었다.

사업을 하는 사람들은 미간에 있는 세로주름을 반드시 없애야 한다. 미간은 명궁이라 하는데 일생의 흥망성쇠를 나타낸다고 한다. 이곳에 주름이 많거나 꺼져있으면 평생의 운이 따르지 않는다고 한다. 하지만 이곳의 주름과 볼륨은 침으로 충분히 개선 할 수 있으며 좋은 관상을 회복할 수 있다.

관상을 단지 미신으로 치부하는 것은 경솔한 생각이다. 관상은 수천 년 동안 이어져온 어떤 유의미한 수치들로 구성한 통계학으로 볼 수 있다. 절대 맹신도 불신도 바람직하지 않다고 판단되지만, 인체의 비율을 전문적으로 공부한 의사의 시각에서 볼 때, 미적인 개선과 관상의 개선은 상당부분 일치하고 있어 객관적으로 좋은 관상이 객관적으로 아름다운 관상임을 밝히고 싶다. 이는 아름다운 것이 복 된 것이라는 일치점을 보인다. 아름다워지고 자신감이 생기면 현실에서 많은 이득을 볼 수 있다. 대외적인 자신감은 기회를 갖게 할 것이며, 좋은 인상은 인맥형성의 유리함을 가져다 줄 것이다.

더구나 인위적인 보형물 삽입이나 무리한 화학적 시도가 아닌 단순한 침을 이용한 자연 성형으로 자신의 본래의 이미지, 좋은 기운을 회복하는 것은 인생에 큰 플러스 요소가 될 것이라 여겨진다.

한방 성형, 글로벌화에 도전하다

국제한방성형협회 회장이자 압구정 린바디 한의원 대표원장을 맡고 있는 필자는 유럽에서 우리나라 최초로 한방 시술을 할 수 있는 시술허가서를 발급받아 적게는 월 1~2회 많게는 4~5회 유럽 현지를 오가며 현장에서 직접 시술을 하고 있다. 생각보다 현지의 반응이 폭발적이어서 진료대기자의 수는 날로 늘어나고 있다.

섹시한 뒤태를 완성시키는 힙 라인에 대한 여성들의 관심은 동서양을 가리지 않는다. 노화에 의해 자연스레 처지기도 하지만, 앉아 있는 시간이 많은 직장 여성들의 경우 순환부전과 함께, 근육의 탄력 저하, 골반의 비대칭 등으로 인해 힙이 처지고 볼륨이 줄어들며 탄력이 감소된다. 한방 힙 업 성형은 추나요법을 통해 골격을 교정하고 침과 약실요법으로 대둔근, 중둔근, 소둔근 등의 골반 근육을 자극해 탄력을 되찾도록 유도한다.

근육의 탄력 이완을 조절함으로써 힙 주변의 체지방을 조절해 '업'된 힙을 만드는 것이다. 보형물을 넣는 시술이 아니니 부작용 걱정이 없는 것은 물론 바로 일상생활이 가능한 것도 장점이다.

필자가 연구 개발한 여성러브 성형은 출산 후 골반 뒤틀림 및 질 근육 약화, 혹은 섹스리스로 고민하는 여성들에게 추천하는 시술법이다. 명칭은 여성러브라 간략하게 말하지만 개개인의 상태에 따라 세부적인 시술 사항 다르다. 주로 추나요법과 전신교정침으로 골반의 균형을 잡아준 뒤 침과 약실 요법을 통해 골반 근육과 질 근육의 탄력을 증대시키는 식으로 자궁의 건강을 보살핀다. 패스트푸드와 잘못된 생활습관으로 여성 생식기 전반에 걸쳐 질염, 냉대하, 생리통, 요실금 등의 여성병을 호소하는 환자들이 많다. 한방 시술법은 기력을 보하고 혈행을 호전시켜 형태의 개선은 물론 이러한 여성병의 치료 효과도 탁월하다.

필자는 이러한 장점들을 무기삼아 한방성형의 세계화를 위한 다음 종착역으로 러시아를 염두에 두고 있다. 러시아의 한 종합병원으로부터 한방성형에 관한 세미나 요청을 받은 것이 계기가 되었다. 아울러 베이징, 광저우 등의 여러 병원과 의료관련 업체로부터 MOU 체결제안을 받고 있기도 하다. 최근에는 중국 최대 규모의 여행사인 CTS와 MOU를 체결하여 한방성형 의료관광 관련 세미나와 시술 시연을 했다. 향후 광활한 중국시장도 개척할 수 있다는 기대를 갖게 되었다.

김 종 규

자기암시의 힘

약 력 | 씽킹빅월드 대표, 아주대학교 초빙교수
한양대학교 금속공학과 겸임교수
미국 Univ. of Washington 공학석사, 박사 수료
한양대 공학 석사. 박사.
쌍용자동차 및 Washington Tech. Center 연구원
미국, 일본, 중국, 홍콩, 베트남 등에서 강의 및 사업
저 서 | 〈드림빌더〉 모아북스
이메일 | hi777888@naver.com　　　휴대폰 | 010·8033·7777

나의 가치
긍정적인 자기암시는 당신을 당당하게 만듭니다.

지하철을 타고 이동하는 중에 문득 옆에서 대화를 하고 있는 두 여자의 이야기가 귀에 들렸습니다. 회사 친구인 것 같았는데, 외모로 보아하니 20대 중반이 조금 넘어 보였습니다. 한 여자가 미용실과 마사지 숍에서 치장하는 데 든 돈을 자랑삼아 말하자 친구가 따끔하게 충고를 했습니다. "그 많은 돈을 외모 꾸미는 데만 다 썼다고? 차라리 나라면 그 돈으로 먹고 싶은 것 먹고, 갖고 싶은 거나 사겠다." 그러자 친구가 눈을 동그랗게 뜨면서 말했습니다. "네가 뭘 모르는구나. 예쁘게 꾸미고 나가면 남자들이 알아서 맛있는 것 사 주고, 재미난 곳 데리고 가고, 명품 백이랑 옷도 사 주고……. 내가 나를 꾸미는 게 뭐 잘못 되기라도 한 거야?" 두 사람의 얘기를 들으며 처음에는 충고를 해 주는 친구의 말이 옳다고 생각했는데, 나중에 다른 친구의 말을 들어 보니 그 말도 옳다는 생각이 들었습니다. 그녀에게는 긍정적인 자기 암시가 충만했으며, 자신을 가꿀 줄 아는 당당함이 있었습니다.

소위 '명품코치'로 불리는 헬스 트레이너 중 한 사람이 언젠가 이런 말을 했습니다. '몸이 5천 원짜리면 100만 원짜리 가방을 들어도 가짜처럼 보이지만, 몸이 100만 원짜리면 5천 원짜리 가방을 들어도 명품처럼 보인다.' 그러니 명품 몸매를 만들라는 게 요지였습니다.

신이 준 최고의 선물은 바로 사람의 몸과 마음입니다. 최고의 자산인 몸과 마음을 잘 관리하는 게 성공의 기본입니다. 저 또한 누가 봐도 반할 만큼 바다와 같이 넓은 마음과, 건강한 몸을 만들겠다는 목표 아래 꾸준히 정신 수련과 운동을 하고 있습니다. 목표를 정해 놓고 차근차근 도달해 나갈 때의 성취감은 무엇과 바꿀 수 없을 정도로 짜릿합니다. 요즘은 스스로의 가치를 높이는 시대이므로 자신을 업그레이드해야 합니다.

남녀가 처음 만나 연애를 하면 남자들은 여자에게 하늘의 별도 따다 줄 것처럼 정성을 다합니다. 사랑에 빠지면 뇌에서 도파민이라는 물질을 분비하는데, 도파민은 사람을 흥분하게 만들어 이성을 잃게 합니다. 하지만 도파민은 중독성이 있어서 시간이 지나면서 감지 능력이 떨어지며 나중에는 무감각하게 됩니다. 그때 비로소 남자는 이성을 찾고 정상으로 돌아오는 것입니다. 이 말은 곧, 시간이 지나면서 남자가 변한 게 아니라 이성을 잃고 미쳐 날뛰던 남자가 정상으로 돌아왔다는 말입니다. 이제 현실을 마주한 남자가 어쩌면 여자에게 시큰둥한 반응을 보일지도 모릅니다. 만약 여자가 남자의 관심을 계속 유지하고 싶다면 자신을 가꾸어서 새로운 모습으로 다가가야 합니다. 여자가 변하지 않으면 남자의 마음이 먼저 변할 것입니다.

미국 하와이 원주민들이 가장 많이 쓰는 단어는 'sorry(미안)' 'love(사랑)' 'thanks(고마움)' 'pardon(용서)' 이라고 합니다. 그들은 나무에게도, 물에게도 날아가는 새와 바람, 햇살에게도 당연히 사람들에게도 "미안합니다, 사랑합니다, 고맙습니다, 용서합니다"를 반복하면서 주변의 모든 이웃과 만물을 자신의 긍정적 동반자로 삼습니다. 그것이 바로 최고의 행복을 이끌어 내는 수천 년의 노하우라고 합니다. 자신의 긍정적인 암시를 주위에서 찾아서 자신의 가치를 극대화 시키는 것입니다.

나의 꿈

꿈의 크기는 외형이 아니라 가슴속 열망의 크기입니다.

어릴 적 커다란 시루에 콩나물을 키우시던 어머니가 생각납니다. 시루를 받쳐 놓고 물을 부으면 물은 바로 아래로 빠지고 맙니다. 보통 식물들은 물을 충분히 주고 볕이 잘 드는 곳에 놓아두어야 잘 자라기 마련인데, 콩나물은 물에 모아 두는 것도 아니요, 일부러 햇빛도 차단하는데 어떻게 그렇게 쑥쑥 자라는지 신기합니다. 꿈도 이와 같아 보입니다. 꿈을 향해 달리며 흘린 땀은 지금 당장 눈에 보이질 않지만, 그 노력의 결과가 언젠가는 눈앞에 나타날 것입니다.

어린아이는 현실의 제약을 받지 않기 때문에 마음껏 꿈꿀 수 있습니다. 그러나 어른이 되고 나면 '~ 때문에' 안 되는 일이 너무 많습니다, 그래서 자신이 먼저 꿈의 크기를 자꾸만 줄입니다. 큰 꿈을 이루기까지 거쳐 가야 할 길이 험난하다는 것을 잘 알기에 도전도 해보지 않고 포기하는 것입니다. 만약 큰 꿈을 반드시 이루고 싶다면 어린아이의 순수한 마음으로 세상에 과감히 도전하길 바랍니다. 아이들은 돈이나 학력, 배경, 키의 크고 작음이나 외모를 따지지 않고 오로지 '꿈'만 바라봅니다. 그것을 이루지 못했을 때의 좌절감과 주변의 시선을 의식할 필요도 없습니다. 그건 그때 가서 생각해도 늦지 않습니다.

사람의 체온은 36.5℃입니다. 여기에서 5℃만 낮아지거나 높아지면 인간은 살 수가 없습니다. 그러나 꿈의 온도는 다릅니다. 100℃에서 물이 끓는 것처럼 그때부터 시작입니다. 99℃로는 아무리 오랜 시간이 지나도 물이 끓지 않습니다. 끓기 시작한 이후 '꿈'의 작품이 완성되기까지 뜨겁게 달궈 줘야 합니다. 그것은 100~200℃로는 어림도 없습니다, 수천 도를 넘나드는 뜨거운 열정 속에서 비로소 꿈이 익어 갑니다.

꿈에는 속성이 있습니다. '지피지기면 백전백승'이란 말처럼 꿈의 속성을 알아야 이룰 수 있습니다. 꿈의 첫 번째 속성은 '반드시 자신을 위한 것이어야 한다'는 것입니다. '당신은 왜 그러한 꿈을 갖게 되었습니까?' 하고 물었을 때 '성공해서 부모님을 편안하게 모시고 싶어서'라거나 '아이들에게 좋은 교육 환경을 만들어 주고 싶어서', '배우자의 차를 바꿔 주고 싶어서' 등 다양한 대답을 듣게 됩니다. 물론 그런 꿈이 나쁘다는 말은 아닙니다. 하지만 어려움이 닥치면 다른 사람을 위한 꿈은 쉽게 열정이 식어서 포기하게 됩니다. 끝까지 포기하지 않을 자신을 위한, 자신만의 굳건한 큰 꿈을 가져야 합니다.

꿈의 두 번째 속성은 머지않은 미래에 이룰 수 있는 외형이 아닌 가슴 속에 열망이 큰 것이어야 합니다. 너무 시간이 오래 걸리거나 커서 이루기가 힘든 꿈을 우리는 '망상'이라고 부릅니다. 망상은 제가 말하는 '큰 꿈'과는 거리가 멉니다. 그건 꿈을 이루는 데 별 흥미가 없는 사람을 위한 핑곗거리에 불과합니다.

열정은 일에 활력을 불러오는 가장 중요한 요소입니다. SF영화 〈쥬라기 공원〉과 전쟁 역사물인 〈쉰들러 리스트〉를 제작한 유태계 미국인 스티븐 스필버그의 열정은 영화계에서 유명한 일화로 전해지고 있습니다. 영화를 제작하는 유니버설 스튜디오는 관계자 외에는 출입이 쉽지 않은데, 그는 학생 시절부터 당당히 그곳을 들락거리며 영화 현장을 몸으로 익혔습니다. 오죽하면 유니버설 스튜디오를 지키는 경비원들도 그를 직원으로 착각했을 정도였다고 합니다. 그의 영화가 극장에서 상영되었을 때 사람들은 스티븐 스필버그의 열정과 패기인 그 결과물에 기립박수를 보낼 수밖에 없었습니다.

영화가 세계적으로 흥행 하면서 한국에도 스필버그 감독이 직접 찾아와 인터뷰를 하게 되었습니다. 그때 한 기자가 질문을 던졌습니다. "감독님, 다양한 분야의 영화를 만드셨는데요, 결국 지향하는 영화는 어떤 것입니까? SF인가요 아니면 전쟁이나 역사물인가요? 어떤 영화를 만들고 싶으신 거죠?" 그러자 스필버그는 웃음을 가득 머금은 채 잠깐의 망설임도 없이 대답했습니다. "저는 관객들이 보지 않고는 못 견디는 그런 영화를 만들고 싶습니다." 그가 대답한 순간 사람들의 입에서 '아!' 하는 감탄이 흘러나왔습니다. 청년 스필버그가 영화계의 거장이 되기까지, 마음속에서 들끓었던 열정을 어찌 짐작이나 할 수 있겠습니까. 장르에 국한되지 않고, 영감이 떠오르면 그것을 필름 안에 담아 관객에게 전달하기 위해 숱한 밤을 새우며 고민했을 열정의 순간들이 있었기에, 스필버그의 이름 앞에 '영화계에 한 획을 그은 감독'이라는 찬사가 붙을 수 있었던 것입니다.

일본 경영의 신, 파나소닉 창업자 회장님의 인터뷰 중 한 기자가 성공의 이유를 질문한 적이 있습니다. 회장은 자신이 성공할 수 있었던 이유를 세 가지 꼽았습니다. 첫째는 '가난'이었고, 둘째는 '배우지 못함'이었고, 셋째는 '키가 작고 허약함'이라고 했습니다. 사람들은 회장의 대답을 듣고 고개를 갸우뚱했습니다. 돈도 없고, 학벌도 형편없는데다가 키까지 작다면 '루저'라는 놀림을 받기 마련인데 그것이 성공의 이유였다니 이해할 수가 없었습니다. 그때 회장이 설명을 덧붙였습니다.

"나는 가난했기 때문에 돈을 많이 벌어야겠다는 꿈을 갖게 되었습니다. 그리고 배우지 못했기 때문에 많이 배운 사람을 곁에 두고 늘 그들의 말을 경청하기 위해 노력했습니다. 마지막으로, 제가 만약 체격이 좋고 건강했더라면 막노동이라도 했을 텐데 그러지 못해서 저를 도와줄 사람들이 많이 필요했습니다. 저의 부족함을 해결하려다 보니 이렇게 큰 회사를 운영할 수밖에 없었던 것이죠." 패자들은 언제나 하지 못한 핑계를 찾지만, 성공한 사람들은 반드시 해야 할 이유와 꿈을 찾습니다. 우리는 부족함에 머무르고 있을 때, 그 누군가는 그 부족함을 채워나가고 있다는 사실입니다. 부족함을 발판 삼아, 보다 풍족함의 열매를 맺는 힘이 우리에게 필요합니다.

2루에 가기 위해서는 1루에서 발이 멀어져야 하고, 자동차를 가지려면 마차를 버려야 하며, 서커스에서 멋진 쇼를 위해 공중에서 잡은 손을 놓아야 하며, 행복하려면 분노를 놓아야 하고, 성공을 위해서는 부족한 마음가짐을 떠나 채우는 마음가짐으로 달려가야 합니다.

나의 결단
결단이란 열심히 하는 것이 아니라 꼭 해내는 것입니다.

"날씨야 / 네가 / 아무리 추워 봐라 / 내가 / 옷 사 입나 / 술 사 먹지" 한 시인의 술타령입니다. 읽는 순간 시인이 술을 얼마나 좋아하는지, 그

것에 대한 결단력이 어느 정도인지를 단번에 느낄 수 있습니다. 희생 없는 대가도 없습니다. 옷 살 돈으로 술을 사 먹으면 한겨울의 추위를 감당해야 합니다. 결단과 결심에 대한 말을 들으면, 미국 유학 중 만난 어떤 분의 이야기가 떠오릅니다. 그 분은 어느 점심시간에 밥을 먹고 사무실로 돌아와 무심결에 담배 한 개비 입에 물고 불을 붙이다가 '내가 담배를 왜 피우지?' 하는 생각을 하게 되었다고 합니다. 그 이유가 명확하게 떠오르지 않자, 피우던 담배를 재떨이에 비벼 끄고 이제부터 담배를 끊으리라 마음먹었습니다. 담뱃갑에 남아 있는 19개비의 담배……. 금연을 결심한 대부분의 사람들이라면 나머지 담배를 휴지통에 넣었겠지만, 그분은 담뱃갑을 책상 위에 잘 놓아두었습니다. 그것을 눈앞에 두고 자신의 의지력을 시험하기로 한 것입니다. 결국 그 분은 19개비의 담배를 고스란히 책상 위에 모셔 둔 채 담배를 끊을 수 있었습니다. 그 분 결단력이 있는 사람이기에 훗날 자신의 분야에서 최고의 자리에까지 오를 수 있었습니다. 담배를 끊는 과정에서 볼 수 있듯, 그 분의 태도는 인생에 진하게 배어 성공의 원동력이 되었던 것입니다.

아버지께서 돌아가시고 49제를 지내는 날, 하필이면 회사와 중요한 일이 겹쳤습니다. 여타 대부분이 당연히 49에 참석했겠지만 저는 그 일로 적잖이 갈등을 했습니다. 살아생전 아버지께서 몸소 보여 주신 가르침 때문이었습니다.

아버지는 일본에서 원예전문대학을 나와 전국에서 18번째로 농장 허가를 얻어 농장을 운영하셨습니다. 365일 내내 하루도 쉬지 않고 농장 일을 하셨습니다. 암에 걸려서 병원 치료를 받는 동안에도 농장 일을 손에서 놓지 않으셨습니다. 좀 과격하게 말하자면, 일을 멈추는 순간 밥숟가락을 놓아야 한다는 게 아버지의 생각이셨습니다. 아버지의 49제와 일중, 과연 아버지는 제가 어떤 선택을 하시길 바라실지 고민했습니다.

다른 분이면 몰라도 아버지라면, 회사 일에 참석해야 한다고 등을 떠미셨을 것입니다. 그래서 49제에 참석하는 대신 하루 전날 미리 예를 올리고 당일에는 회사 일에 참석하였습니다. 불효라는 생각에 마음은 무거웠지만, 아버지는 하늘나라에서 저를 지켜보시며 저의 선택을 더 반기실 거라고 긍정적인 마음으로 애써 위안을 삼았습니다.

여동생이 결혼을 하고 처음으로 친정 나들이를 왔습니다. 저의 집에서는 음식을 장만해 놓고 새신랑 신부를 기다렸습니다. 신혼부부가 행복하고 다정한 모습으로 대문에 들어서는 것은 좋았지만, 양손에 선물 하나 없었습니다. 그 흔한 한과나 과일 바구니라도 들고 올 법한데 말입니다. 그렇다고 매부에게 선물 바란 것도 아니고, 꼭 누굴 탓할 일도 아니라서 그냥 그렇게 지나갔습니다. 시간이 흘러 먼 훗날, 마침 그때의 얘기가 나왔는데 여동생이 웃으며 해명을 했습니다.

"처음 시작하는 살림이라 여유가 없긴 했지만 그렇다고 선물 하나 못 살 만큼 어렵지도 않았어요. 하지만 부모님께서 우리에게 바라는 게 과연 선물일까 싶더라고요. 한 푼이라도 아껴서 저축하고, 살림 키워나가는 모습을 보이는 게 효도하는 거라는 생각이 들어서 그날 빈손으로 갔던 거예요."

여동생은 그렇게 알뜰살뜰 살아온 덕분에 지금은 꽤 여유가 생겨, 친정어머니께 꼬박꼬박 생활비를 드리고 있습니다. 굳이 액수로 따지자면 과거 선물 값의 몇십 배를 매달 드리고 있으니, 수입이 없는 어머니에게는 그만한 효도가 어디 있을까 싶습니다.

자동차 연구실에 근무하던 제가 부업으로 영업을 한다고 나섰을 때 아내를 비롯한 주변 사람들은 펄쩍 뛰면서 반대를 했습니다. 안정된 직장에 다니고 있으며 박사 학위까지 받은 사람이 남들 눈도 있는데 왜 하필 물건 들고 다니는 영업을 하느냐고 손사래를 쳤습니다. 그러나 그 틀을 깼기 때문에 지금의 제가 존재하는 게 아니겠습니까? 그때 사람들이 만들어 놓은 틀 속에 제 스스로를 가두었다면 저는 연구실 구석에서 자동차 연구만 하면서 평생을 보냈을 것입니다. 물론 틀을 깨고 안정을 찾기까지 근 10년이 걸렸습니다. 새로운 것을 받아들인다는 것은 그만큼 많은 시간과 인내, 끈기가 필요하며 지속적으로 유지돼야 한다는 것을 새삼 깨달을 수 있었습니다.

10년 뒤의 미래를 지금 결정한다는 생각으로 내 인생에 가장 중요한 일들을 신중하게 선택하고 행동하면 상상 속 미래의 모습이 현실로 이루어질 것입니다.

인생에 중요한 일을 뒤로 둔 채, 눈 앞의 급한 일만 하면서 사는 사람들은 언제나 인생이 조급하고, 중요하지 않은 곳으로 흘러가게 되어 있습니다. 결단이란, 열심히 하는 것이 아니라 꼭 성취해내야 하는 것을 의미합니다.

나의 성공

황금률을 이해하고 실천하십시오.

'성공'을 무엇이라고 생각하십니까? 어떤 사람을 '성공했다'고 표현합니까? 사람마다 성공의 정의가 다르겠지만, 대통령이 되는 것, 장군이 되어 전쟁에서 승리하는 것 등이 일반적 성공이라고 볼수 있다. 백만장자 사업가인 덱스터 예거는 '성공이란 가치 있는 일의 점진적인 실현'이라고 말했습니다. 즉 성공은 결과가 아니라 꿈과 목표를 추구하는 과정에서 얻어지는 한 계단 한 계단의 성취라는 말입니다. 그러나, 제가 생각하는 성공은 이렇습니다. 이 세상에 태어나 한 그루의 나무를 심어 누군가 그 나무를 보면서 행복해 하고, 나의 칭찬 한마디에 누군가 즐거워하고, 나의 작은 도움으로 소외된 누군가가 웃음 짓는 일이 저의 성공입니다. 외국인 근로자를 위해 한글을 가르치는 봉사를 하고, 돈이 없어 인생을 불행하다고 느끼는 사람에게 돈의 노예가 아니라 주인으로 살 수 있도록 정보와 가르침을 주는 것, 누군가의 인생에 긍정적인 변화를 주는 것 등이 제 인생의 성공입니다. 영원한 성공은 먼저 누군가의 성공을 도와주는 것입니다.

에베레스트 등반대가 조난을 당해 내려오는 길에 부대원 한 명이 다리에 큰 부상을 당하고 말았습니다. 걷지 못하면 죽을 수밖에 없는 것이 그 당시의 현실이었습니다. 갈등하던 때 한 대원이 일어서더니 다 같이 죽을 수는 없는 일 아니냐면서 눈보라를 뚫고 내려가기 시작했습니다. 그러나 다른 한 대원은 차마 동료를 버려둔 채 갈 수가 없어서 무거운 장비를 버린 채 동료를 들쳐업었습니다. 눈보라가 몰아치는데다가 지친 상태에서 동료까지 업었으니 발걸음이 느리고 무겁기만 했습니다. 그런데 한참을 내려가던 그는 망연자실하고 말았습니다. 동료를 버리고 앞서 내려갔던 다른 대원이 추위에 꽁꽁 얼어 죽어 있는 것을 본 것입니다. 동료를 업고 내려온 대원은 땀이 날만큼 힘들고 서로 체온을 나누었기 때문에 추위를 견딜 수 있었지만 혼자 걸어간 대원은 추위를 견딜 수 없었던 것입니다. 신은 어느 곳에나 존재합니다. 당신의 희생은 돌고 돌아 언젠가는 보답으로 돌아옵니다.

선인들은 "콩 한 쪽도 나눠 먹어라"라고 말을 하지만, 콩 한 쪽이라도 있어야 반씩 나눠 먹을 수 있습니다. 그것마저 없으면 나누기는커녕 누군가 나눠 주기만 바랄 수밖에 없습니다. 행복도 마찬가지입니다. 자신의 마음속에 행복이 있어야 그것을 누군가와 나눌 수 있습니다. 그러나 불행하게도, 행복은 스스로 생겨나서 자생하는 자연산이 아닙니다. 행복은 씨앗을 뿌리고 물과 양분을 주고 보살펴야 자라납니다. 거센 비바람을 막아 주어야 하고, 뜨거운 태양 볕도 가려 주어야 합니다. 그렇게 행복은 가꿔야 유지됩니다.

'성공'하는 데 있어서 가장 큰 장애물은 능력이 없거나 학벌, 배경이 좋지 않아서가 아닙니다. 적당한 성공에 만족하고 더 이상 높은 곳을 향해 도전하지 않는 것이 가장 큰 장애물입니다. 사람뿐 아니라 기업도 마찬가지라서, 재벌 기업들이 위대한 기업으로 성장하지 못하는 이유 또한 현실에 안주하였기 때문입니다.

'이 지구상에 가장 값진 보물은 무덤에 묻혀 있다'란 말이 있습니다. 죽기 전에 그 보물의 가치를 높이고 녹슬지 않도록 갈고 닦는 일은 바로 오늘 이 시간부터 '꿈을 크게 갖는 것'입니다.

나의 축복과 행복

매일 아침, 살아있음에 행복하게 하루를 시작하세요.

저는 미국 시애틀에 소재한 워싱턴 대학에서 재료공학을 공부한 공학도였습니다. 우리나라에 귀국 한 후, 자동차 회사의 연구원으로 입사하여 오직 그 길밖에 모르던 회사원이기도 했습니다. 그러다 우연히 용돈이라도 벌어 볼 생각으로 회사 퇴근 후 그리고 주말에 영업아르바이트를 시작하게 되었습니다. 아는 것이라고는 기계 관련 지식밖에 없던 제가 사람들을 만나 영업이란 것을 처음 시작한 것입니다. 모두, 만류한 일이었지만 저는 이 사업을 통해 새로운 세계를 경험하게 되었습니다.

연구원으로 살아왔던 세상보다 훨씬 재미있고 흥미로웠으며 하루하루가 설레었습니다. 마케팅의 새로운 재미, 즉 가격이 싸고 좋은 제품을 고객들이 찾으며, 보다 훌륭한 서비스를 원한다는 것을 알았습니다. 2년 후에 아르바이트로 하던 영업이 월급보다 많은 수익을 창풀해 스스로 회사를 퇴사하였습니다. 그리고 어느덧 7년이 흘렀을 때, 저는 월 매출 100억, 연 매출 1천억 원이 넘는 사업자로 우뚝 서 있었습니다. 처음 시작할 때는 꿈도 꿔 보지 못한 결과였습니다. 그것은 저 혼자만의 노력이 아니라 함께 발맞춰 온 많은 분들의 도움으로 가능했던 일이었습니다. 저는 개개인의 능력과 잠재력을 믿고 있습니다. 누구나 욕망의 심지에 불만 붙이면 끝없이 하늘로 치솟는 힘을 가지고 있다는 믿음, 누구나 만물의 영장으로 태어나 끝없는 잠재능력을 소유하고 있다는 믿음이 있었기에 저의 꿈과 다른 이들의 꿈을 함께 키워갈 수 있었습니다.

사업을 하면서 가장 큰 힘이 되었던 것은 '칭찬'과 '믿음' 이었습니다.

서로 칭찬하고 응원하는 가운데 다시 용기를 얻어 일어설 수 있었고, 어려움이 닥칠 때마다 경험을 나누며 믿음을 주었습니다. 사람은 믿는 만큼 성장한다는 말이 있습니다. 자리가 사람을 만든다는 말도 있습니다. 이 말을 쉽게 이해하려면 자전거 타기를 생각하면 됩니다. 처음 자전거를 배울 때, 두 발을 땅에서 떼고 자전거 바퀴와 핸들에 몸을 의지해야 하는 것이 두려웠습니다. 그래서 엄두를 내지 못하고 있을 때 아버지가 자전거를 잡아 균형을 유지해 주면서 차근차근 방법을 일러 주었습니다.

'옳지, 그렇게! 잘한다' 하고 격려하면서 말이지요. 아버지가 잡아 주고 있다는 믿음 아래 신나게 페달을 밟고 달리다 뒤를 돌아보았더니 아버지는 멀찍이 웃으며 손을 흔들고 계셨습니다. 아버지는 이만하면 혼자서 자전거를 탈 수 있으리라는 믿음을 갖고 있었고, 아이는 아버지가 잡아 주고 있다는 믿음이 있었기에 혼자서 자전거 타기가 가능하게 된 것입니다. 저는 사업을 하면서 어느덧 자전거를 잡아 주는 아버지의 마음이 되어 언제 손을 놓아야 할지를 살피게 되었습니다. 그리고 비교적 때맞춰 손을 잘 놓아주고 있다고 자부하고 있습니다.

미국에 유명한 경제학자 피터 드러커에게 한국 기자가 질문했습니다. "인생의 황금기는 언제라고 생각하십니까?", "당연히 60대지요. 저는 60대에 박사학위에 도전하여 박사 학위를 받았으며 남부럽지 않게 활발한 사회 활동을 하고 있습니다." 그로부터 다시 10년이 지나서 피터 드러커는 인생의 황금기가 언제냐는 똑같은 질문을 받았습니다.

"황금기요? 죽을 때까지가 황금기입니다." 평균 수명 100세를 바라보는 요즈음, 조기퇴직과 명예퇴직이 빈번해지면서 50대에 퇴직한 사람들은 나머지 50년을 어떻게 보내야 할지 막막하기만 합니다. 그래서 동창회

사무실을 전전하거나 배낭을 짊어지고 가까운 산행을 하는 사람이 늘었습니다. 젊은 시절, 열정으로 밤을 지새우던 그때와 비교하면 턱없이 지루한 시간이 기다리고 있습니다.

그동안 열심히 살아온 과거에 박수를 보내십시오. 그때의 목표와 열정에 감사하십시오. 충분히 칭찬한 다음, 이제부터는 앞만 보십시오. 새로운 미래, 새로운 꿈에 도전하는 용기가 필요합니다. 이 나이에 뭔가를 새로 시작해서 뭐하나 싶으십니까? 힘들고, 귀찮고, 몸이 피곤해서 움직이고 싶지 않다고요? 그렇게 생각하는 순간 나이는 넘을 수 없이 높은 벽이 됩니다. 그러나 나이가 많다는 것은 삶의 지혜와 경험이 많다는 장점이며 결코 그것이 핸디캡이 될 수 없습니다. 장점을 살려서 미래에 도전하십시오.

한번은 동료들과 뉴질랜드 여행을 간 적이 있습니다. 그곳에서 번지점프를 할 기회가 있었는데, 막상 그곳에 도착해 보니 겁이 났습니다. 가이

드의 말이, 번지점프를 하겠다고 해서 막상 이곳으로 사람들을 데리고 오면 그 중 30%만이 도전을 한다고 했습니다. 그 말을 듣고 저는 마음을 고쳐 번지점프에 도전 했습니다. 두려움 대신 '새는 어떤 기분으로 하늘을 날까?' 하는 생각을 채웠습니다. 그러자 두려움이 작아지면서 열정과 에너지는 커졌습니다. 처음 시도하는 것은 모두 다 어렵고 낯설고 서툽니다. 그러나 도전하는 사람이 으레 겪는 어려움과 낯선 환경, 서툰 경험 중 하나일 뿐입니다.

저는 '인생역전'이란 단어를 참 좋아합니다. 가난한 집에서 태어났으나 훌륭한 삶을 이룩한 사람을 보면 '바로 저게 인생 역전이구나' 하는 생각이 듭니다. 할 일이 있고, 친구가 있고, 가족이 있고, 꿈과 목표가 있다면 이 얼마나 행복한 삶입니까. 방어하고 수비하는 인생이 아니라 도전하고, 깨지고, 넘어지고, 망가져도 열정의 불꽃을 활활 태우는 그런 멋진 삶의 주인공이 되십시오.

김 종 태

창조관광사업과 M&A 전문가를 양성하라!

약   력 | M&A 포럼(주) 대표이사 김종태
연세대학교 상경대학 응용통계학과, 한국관광공사 창조관광사업 전문위원
M&A 포럼(주) 대표이사, 스페셜리스트아카데미경영학원 원장
M&A 타임스 발행인, 벤처기업협회 자문위원, 중소벤처금융자문위원협의회 회장
삼성경제연구소 M&A파워포럼 시삽, SERI 협상전략연구회 시삽, 경영커뮤
니티연합 공동회장, 한국관광공사 창조관광사업 전문위원
저   서 | 〈M&A 에센스 개정 · 증보판〉(중소기업청)
이 메 일 | justin@mnaforum.com   휴대폰 | 010 · 3653 · 5662

창조관광사업(관광벤처)의 전문가

한국관광공사는 1962년에 해외관광객의 국내유치활동을 목적으로 설립된 기관으로, 지난 50여년 동안 국내 관광산업의 성장에 중요한 역할을 해왔다. 그동안 공사 임직원들의 노력과 성과로 말미암아 이제는 해외관광객 천만 명 돌파를 눈앞에 두고 있으며, 현재 전 세계의 지사에서는 한국으로 관광객을 보내고자 많은 노력을 기울이고 있기도 하다.

한국관광공사에서는 해외관광객 유치에 힘쓰는 한편, MICE, 의료관광 등 다양한 관광관련 연관 산업에서 활발하게 사업을 전개하고 있다. 또한, 지난해부터 해외관광객 유치와 함께 국내관광의 활성화 및 지역경제 활성화를 위한 관광벤처를 발굴하여 육성하고 지원하기 위해 창조관광사업을 시작했다. 필자는 이 모든 노력의 현장에서 관광벤처 전문위원으로 활동하고 있다.

한국관광공사 이참 사장의 취임과 발맞추어 특별한 관심과 애정을 가지고 추진되어온 창조관광사업은 기존 관광산업의 영역이 아닌 관광산업과 타 산업 간의 경계를 넘나드는 융복합형 사업을 지향한다. 이를 육성함으로써 창의적이고 독창적인 중소벤처형 관광산업의 붐을 조성하여 국내 관광산업의 활성화를 기하기 위한 사업인 것이다.

창조관광사업 첫해부터 한국관광공사의 전문위원으로 활동하고 있는 필자는 사단법인 벤처기업협회에서 금융분야의 전문가 자문위원으로 임명되어 국내 벤처기업의 성장과정에서 경영전략 및 M&A와 각종 지원

정책에 대하여 개별 벤처기업을 자문하고 있다. 또한, 벤처기업들의 멘토활동도 겸하고 있으며, 중소벤처기업 경영, 전략분야 컨설팅업무를 10년이상 수행한 경험을 인정받아 한국관광공사의 전문위원으로 위촉되어 창조관광사업(관광벤처 육성)도 이끌어가고 있다.

한국관광산업의 변화를 위한 전기를 마련하라

관광 부문 중 벤처기업을 발굴하고 육성하여 관광산업의 저변을 확장시켜, 관광의 활성화를 유도함은 물론 지역경제에도 기여를 할 것이라 기대하는 사업이 창조관광사업이다. 창조관광사업은 고용유발계수가 가장 높은 산업인 관광분야 창업을 적극적으로 유도하기 때문에 많은 일자리 창출도 가능하게 한다. 최근 많은 대기업에서 메세나(Mecenat)운동의 일환으로 추진하고 있는 사회공헌펀드 등과의 연계를 통해 사회적 기업에도 집중적인 지원을 함으로써 소외계층의 지원도 가능해지고, 금융기관 및 보증기금 등과의 적극적인 협력을 통해 적극적인 청년 창업지원 및 교육을 추진하여 사회문제로 확대되고 있는 청년실업문제도 일부 해결할 수 있는 사업이라 할 수 있다.

한국관광공사는 2011년도 3월에 제1회 창조관광사업 아이디어 공모전을 개최하여 사업화가 가능한 창의적이고 독창적인 아이디어를 접수, 엄정한 심사를 거쳐 5개의 사업을 선정하여 시상하였으며, 한국관광공사는 공사가 보유하고 있는 것을 활용하여 다양한 형태의 지원을 통해 수상한 아이디어를 사업화하는데 전력을 기울이고 있다. 한편, 기존 사업자도 신규 사업으로서 획기적이고 사업성 있는 관광분야 사업계획을 응모할 수 있도록 5개사를 선정하여 신규 사업을 적극 지원하고 있다.

2011년까지는 한국관광공사의 자체 예산만으로 창조관광사업 시범사업을 전개하였지만, 2012년도부터는 일자리창출 및 지역경제의 활성화 차원에서 정부의 대폭적인 예산 지원을 통해 창조관광사업의 규모를 대폭 확대하여 시행하고 있다. 한국관광공사는 창조관광사업을 통해 매년 100개의 창의적인 아이디어와 지원 대상 관광벤처를 선정하여 집중적으로 지원함으로써 50개 이상의 성공하는 기업을 육성한다는 계획을 가지고 있다. 이러한 창조관광사업(관광벤처 육성)의 중심에서필자는 관광벤처 전문가로서 활동하고 있다. 전문위원은 정부부처 및 정부 산하기관과 공기업 등에서 활동하며, 전문적인 지식과 경험을 공공부문에 접목함으로써 조직과 문화의 유연성을 기하고 전문적인 역량을 발휘하여 해당 사업을 성공적으로 이끄는 역할을 부여받는다.

필자는 전국의 지자체 관광분야 공무원들 대상 관광개발교육과정에 강사로 참여하여 최근에 관심이 높아진 창조관광의 개념과 관광벤처기업을 육성하기 위한 창조관광사업의 필요성에 대하여 명쾌한 강의를 하였으며, 수강생인 전국 지자체 관광관련 담당 공무원들의 공감을 얻어낼 수 있었다. 향후 한국관광공사의 창조관광사업에 대하여 지자체에서도 적극적으로 협력하고 지역경제의 활성화를 위해 관련 기업들을 발굴하여 한국관광공사와 함께 관광벤처를 육성하고 지원하기 위한 행정을 다짐하며 일치단결할 수 있었다.

온라인 커뮤니티 활동을 통해 인맥 형성

필자는 연세대학교 상경대학 응용통계학과를 졸업하였다. 현대그룹의 현대석유화학에 입사하여, 충남 대산에 대단위 석유화학단지 공장 설립과정에서 순차적으로 생산되는 시제품 및 석유화학 합성수지 등에 대한 영업관리를 담당했다. 전체 대산 플랜트공장의 준공식 TFT에도 참여하여 성공적으로 수행하였으며, 이후 금융기관인 리스회사로 자리를 옮겨 10여 년간 중소기업의 시설대여(리스)업무를 도맡았다.

리스회사는 1980년대 초반 정부의 중소기업 지원정책인 시설대여업육성법(이후 시설대여업법으로 변경)이 제정됨에 따라 국내 대부분 은행의 자회사로 설립되었다. 리스회사에서 10여 년간 시설대여(리스)를 통한 중소기업의 적극적인 지원과 컨설팅업무 및 자금의 조달과 운용업무를 수행하였으나, 1997년의 전대미문의 IMF 사태로 말미암아 금융기관 구조조정과정과 산산이 무너진 금융업계의 재편과정을 지켜보아야 했다. 10년 동안 금융기관의 흥망성쇠를 모두 경험한 셈이다.

1998년부터는 해당 금융기관의 매각 과정에도 참여하여 M&A에 대한 실무경험을 쌓았다. 적극적인 해외 IB들과의 협력하여 당시에는 국내에서 낯선 분야로 여겼던 기업인수합병(M&A) 및 경영전략분야에서 전문성을 키워 이를 무기로 전문가로서 본격적인 활동을 시작한 것이다.

이 무렵은 삼성경제연구소에서 국내 IT분야 성장과정에서 중요한 꼭지였던 사이버 커뮤니티활성화사업을 추진하여 SERI Cyber Forum의 활동을 적극적으로 지원하던 시기였다. 현재는 국내 최고의 M& A 전문분야 온라인 커뮤니티로 성장한 M& A파워포럼(회원 수 약 22,000명)도 이때 개설되었다.

일찌감치 M&A 분야의 실무와 해외 IB들과의 교류를 통해 향후 M&A 산업이 국내에서도 크게 성장할 것으로 생각을 하던 차에 삼성경제연구소에서 기존 포탈사이트에서 활발하게 운영되던 동호회와는 다른 지식공유와 경제관련 전문가 등 인맥을 형성하도록 하는 온라인 커뮤니티(SERI Forum)를 운영할 수 있다는 것을 알았다. 그 후 1999년도에 삼성경제연구소(SERI) 사이버포럼에 M&A 연구회(현재는 "M&A파워포럼"으로 명칭을 변경www.seri.org/forum/mna)를 개설하여 커뮤니티활동을 시작하게 된 것이다.

최근에는 페이스북이나 트위터 같은 SNS가 대세를 이루고 있지만, 당시에는 네이버와 다음카페의 온라인동호회가 봇물 터지듯 활동하던 시기였다. 하지만, 대부분의 동호회는 각자의 취미나 공통의 관심사를 매개로 모임이 이루어지기에, 상대적으로 M&A와 같은 전문분야의 동호회는 활성화되기가 쉽지 않았다. 포럼 개설 후 가입하는 회원이 한 명씩 숫자를 늘려가면서 정기적인 정모 세미나와 같은 오프라인 모임도 개최하여 관련분야의 인맥을 넓히고, 공통의 관심사를 가진 사람들과의 만남과 교류를 통해 현대사회에서는 사람 간의 네트워킹이 중요해졌음을 몸소 체험할 수 있었다.

프리티 우먼(귀여운 여인)도 M&A 영화

이 시기에 해외에서는 M&A가 그야말로 봇물이 터지듯 왕성한 활동을 하고 있었다. 말하자면 1980년대 중반부터 1990년대 중반까지 약 10여 년 동안 수많은 기업 인수합병(M&A)이 이루어진 것이다. 적대적 M&A도 많은 사례가 만들어졌으며 심지어는 이런 현상이 자연스럽게 영화의 소재가 되기도 하였다. 1990년대에 개봉된 영화 프리티우먼(귀여운 여인) 역시 우리가 알고 있는 것처럼 단순한 러브스토리는 아니다. 그 당시 유행했던 적대적 M&A 진행과정을 그려낸 영화로 볼 수 있다.

잠깐 영화의 내용을 살펴보자. 주인공인 리처드 기어는 기업사냥꾼(Raiders)이라는 특이한 직업을 가졌다. 영화의 도입부는 주인공이 미국의 동부에 있는 부인과 통화하는 내용으로 시작된다. 하지만, 주인공은 서부로 갓 출장을 와, 해운회사 하나를 찍어 적대적으로 인수하기 위한 프로젝트를 가동 중이었다. 변호사를 포함한 팀이 만들어지고 수시로 모여서 작전회의를 하는 장면이 영화의 초반부를 이루고 있다. 물론 이 과정에서 여주인공 줄리아 로버츠를 만난다. 하지만, M&A 관점에서 영화를 보면 여주인공은 내용 전체 M&A를 진행하는 과정으로 그려지고 있다.

해운회사에 대한 악의적인 소문을 내서 주가를 떨어뜨리고, 해운회사가 이를 돌파하기 위해 해군과 함께 군함건조 사업에 뛰어들려 하자 주인공인 리처드 기어가 정치권에 로비하여 이를 무산시킨다. 또한, 해운회사의 금융거래를 막으려고 수단과 방법을 모두 동원하여 해운회사를 꼼짝

달싹 못하게 하고, 마지막으로 카운터펀치를 날려 한방에 인수하기 위한 완벽한 작전을 준비하면서 영화는 결말로 치닫는다. 만일 실제상황이라면 아마도 주인공은 작전대로 일을 처리했겠지만, 영화는 뜻밖의 해피엔딩으로 막을 내린다.

주인공과 해운회사 회장과 담판을 하는 자리. 해운회사 회장이 모든 것을 포기하고 직원들 고용문제를 부탁하는 말이 끝나자 주인공이 계획을 변경하여 투자를 해주고 공동경영을 통해 회사를 더욱 확장하자는 제안을 한다. 돌아가신 주인공의 아버지와 해운회사 회장이 절친했던 친구라는 사실을 마지막 담판하는 부분의 대화하는 과정에서 밝혀진다. 그리고 꽃다발을 준비하여 리무진 오픈카를 타고 줄리아 로버츠를 찾아가서 격정적으로 키스하는 장면으로 영화는 끝난다.

이처럼 M&A나 주식시장의 애환을 그린 영화들은 더 많이 있다. M&A 전형을 보여는 "타인의 돈", 여성 M&A 전문가에 관한 영화인 "워킹걸", 미국 월스트리트에서의 주식시장과 M&A를 그린 "월스트리트" 및 최근 개봉작인 "월스트리트Ⅱ", 영국의 두 번째 규모 은행이었던 베어링스 은행의 파산을 다룬 "더 게임", 사설증권에 관한 내용을 다룬 "보일러룸" 등 이루 셀 수 없을 정도로 많은 영화가 만들어졌다.

국내에서도 최근에 방영되었던 드라마나 영화에서 이러한 사회적 현상을 반영하듯 다양한 형태의 M&A가 소재가 되어 만들어지고 있다. 영화의 주요 소재가 될 정도로 우리 사회는 이미 M&A란 단어에 익숙해져 있다. 하지만, 아직 국내에서 활동하는 M&A 분야의 전문가는 그리 많지 않다.

작지만 강한 M&A 전문기업

2000년도 밀레니엄의 시대부터 BI 뱅크라는 벤처기업 보육회사(인큐베이션)에 참여하여 벤처기업 발굴 및 투자업무를 담당하여 수많은 초기 벤처기업의 지원사업을 전개하였다. 이러한 경험을 바탕으로 2001년에 I& S 비즈니스컨설팅의 이사로 영입되어 본격적인 중소벤처기업 컨설팅 업무를 수행하기도 했다.

2002년에는 인솔회계법인(이후 지성회계법인으로 회사명 변경)의 컨설팅 및 M&A 분야 파트너로 참여하여 활동하다가 2003년에 M&A포럼(주)를 설립(www.mnaforum.com)하여 대표이사로 취임했다. 또한, 2004년에는 직장인을 대상으로 하는 경영전략분야 전문학원인 스페셜리스트아카데미 경영학원을 개원하여 원장으로 재직하면서 국내의 경영전략 및 M&A 분야에서 독보적인 전문분야 교육사업에 매진하는 등 작지만 강한 기업을 운영하고 있다. M&A 포럼 스페셜리스트아카데미는 2003년 회사설립이래 9년 동안에 60기에 이르는 M&A실무 전문가 양성 교육을 운영하여 기업에서 활동하고 있는 실무 전문가를 1,000명 이상 양성했다.

M&A 전문가 양성 및 실무교육의 목적은 기업에서 요구하는 인재양

성은 물론 이러한 교육을 통해 난맥에 빠져 있는 국내 M& A 시장의 자정
기능과 정화기능에도 일부 역할을 기대하고 시작한 사업이다.

2004년도에는 강남역 인근에 교육장을 개설하여 M&A 기초교육을 위
주로 기본과정을 운영하고 있으며, 기존의 60기에 이르는 고급과정으로
서의 M&A실무전문가 양성교육은 물론 기업가치평가, 신규사업, 마케팅,
협상, 재무/회계 등 연관분야의 교육을 활발하게 진행하고 있다. 2007년
에는 을지로에 교육센터를 추가 개설하여 서울 강남과 강북의 교육장을
유지하다가 2009년도에 강남교육장을 폐쇄하고 을지로 교육장 위주로 직
장인 대상 교육프로그램을 운영하고 있다.

2005년에는 경제신문 M&A 타임스(www.mnatimes.com)를 창간하여
인터넷을 통해 M&A 관련 정보는 물론 다양한 뉴스, 정보, 소식과 전문가
인터뷰 등을 제공함으로써 M&A 분야 전문지로서의 역할을 하고 있기도
하다.

대기업과 금융기관의 경험으로 중소기업 컨설팅

교육을 통해 배출한 1,000여 명의 M&A실무 전문가는 대기업은 물론
중견기업, 상장기업, 중소벤처기업과 변호사와 회계사 등의 전문 직종에
이르기까지 다양한 분야에서 활약하고 있다. 지성회계법인과 법무법인
지평지성과의 협력관계를 통해 국내 M&A 시장에서의 컨설팅 및 자문업

무에도 적극적으로 참여하여 성과를 내고 있으며, 국외의 투자자 및 펀드와의 연계를 통해 국내기업의 투자유치 및 해외진출을 지원하고 있다. 이는 대기업과 금융기관의 경험을 바탕으로 M&A 분야에 대한 전문성을 가지고 교육, 커뮤니티, 신문(매체)을 운영하며 만들어진 폭넓은 인맥형성에 의해 다양한 분야의 전문가들과 원활한 교류의 토대가 되어 좋은 성과를 내고 있다.

2006년과 2007년도에는 교육인적자원부의 대학특성화사업 측면지원 하였으며, 대학구조개혁추진단에서 추진한 국립대학의 통폐합과정에서 자문업무를 담당하기도 하였다. 대전광역시 및 대전 첨단산업진흥재단과 함께 대덕밸리 M&A 활성화 모형구축 연구에도 연구원으로 참여하였다.

2008년부터는 직업능력평가원의 국내 공공기관의 인사 및 교육제도에 대한 전반적인 평가를 통해 HRD 우수기관을 선정하여 시상하는 심사업무에 참여하였다. 중소기업중앙회의 중소벤처위원회 위원으로도 활동하고 있다. 또한, 중소기업연구원에서 진행하는 여성CEO교육프로그램 및 SB-CEO School 교육과정에도 M&A 전문가 강사로서 참여하고 있다.

2010년, 세계적으로 관심이 커진 모바일, 트위터, 페이스북 등의 SNS 소셜 웹 관련 각종 세미나 및 교육을 통해 새로운 트렌드를 선도함은 물론 관련 연관 산업의 투자와 M&A 지원업무를 담당하고 있다.

국내 M&A 교육 분야 최강자

스페셜리스트아카데미는 중부교육청 등록 관인경영학원으로서 M&A 교육을 위해 2004년도에 설립되었으며, 현재는 관련 분야에서 다양한 교육을 진행하고 있다. 최근에는 마케팅 및 브랜드 등의 추가적인 교육프로그램의 개발에 전력을 다하고 있다.

지난 10년의 세월 동안 국내 최고의 M&A 전문분야 특화된 교육기관으로 자리하게 된 것은 수강생과의 끊임없는 교감과 교육운영과정에서의 전문성 있는 프로그램을 운영하는 것에서 비롯되었다. 스페셜리스트아카데미의 교육방침은 아래와 같은 특징을 가지고 있다.

첫 번째는 M&A 교육의 세분화다. 현재 운영되고 있는 고급과정 외에 기초과정과 심화과정으로 세분화하여 교육을 운영하고 있다. 기초과정은 초급관리자 등을 대상으로 스터디 방식으로 운영하고 있으며, 지난 10여 년간 국내 최고의 교육프로그램으로 평가를 받는 기존의 고급과정과 병행하여 운영하게 될 심화과정은 모든 교육 프로그램을 시뮬레이션 게임으로 편성하여 실제 M&A 상황을 설정, 추진 단계별 문제해결능력을 키우는 교육프로그램으로 개설할 예정이다.

두 번째는 교육 분야의 확장이다. 브랜드 마케팅전문가 양성교육, 신규사업 핵심교육인 성장경영에센스, 사업계획서작성 및 투자유치과정, 우회상장연구과정, 협상전략 및 시뮬레이션과정, IR 및 PR 전문가과정,

SNS 소셜웹전문가과정 등을 이미 개설하였거나 개설 준비하고 있다.

세 번째는 교육사업을 통해 구축된 전문가 Pool을 적극적으로 활용하여 관련분야 사업을 확장하는 것이다. 개별기업의 경영전략 관련 고급정보의 공유를 통해 성공률이 높은 자문업무를 수행 중이며, 중소벤처기업 대상 경영자문 분야에서는 벤처기업협회와 협력을 하고 있다. 정부에서 지정한 4개의 중소벤처기업 M&A 지원센터(중소기업진흥공단, 기술신용보증기금, 벤처기업협회, 삼일회계법인)와 협력하여 M&A 교육과 컨설팅의 일체화된 서비스를 제공하고 있다.

네 번째는 정부의 정책사업에 대한 적극적인 지원이다. 교육부의 대학 특성화 및 대학구조개혁관련 업무지원을 통해 국립대학의 효율적인 구조조정과정을 지원하였으며, 공공부문 HRD 심사평가에 참여하여 정부 산하기관의 교육과 인사관련 평가업무에 대한 경험도 축적하였다.

우회상장에 대한 소회

2000년, 벤처버블 시기를 거치면서 국내 코스닥시장에 대한 폭발적인 성장과 이은 주가폭락의 후유증이 우회상장이라는 방법으로 일부 해소되기는 하였지만 검증되지 않은 우회상장 및 자본이득만을 추구하는 머니게임으로 전락하여 다수의 우회상장 추진 기업이 사회적인 물의를 일으키자 2006년부터 정부에서는 강력한 우회상장 규제정책을 견지하고 있다. 따라서 기업에서 M&A의 한 축이었던 우회상장에 대한 추진이 어려워지고 M&A 시장이 다소 위축된 것은 사실이지만, 그렇다고 해서 우회상장이 불가능한 것은 아니다.

인수기업인 비상장회사가 인수자금을 부채가 아닌 자기 자금을 투입하여 인수하되 규모 면에서 비상장사의 매출이나 자본금 면에서 상장사보다 크거나 상장요건을 갖추고 있다면 우회상장을 추진해 볼 수 있다. 다만, 정부에서 강력한 규제정책을 취하고 있어 우회상장에 대한 성공을 담보하지 못하는 부담은 여전히 존재한다.

이러한 우회상장의 어려움은 새롭게 시행되고 있는 인수목적 특수회사(SPAC) 제도를 통해 해결할 수 있다. SPAC은 제도권 금융기관인 증권사가 주관사가 되어 공모를 통해 자금을 확보하고 주식시장에 상장하고 나서 우량한 비상장사의 인수를 통해 수익을 내는 새로운 방법의 우회상장 M&A 방법이다. 단, SPAC를 통한 우회상장을 하는 방법은 기존의 상장사를 인수하여 합병함으로써 상장효과를 누리는 기존의 우회상장방법이 아니라 자본시장에서 공모를 통해 자금을 조성하여 인수하는 방법이라는 면에서 차이가 있다.

위에서 언급한 바와 같이 우회상장은 자본시장에서 기업의 성장과 정상적인 경영활동보다는 머니게임으로 전락한다는 부의 효과가 부각이 되어 정부에서도 규제로 정책의 방향을 전환하게 된 것이다. 하지만, 기존 상장사 중에서 성장이 정체되어 있거나 사업의 실패로 말미암아 셸(Shell)컴퍼니로 전락한 회사가 있다면 이를 그냥 두고 보는 것보다는 성장엔진을 가진 전략적인 비상장기업 인수자(SI)가 M&A를 통해 상장기업을 정상화시킴으로써 기업을 건강하게 변화시킬 수 있다. 이는 곧 경제를 건강하게 하여 국민경제를 건강하게 만드는 효과를 기대할 수 있다. 이러한 측면에서 우회상장은 규제만이 만사가 아니라 정상적인 경우에는 규제를 풀어서 활성화 시키는 것도 국민경제를 위해 도움이 될 것이다.

성공을 위한 *Rehersal*

Success

성공을 위한 리허설
Rehersal

박 경 식

녹색시니어로 살아가기

약   력 | 용산고등학교 졸업, 연세대학교 졸업(전기공학과)
국립한밭대학교 창업경영대학원 입학(재학중)
한국전력공사 명예퇴직, DSR기업컨설팅 설립, 녹색산업기술진흥원 설립,
매일경제신문 창업센타 전문위원, 한국창업신문 창업연구소장,
연구개발인력교육원 교수요원, (사)한국M&A컨설팅협회 벤처위원장,
한국과학기술정보연구원 외부전문위원, (사)한국기업기술가치평가협회 이사,
(사)한국기술거래사회 자문위원 및 교육위원, (사)벤처기업협회 자문위원
호서대학교 창업지원단 지도위원 및 전문위원

이 메 일 | expo306@naver.com   휴 대 폰 | 019·422·3633

녹색시니어의 자세와 역할

언제부터인가 우리들에게는 '장수'라는 말이 축복이 아닌, 재앙으로 다가오고 있다. 얼마 전의 어느 신문에 게재된 기사에서는 "100세 쇼크, 축복인가, 재앙인가?"라는 주제로 늘어난 수명과 이에 달라진 사회양상과 미래예측을 여러 차례 연재하였다. 불과 수년 전에는 상상도 못할 상황이, 현재의 우리들에게 현실로 다가온 것이다.

인류의 탄생과 더불어 시작된 불로장생의 희망은, 준비 없이 맞이하는 시니어에게 이제 항거할 수 없는 두려운 일, 감당하기 어려운 미래로 변모하여 많은 사람들을 삶의 끝자락으로 밀어내고 있다.

기정사실이 되어버린 '100세 시대'는 미리 준비된 국가와 개인에게 축복이지만, 준비하지 못한 국가와 개인에게는 재앙이나 다를 바 없다. 100세 장수시대, 호머 헌드레드(homo-hundred)시대로 일컫는 이 새로운 시대의 흐름은, 80세 이상의 노년층의 인구증가율이 연평균 4%를 넘어서는 수치를 갱신해가며 우리들의 코앞에 바짝 다가와 있다.

당장 712만 명의 베이비부머들의 삶에 비관적인 예측이 나오고 있다. 당장 2011년도에도 32만 명이 퇴직의 수순을 밟았으며, 도래하는 2014년부터는 한 해의 베이비부머 퇴직자가 대학졸업자수를 앞지르게 된다는 통계가 나왔다. 끔찍한 것은 이들 베이비부머 세대들의 60%가 노후대책을 마련하지 못했다는 사실이다.(2011.6.19 조선일보) 대략 360만 명 이상의 엄청난 인파가 퇴직 후에 다시 직장을 구하지 못하면 생계의 곤란을 겪게 되는 것이다. 그간 말만 무성했던 '노령빈곤'이란 새로운 사회문제가 발생하게 되는 것이다.

　그럼, 이러한 상황에 직면한 우리들은 시니어(만40세 이상)의 시기를 어떻게 받아들이고, 대처해야 하는 것일까? 또한 정보혁명에 이어 우리에게 다가오고 있는 거대한 트렌드인 녹색혁명의 시대로의 변화를 어떻게 대응할 것이며, 100세 시대의 시작을 축복으로 맞이하기 위해 어떤 노력을 기울여야 할 것인가? 이제 녹색시니어로서의 삶에 대해 탐구해야 할 시기다. 과거에 시선을 빼앗기지 말고 이제 남은 미래를 바라보자.　무엇보다 은퇴자는 가정에 재취업하는 것이 중요하다. 가정의 평화와 안녕을 위해서는 이제 가정에 재취업을 먼저하자.

　요즘 은퇴자들 사이에는 아래와 같은 우스개 소리가 있다.
　(문) 은퇴 후 여자들에게 필요한 다섯가지는?
　(답) 돈, 건강, 친구, 딸, 강아지
　(문) 그러면 은퇴 후 남자에게 필요한 다섯 가지는?
　(답) 아내, 와이프, 마누라, 처, 안사람 이라고 하는 것처럼,
　은퇴 후에는 부인과의 관계에 따라 행복이 결정된다고 한다. 은퇴 후 사랑받는 남편이 되도록 미리 훈련을 해야 한다. 집에서 늘 하루에 한번 "고맙다" "사랑한다" "미안하다" 라는 표현을 써서 가정의 소통에 힘써야 하는 것이다.

　첫째, 지나간 젊음에 대한 보상에 연연하지 말아야 한다.
　우리가 이루어 놓은 외형적 업적과, 보상심리에서 하루 빨리 벗어나야

한다. 21세기가 이루어 놓은 업적에만 급급해 하지 말고 앞으로의 시간 관리에 초점을 맞추어야 한다.

둘째, 나 자신의 건강을 지키는 것이 가장 우선순위가 되어야 한다.

시니어가 가지고 있는 지혜와 경륜을 발휘하려면, 먼저 본인의 건강부터 좋아야한다. 건강관리야말로 녹색 시니어의 첫걸음인 것이다. 시니어 대열에서 활동할 수 있는 힘은 건강한 신체에서 만들어 지는 것이다. 즉, 이제는 재(財)테크에서 체(體)테크로 변화해야 한다.

셋째, 욕심에서 자유로워야 한다.

나 자신만의 집착에서 벗어나, 타인으로 눈을 돌릴 때, 시니어만의 진정한 지혜가 발휘되는 것이다. 나의 편안함만 추구하는 생활이 아닌, 내 주변 사람들에게 도움을 주는 봉사자의 자세로 하루하루를 살아갈 때, 그 곳에 녹색 시니어로 가는 길이 보이는 것이다.

넷째, 다가오는 시대인 녹색(Green)이라는 큰 패러다임을 직시하고,

나의 미래와 환경을 그린으로 바꾸고 미리 대처해서 그린 경제 (green economy), 그린 비즈니스(green business) 시대에 대비해야 한다. 기후변화와 저탄소 녹색성장이라는 큰 주제아래 환경과 성장이 조화를 이루는 녹색성장시대에 맞는 녹색 시니어가 되어야 한다. 앞으로는 재(財)테크에서 체(體)테크로 체(體)테크에서 녹(綠)테크로 변신해야 살아 남을수가 있는 것이다.

다섯째, 재취업이든 ,창업이든 일을 갖고 경제적인 능력을 갖춰야 한다.

사람에게 일이 없으면 정신이 피폐하고 육신이 병들게 된다. 비록 조건이 좋지 않더라도 안정적인 일자리를 확보해서 건강과 경제적인 자립을 해야 한다, 또한 준비된 녹색창업으로 녹색시니어의 길을 가야 한다.

녹색시니어로 살아가기

21세기가 이루어 놓은 물질문명의 기반에는, 녹색시니어들의 보이지 않는 업적은 이루 말 할 수가 없다. 하지만, 급변하는 지구촌은 자국의 이익을 위하여 더욱더 치열한 생존경쟁의 사각지대로 몰아가고 있는 현실 또한 인정해야 할 것이다. 그럼 다가오는 100세 시대를 맞는 녹색 시니어로서의 삶의 태도는 어떤 모습이어야 할까?

첫째, 내 나라의 환경보존에 우리의 연륜을 발휘해야 한다.

얼마 전 이웃 일본에 급작스레 들이닥친, 지진, 쓰나미, 원자력발전소 폭발이라는 쇼크는 한 순간에 모든 것을 잃을 수 있다는 현실을 여실히 보여 주었다. 이를 타산지석으로 삼아, 내가 살고 있는 지역은 우리 시니어들이 지켜간다는 자세로, 우리의 시간을 조금씩이라도 할애해야 한다.

둘째, 시니어교육과 녹색교육에 더욱 참여해야 한다.

급변하는, IT시대에 맞게 시니어들은 부지런히 재교육을 받아야 한다. 또한 녹색경제, 그린경영, 저탄소 녹색성장, 그린 비즈니스, 그린잡(green job) 등의 주제로 많은 세미나 교육이 열리고 있으며, 좋은 강의가 많이 이루어지고 있다.

중기청에서 시행하는 "시니어 창업스쿨", "성공창업 패키지교육", "기술창업 아카데미", "경영개선교육" 등의 무료 국비교육에 열심히 참여해서, 지식을 늘리고 창업교육도 받으며 또한 녹색성장 관련해서 이곳에 미래가 있고, 창업이 있고, 돈이 있다는 인식을 확고히 자신하도록 해야 한다. 주변에서 열리는 교육과 강의에 자주 참여해서 지식과 인맥을 넓히는 것이 녹색시니어가 해야 할 일이다.

셋째 : 시니어들이 가지고 있는 경륜을 반드시 실천해야 한다.

시니어들이 가지고 있는 유형무형의 지혜는, 그 어떤 젊음도 따라오지 못할 보석 같은 경륜 이다. 그 지혜를 내 자신, 내 가족에게만 국한하지 말고, 좀 더 열린 마음과 자세를 가지고, 내 이웃에게도 나누어 함께 공유하며, 함께 누리는 자세야 말로 진정한 녹색 시니어가 살아가는 자세라 생각한다. 지금은 기술이 융합하는 "컨버전스 시대"이므로 기왕의 시니어가 가지고 있는 능력에 기술을 조금만 접하게 되면 현장실무 테크니션으로 다시 태어날 수 있는 길이 많다. 즉 3개월 정도의 재취업 교육으로 정규직 재취업이 가능하다. 이는 정부나 각 지자체, 단체기관 등에서 시행하고 있으며, 앞으로 더욱 확대되는 추세다.

녹색시니어의 창업

2009년 말부터 정부(중소기업청)에서는 베이비붐세대(1955~1959년생) 712만 명의 출현으로, 사회적인 충격을 예상하고 시니어 창업(만40세 이상 대상)을 준비했다. 무엇보다 먼저 사회로 진출하게 되는 베이비부머들에게 적응성과, 대응력을 기르고, 향후 긴 인생 100세 시대의 준비를 위해 '시니어 창업스쿨'을 기획하여 2010년 가을부터 수도권을 위주로 시행(800여명 목표)하였다. 2011년도에는 4200여명, 2012년도에는 10,000명을 목표로 시니어 창업스쿨을 준비 중이다. 2011년도에는 전국에서 20개 창업분야를 주제로, 20여개 교육기관에서 시니어창업스쿨 교육이 열릴 예정인데, 시니어는 반드시 창업 전에 교육을 받아야 한다. 왜냐하면 창업은 험난한 길이기 때문이다. 해마다 100만 명이 창업하고, 80만 명이 폐업하는 현실이다. 이러한 때 결코 함부로 창업 할 수는 없는 것이다.

시니어 창업스쿨에서 80시간의 교육을 통해서 창업전략, 마케팅, 창업자 정신, 재무, 세무, 사업계획서 작성법, 정책자금등의 기본과목과 창업특화 교육을 받음과 동시에 교육동기생들, 전문강사, 주관기관과 인맥 네트워킹을 쌓아 창업의 외로움과 위험에 대해 함께 논의할 수가 있는 것이다. 또한 어떤 경우에도 창업자의 정신과 창업법칙을 새겨들어야 한다.

시간의 법칙(1:3의 법칙)

창업 후에 안정까지는, 당초 예상했던 시간의 3배가 되어야 안정권에 진입할 수 있다. 결코 창업 전에 자신이 예상했던 시간 내에 안정될 수가 없다는 것이다.

돈의 법칙(1:2의 법칙)

창업 후에 안정까지는, 당초 예상했던 자금의 2배가 들게 된다. 따라서 추가지금이 없이 창업해서는 결코 안정될때까지 버틸 수가 없다.

생사의 법칙(80:20의 법칙)

항상 명심 하여야, 실패 확률을 낮출 수 있는 것이다. 즉 해마다 100만 개 정도가 창업을 하는데, 그중 80만 개가 1년을 버티지 못하고 폐업한다는 사실이다. 또한 창업업종도 구태의연한 구시대의 업종에만 매달리지 말고, 떠오르는 트랜드인 녹색(Green)에서 아이템과 업종을 적극 찾아야 한다. 즉, 저탄소, 환경보호, 환경보존, 신재생에너지(태양열, 태양광, 풍력, 지열 등), 에너지 절감, 친환경(건설, 자동차, 자전거, 건물, 빌딩, 농식품 등), 그린IT에서 아이템을 연구하고 분석하여 찾아야 한다. 최근에는 녹색관련 교육과 녹색아이템에 관한 교육이 많이 생겨나고 있다.

- 참고 녹색시니어 창업아이템 관련 사이트

녹색시니어의 그린잡(Green Job)

지금 우리는 녹색경제(Green Economy)라는 글로벌 경제의 패러다임 변화 속에 살고 있다. 인류의 지속 가능한 성장을 위해서는 지구 환경보호와 온실가스 감축이 절실한데, 세계 각국이 공감대를 이루고, 이를 위해 로드맵도 마련하여 선진국과 후진국을 가리지 않고 각국이 적극적인 투자를 하기 시작했다.

각국은 주도적인 위치를 선점하기 위해 치열한 경쟁을 벌이기 시작하였다. 즉 지구 온난화와 환경오염 방지에 기여하는 녹색기술 개발에 박차를 가하고 있으며, 자국의 녹색산업 성장을 위해 지원을 하기 시작한 것이다. 녹색 경제로의 패러다임 이행은 지구와 인간의 지속 가능한 발전을 위한 원동력이고, 새로운 글로벌 경제 시장(그린 비즈니스)이 형성되고 있음을 알리는 신호이다. 이러한 녹색 경제로의 큰 흐름을 이끌어 갈 주역이 녹색직업(Green Job)이다. 녹색직업은 녹색성장, 녹색경제와 더불어 향후 가장 성장성이 큰 직업이 될 것으로 기대하고 있다.

정부는 최근(2011.3월) 한국고용정보원에서 "저탄소 녹색성장시대, 녹색직업이 뜬다."라는 녹색직업 정보서를 발간하였다. 즉 저탄소 녹색성장 시대를 맞이하여, 녹색직업이 새로운 유망 직업으로 각광받을 것으로 전망되는 3개 분야, 18개 녹색산업, 108개 녹색직업을 소개하였다. 예를 들면, 에너지 진단사, 전기자동차 배터리기술자, 유비쿼터스 도시기획자, 친환경 건축가 등. 이 책에서는 녹색직업(Green Job)을 '온실가스 감축과 지구 환경 및 생태계 보호를 통해 인류가 지속 가능한 성장을 이어 나가는데 관련된 재화를 생산하거나 서비스를 제공하는 일'로 정의하였다.

우리 시니어는 이제 과거형이나, 현재형에서 새로운 직업을 찾기보다는 다가오는 녹색직업을 미리 연구하고 준비해서 또 다른 인생의 전환기를 맞이하는 것이 바람직하지 않을까 생각된다.

녹색시니어의 성공전략

100세로 향하고 있는 시니어들에게 사회는 더 큰 책임감을 요구하고 있다. 그동안 시니어들이 이루어놓은 업적에는 인색하고, 다가올 미래에 대한 책임을 가중시키고 있는 것이 현실인 것이다. 그럼, 우리 녹색시니어들은 어떻게 준비해야 하는 것일까?

정보를 공유하고 전파해야 한다.

지역별 시니어프라자 및 시니어창업스쿨, 시니어대학을 적극 활용하여, 최소 일주일에 2번 정도는 반드시 등교하여 변화하는 현실에 적극적으로 대처해야 한다.

"녹색시니어 일기"를 기록하는 습관을 지켜가야 한다.

우리의 지금이 모여서 후대로 이어지듯이, 우리가 받고 있고 겪고 있는 이 시대에 녹색시니어로 살아가는 방법에 대한 세세한 기록이 나중에 녹색시니어로 부상하게 될 후손들의 작은 지침서가 될 수 있을 것이다.

항상 열린 마음을 가져야 한다.

우린, 누구든지 태어나서 시니어가 되는 숙명을 안고 있는 인류인 것이다. 내 것, 내 가족에만 집작하지 말고, 시니어만이 가지고 있는 진정한 사랑의 정신을 발휘하여 소통하는 녹색 시니어가 되어야 할 것이다.

봉사는 나 자신을 위한 것이라는 마음을 가져야 한다.

봉사는 흔히 타인을 위한 것이라는 믿음을 가지고 있는 경향이 있다. 그러나 봉사함으로써 얻어지는 기쁨과 희망은 그 어떤 보상보다 더욱 크게 우리에게 다가오고 있는 것이다.

항상 배우는 자세로 낮게 살아가야 한다.

우리는 시니어가 되기까지 사회에서 받은 혜택 또한, 많이 받아본 세대 인 것이다. 우리가 그 동안 가정과 직장에서 이루어 놓은 업적에만 연연하지 말고, 지금 이 모습을 인정해야 한다. 그리고 우리가 살고 있는 이 지구는 내가 가장 사랑하는 자손들이 살아가야 할 터전임을 명심하여, 항상 배우고, 더불어 살아가는 자세로 임할 때, 녹색 지구는 보존 될 수 있고 지구의 재앙도 줄어들 수 있다. 푸르른 산하가 점차 늘어갈 때, 그곳에 녹색 시니어의 행복도 커 갈수 있는 것이다.

다가오는 시대의 변화에 적응 할 줄 알아야 한다.

변화가 오고 있는데 머뭇거리거나, 적응에 실패하게 되면, 살아갈 능력이 없어지는 것이다. 또한 우리 앞에까지 다가와 있는 녹색혁명이라는 패러다임을 인식하고 녹색에서 미래를 찾고, 창업을 하고, 재취업을 하고, 그러기 위해서는 변화에 대응하는 능력을 키워야 한다. 또 녹색성장의 내용을 알고, 각자 나름의 방향을 찾는 녹색 시니어가 되어야 한다.

경제적인 능력을 확보해야 한다.

100세 세대에 우리는 경제적 자유를 없으면 결코 장수가 축복이 아닌 재앙이 된다. 누군가의 계산에 의하면, 은퇴 후 20년간 부부가 하루 3끼를 모두 2천 원짜리 만두만 먹고 살아도 1억 원이 필요하고, 30년간에는 4억 원이 소요된다고 계산하였다.

경제적 자유를 위해서는 경제활동을 적어도 75세까지는 유지해야 한다. 재취업이든 창업이든 경제적 소득을 창출하기 위한 자신만의 노하우를 개발해서 어떤 경우에도 경제적으로 자립할 수 있도록 노력해야 한다.

자신의 브랜드가치를 최대한 높여야 한다.

결국 재취업을 위해서는 자신만의 노하우와 실격을 갖춘 나 자신의 브랜드가치에 따라 취업과 임금이 결정되는 것이다. 부지런히 기회가 있을 때마다 나 자신의 브랜드를 높이기 위해서 늘 애쓰고 노력해야 한다. 오늘날에는 자신의 브랜드가 생명력이요, 가치가 되는 것이기 때문이다.

인맥을 최대한 확보해야 한다.

조직을 떠나 사회에 들어서게 되면, 그때부터는 자신이 갖고 있는 인맥네트워킹에 따라서 취업과 창업이 가능하게 되는 것이다. 사회는 결코 혼자서 살아가는 것이 아니다. 사회는 혼자서는 살아갈 수 없는 구조로 되어 있다.

비즈니스 인맥을 부지런히 만들고 그러기 위해서는 시간과 노력을 끊임없이 투자해야 한다. 절대로 공짜로 얻어지지 않는다. 결국 사회에서는 인맥이 최고의 자산이 된다.

나의 녹색시니어 창업기

퇴직 전 창업 준비

필자는 공공기관(전력연구원 및 한국전력공사)에서 29년간 근무하고, 창업을 하고자 2009년 3월에 정년퇴직 3년을 남기고 명퇴를 했다. 물론 명퇴하기 전에 창업에 뜻이 있어 1~2년간 준비를 하여 앞으로 사회에 나가서 필요하리라 생각되는 여러 자격증(특급기술자, 특급감리원, 부동산공경매사, 증권투자상담사, 선물거래상담사)취득과 세미나, 교육, 인터넷 검색을 통해 자료 수집을 충분히 마련했다.

퇴직 후 창업 전 준비

그러나 명퇴를 하고 난 순간, 세상에 내던져진 느낌을 받았다. 모두가 낯설고, 모든 것이 낯설기만 했다. 언제나 '갑'의 입장에서 일을 했는데, 순식간에 '을'의 입장이 되자 혼란스럽기만 했다. 그 때문에 순간순간 좌절을 느끼기도 했다. 하지만, 이때부터 마음을 독하게 먹고 세상을 배워나가기 시작했다. 필요하고, 관심 있고, 배워야 하는 교육은 닥치는 대로 수강하기 시작한 것이다.

당시만 해도 중요한 교육, 세미나는 거의 대부분 서울에서 열렸기에 주중 주말을 구분하지 않고 부지런히 서울을 찾았다. 덕분에 현재 필자가 관련하는 분야의 많은 인맥과, 스펙, 모임을 갖출 수 있었다. 그 당시에는 컨설팅창업에 뜻을 두고, 관련 교육을 열심히 찾아 다녔다. 그중에는 무료 국비지원 교육(기술창업학교, 성공창업패키지교육1, 경영개선교육, 성공창업패키지교육2, 신용보증기금의 창업스쿨교육)도 있었다. 그러면서 2009년 10월에 마침내 창업을 하게 되었다. 물론 준비가 다 된 것은 아니었다. 미리 창업경험을 해본다는 의미도 있고, 미리 창업인사를 해두어야 할 것 같고, 명함도 항상 필요하기에 소득창출과 관계없이 창업신고를 한 것이다.

그런 가운데 많은 무료교육을 수강했다. 국내에는 정부기관이나, 지자체, 단체 등에서 시행하는 무료교육이 참 많다. 필자는 경영관련 교육, 고객만족교육, 신재생에너지교육, 사이버환경교육(4개 과정), 제3인생 코치, 시니어 창업스쿨 등 다양한 과정을 수료했다.

값비싼 민간 교육도 많이 받았다. 라이프코치, 명강사자격과정, 기술가치 평가사 양성교육, M&A컨설턴트 양성과정교육, 기업가치 평가사 교육, 글로벌 M&A와 PEF전략과정, 국제가치평가사 양성과정, 사이버 환경교육과정을 수강하면서 실력을 쌓는 동시에 관련분야 강사들과 인맥을 쌓았다. 같이 수강하는 수강생들이나, 강사들과 인맥을 쌓는 데는, 필자 나름대로 만들어서 실천한 방안이 지금까지도 아주 큰 효과를 보고 있다.

또한 최근에는 미래예측전문가과정에 등록하여 미래산업, 미래기술 예측등의 기법을 배우고 자격증을 취득하여,

금년부터 전국의 단체, 기업, 대학에서 '미래예측 및 대응'에 관한 강의를 하고 싶은 꿈이 있다.

창업 후 지속 교육수강 및 모임에 가입

필자는 2009년 10월에 세무서에 방문하여 개인사업자 등록으로 창업을 했다. 사무실을 아직 구하지 않았으므로 자택을 사업장으로 등록을 해야했다. 필요한 것은 사무용 컴퓨터(복사, 스캔겸용)1대, 팩스1대뿐이었

다. 이후 명함을 대량으로 인쇄하여 항상 여유있게 가지고 다니며, 인사를 할 때마다 반드시 명함교환을 실천했다.(다음에 다시 만날 때는 또다시 업그레이드된 명함을 또 전달했다) 필자는 명함을 수시로 업그레이드를 했다. 자격증이나 직책이 하나씩 늘 때마다 새로 제작했기 때문이다. 그래야 만날 때마다 명함을 건넬 명분이 생기기 때문이었다.

창업 후에도 지속적으로 교육과 세미나에는 적극적으로 참여했다. 그 이유는 아직 인지도가 낮고, 남들이 경험부족이라 알고 인정을 안 해 일을 맡기지 않기 때문이었다. 그러는 가운데 창업 후에 여러 개의 자격증(기술거래사, 기업기술가치평가사, 창업지도사, M&A컨설턴트, M&A 스페셜 딜러, 제3인생코치, 라이프코치, 명강사, 국제가치평가사 등)을 지속적으로 취득해나갔다. 자격증과 더불어 여러 직책들도 적극적으로 얻고자 노력했다. 관련 사이트에 거의 매일 접속하고, 그간 맺어둔 인맥들을 동원하면서 정보를 얻었다.

교육 중 인맥을 만드는 방법

1. 교육 및 세미나 접수공고가 나면 선착순 1등으로 접수한다.
   왜냐하면 항상 1등으로 접수해야 접수처에서 기억하기 쉽고, 후에 반장이나 대표를 뽑게 될 때 매우 유리하다.
2. 무조건 강의나 세미나에는 첫날부터 제일 먼저 가서 제일 앞자리에 앉아 눈도장을 찍는다. 자리가 한번 정해지면 과정이 끝날 때까지 쉽게 바뀌지 않는 경향이 매우 강하다.
3. 무조건 반장이나 대표를 맡는다. 그래야 동료 수강생이나 교수, 담당자, 접수기관에서 인정받고, 오래 기억 받을 수 있으며, 교육 후에도 대표성이 있어 연락을 취할 때 유리하다. 또한 반장이나 대표를 맡게 되면, 참여자 모두

직책이란 하나씩 늘 때마다 시너지효과가 발생하여, 더욱 꾸준히 늘어나는 경향이 있다. 왜냐하면, 일반적으로 정부나 지자체, 유관기관은 전문위원, 자문위원, 평가 위원 등을 모집할 때 타 기관 등에서 검증을 받은 사람을 더 선호하기 때문이다. 즉 타 기관의 직책을 갖고 있을 때 더 유리하게 평가를 받을 수 있는 것이다. 물론, 이런 다양한 직책을 얻기까지는 많은 노력이 뒤따랐다.

● 국제가치평가사회 정회원 ● (사)기업기술가치평가협회 이사 및 전문위원 ● (사)한국벤처창업학회 이사 ● (사)한국창업지도사협회 부회장 ● (재)농업기술실용화재단 자문위원 ● 은평구 시니어프라자 자문위원 ● 중소기업청 비즈니스 자문위원 ● 서울시 창업스쿨 교육운영 자문위원장 ● 창업진흥원 창업과제 심사및 평가위원 ● 대전테크노파크 M&A전문위원 ● 한국산업강사협의회 이사 ● 시니어창업협회 부회장 ● 중소기업진흥공단 전문위원 ● 한국창업신문 창업연구소장 ● 대덕벤처네트워크포럼 회장 ● 한국산업기술평가관리원 평가위원 ● 한국과학기술정보연구원 전문위원 ● 지식경제부 기술혁신평가단 위원 ● 산업기술평가관리원 평가위원 ● 산업기술진흥원 평가위원 ● 에너지기술평가원 평가위원 ● (사)한국기술거래사회 자문위원 ● (사)벤처기업협회 자문위원

※명퇴 후 필자가 얻은 직책들

창업 후 인맥관리

누군가 말했듯이 "만남은 인연이지만, 인맥은 노력이다." 그렇다. 필자는 많은 단체에 스스로 가입하고 적극적인 활동을 해왔다. 그러기에 이런 직책과 인맥이 쌓였다고 자신하고 있다. 필자가 인맥을 관리하는 방법을 공개한다.

1. 링크나우(비즈니스인맥사이트)에 회원가입한 후에, 관심 있는 포럼에 적극 가입
2. 링크나우에서 포럼을 만들어서 포럼운영하기(창업포럼은 운영자, 시니어가 비즈니스하기 등 여러 개의 포럼에서는 부운영자로 활동 중)
3. SERI포럼에서 포럼 만들어 운영하기(녹색성장포럼, 시니어창업포럼)
4. 관심 있는 카페를 찾아서 가입하고 적극적인 활동
5. 유관 정부기관이나, 단체에 회원가입하고, 활동하기
6. 페이스북에 가입및활동(벤처창업포럼, 환경관련포럼 등)

중요한 것은 가입한 후에 활동을 열심히 하지 않는다면, 가입하지 않은 것만 못하다는 것이다. 기왕 가입했다면 열심히 활동하고 운영진에 합류하는 것이 인맥 확보에 도움이 된다.

창업 후 활동 확대전략

필자는 2010년 1월경에 녹색성장, 녹색경제, 저탄소란 단어와 세미나를 보고 시대의 변화를 느끼게 되었다. 거대한 패러다임의 변화를 예감한 것이다. 당장 대형 서점에 달려가 녹색(그린)과 관련된 책을 살펴본 뒤 몽

땅 구입해버렸다. 책을 읽어나갈수록 우리 정부가, 선진국이, 시장의 흐름이 녹색성장과 녹색경제에서 치열한 선두다툼을 하는 것을 알 수 있었다. 차세대 녹색산업과 녹색기술을 선점하려는 각국의 숨은 의지를 보게 되었습니다. 이와 동시에 삼성경제연구소 SERI포럼에 2개(녹색성장포럼, 시니어창업포럼) 개설하였다. 포럼을 개설하고 운영자가 되는 첫째는 글을 싣기 위해 나 스스로 먼저 공부하게 되기 때문이다.

둘째는 자신의 인지도를 높일 수 있다는 메리트가 있다. 적극적으로 글을 게재하면서 책을 구입하고, 정보검색을 하고, 관련 정부단체 사이트에 적극적으로 가입하면서 실력과 인지도를 높여나갔다. 이렇게 녹색성장 분야에 집중을 하면서 필자도 이 흐름에 적극 동참하기로 결심. 마침내 '녹색기술 산업연구소'를 설립(2010.1월)하여 녹색성장에 관한 강의록을 준비하기 시작했다.

그 결과 금년 3월25일에 '부자들이 가는 길, 그린로드'란 주제의 강의용 PPT를 준비하여 한국산업 강사협의회에서 첫 번째 녹색강의를 할 수 있었다. 또한 녹색기술 컨설팅 사업을 홍보하는 리플렛도 자체 제작하고, 관련 단체와 기관, 기업체에 부지런히 홍보해 나갔다. 그렇게 뛴 결과가 곧 나타나기 시작했다. 대덕특구에서 그린비즈니스 경영전략으로 2일간 강의를, 카이스트에서 시행한 시니어창업스쿨에서 2과목(기술가치 평가, 중소벤처기업M&A전략)을 강의를 하였으며, 현재도 많은 기업에서 녹색인증컨설팅과 자문 및 수행을 의뢰해오고 있다.

이와 더불어 정부에서 추진하는 녹색컨설팅 사업과 인증사업에도 뛰어들게 되었다. 지금은 실적이 크지 않지만, 앞으로의 무한한 가능성과 성장성이 눈에 보이는 사업이다. 앞으로도 녹색시니어로서 저탄소 녹색성장 산업과 녹색경제에서 환경과 성장이 조화롭게 이루어지는데 힘을 집중할 계획이다. 녹색성장, 녹색경제 시대에서 녹색시니어로서의 성공을 자신해 본다.

앞으로의 활동 계획과 도전

필자의 주된 사업 중 하나는 녹색성장 시대에 맞는 컨설팅과 교육 및 강의이다. 이 분야는 무한한 기회를 가지고 있어, 더욱 매진하여 나갔다. 2010년 11월에 녹색산업기술진흥원을 설립한 것도 그 이유에서다. 녹색분야에서 보다 더 영역을 넓히고, 인지도를 높일 필요가 있었다. 그 결과 이제는 각 단체 및 기업 등에서 먼저 녹색성장, 환경, 저탄소에 관한 교육 및 강의를 의뢰받게 되었다.

대덕특구에서 그린비즈니스 경영전략으로 2일간(8시간) 교육을 진행하고, 한국산업 단지공단(지경부산하)에서 벤처기업 CEO 및 관련공무원 등 100여명을 대상으로 국내외 녹색동향과 녹색인증제도에 대한 강의를 요청받았다. 한국벤처창업학회에서 하계논문발표대회에서 '녹색인증제도의 성과분석과 활성화 방안'을, 추계학술대회(2011.11월)에서 '녹색중소벤처기업의 기술동향과 성공사례 분석'이란 논문을 발표하였다.

또한 많은 기업들을 통해 녹색산업, 녹색기술, 녹색성장에 관련된 자문과 강의를 진행하고 있다. 녹색관련 단체 및 포럼에 가입하여 적극적인 활동을 하고 있으니 이제는 누가 봐도 당당한 녹색전문가, 녹색전도사가 된 것이다.

미래는 무형자산의 시대이다. 필자는 무형자산의 중요성을 깨닫고, 국제적으로 인정을 받는 국제가치평가사(CVA)교육을 알고 2010년도에 국내에서도 시행을 알고 곧 바로 지원했다. 2011년도부터 적용되는 국제회계기준(K-IFRS)에서는 무형자산 가치평가분야의 중요성이 날로 커질 것이라 예상했기에, 거금을 투자해 교육을 받고, 국제가치 평가사(IACVA) 정회원이 될수 있었다.

대학교를 졸업한지 벌써 수십 년인데, 어떻게 영어로 4일간 수업을 받고, 영어로 5시간동안 시험을 어떻게 보냐는 주위의 걱정도 많았다. 하지만 일단 도전해보고, 끝까지 밀고 나가기로 결정하고 노력을 멈추지 않았다. 그 결과, 정식 자격을 얻기 위해 4월에 실시된 CVA자격시험에서 30대, 40대 수험생과 함께 정말로 5시간동안 영어문제 시험을 치러서 당당히 합격할 수 있었다.

이제는 무형자산(기업, 지식재산권, 기술가치, 특허가치)의 가치평가를 할 수 있게 되었다. 정부(지식경제부)등 여러 기관이나 단체에 평가위원으로 활동영역도 넓어졌다. 더불어, 강의의뢰도 여러 곳에서 쇄도했다. 필자는 이제 무형자산의 가치평가 전문가가 되어간다. 꿈이 익어 가고 있는 중이다. 무한한 미래시장에 발을 디디고, 꿈을 실현하고 있는 것이다.

성공을 위한 리허설

Dream

II

김종석

신재홍

전종현

남　불

홍미진

서석구

김윤관

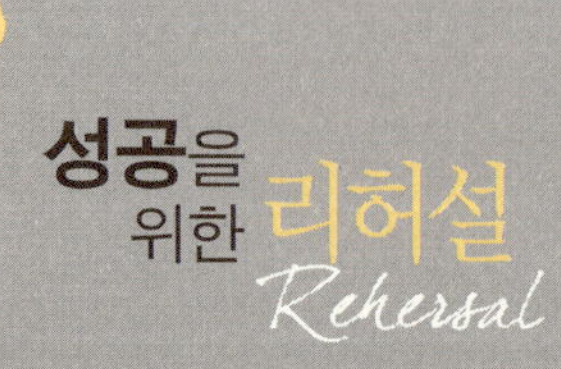

성공을 위한 리허설
Rehersal

김 종 석

삶을 역전시키는 창의성 유머

약   력 | EBS '딩동댕 유치원' 진행자 '뚝딱이 아빠' 로 20년 활동
성균관대학교 대학원 아동학 박사, 동국대학교 대학원 유아연극 수료
중앙대학교신문방송대학원 광고학 석사, 동국대학교 연극영화 학사
제주 세계 7대 자연경관 도전 홍보대사
봉사단체 굿 네이버스, 어린이백혈병재단 홍보대사

수   상 | 2009 제36회 한국방송대상 개인상부문 진행자상
2007 행정자치부 장관상
2002 대통령 표창

이 메 일 | dddjsk@hanmail.net   휴대폰 | 011·266·2270

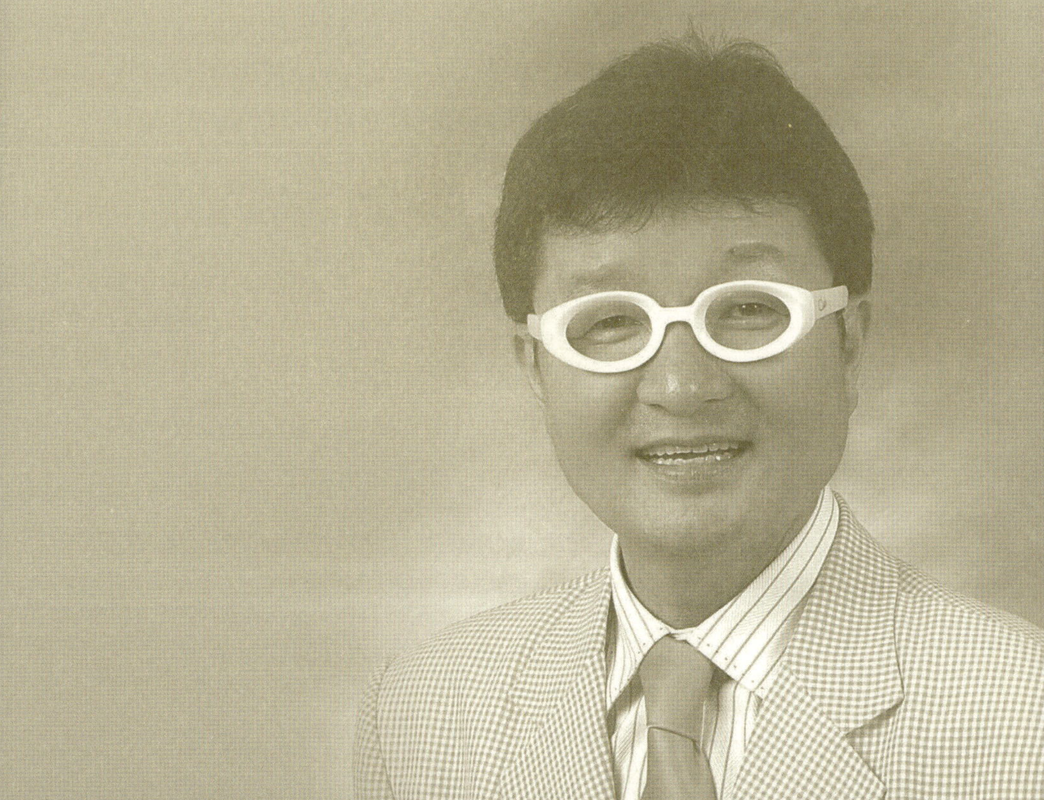

유머는 기분이 아니라 세계관이다

이 말은 세계적인 과학자 떼이야르 드 샤르댕이 내린 유머에 대한 정의다. 미국의 사회평론가인 맥스 이스트만도 '유머 역시 고통에 대한 일종의 처방이다. 그러므로 종교와 유머는 밀접한 관계가 있다'라고 정의하며 유머와 종교를 동급에 놓기도 했다. 이밖에도 수많은 세계적인 명사들이 유머에 대한 정의와 찬사를 늘어놓았다. 유머의 가치와 목적에 따라 '인간관계의 공기', '커뮤니케이션의 기술', '가장 훌륭한 애피타이저'라고 극찬하기도 했다.

나는 유머에 대한 많은 정의 중에서 샤르댕의 말이 유머의 본질을 가장 정확하게 꿰뚫었다고 생각한다. 유머는 단순한 말장난이 아니다. 한 사람의 가치관과 성품, 습관, 지적 수준, 창의력을 단번에 알 수 있는 일종의 테스트지 같은 것이다. 말 한 마디로 천 냥 빚을 갚듯이 유머 한 마디가 그 사람의 가치를 높여준다.

나 역시 오랜 세월 개그맨이란 직업을 업으로 삼으면서 유머에 대한 나름의 정의를 가지고 있다. 지금부터 김종석이 내린 유머에 대한 몇 가지 정의를 소개하겠다.

유머는 산뜻한 눈 맞춤이다

유머는 눈과 눈에서 시작된다. 70년대 히트송 중에 〈눈으로 말해요〉라는 노래가 있다. 사람들 앞에서 닭살스러운 대화를 나누다가 몰매를 맞을 것 같으니까 말 대신 눈으로 대신하자는 것이다. 예를 들어, "내 안에

너 있다." "자기야, 오늘 너무 예뻐." "우리 있다가 응응 할까?" 뭐 이딴 말을 사람들 앞에서 함부로 나누다간 목숨이 몇 개라도 모자랄 수 있으니 눈빛으로 은근히 주고받는 것이다. '눈은 마음의 창'이기 때문에 어떤 때는 눈을 통해 상대의 마음과 기분을 말보다 더 정확하게 느낄 수 있다. 그러므로 마음과 마음이 소통되려면 눈과 눈을 마주쳐야 한다.

유머는 사람들 간의 의사소통을 원활하게 해주는 윤활유다. 따라서 서로 눈을 마주치는 아이 컨텍은 필수다. 눈을 마주쳐야 상대의 기분을 파악할 수가 있고, 그에 따라 어떤 말을 해야 할지, 어떤 유머를 써야 할지를 판단할 수가 있다. 그런데 상대가 내 눈을 피하면서 마주치지 않으려고 한다면 어떻겠는가? 이것은 나를 거부한다는 의미이거나 뭔가 속이는 게 있거나 자신감이 없는 사람이라는 뜻이다. 그래서 상대가 나와 눈을 마주치지 않으면 '혹시 저 사람이 나한테 속이는 게 있나?' 또는 '나랑 얘기하기 싫은가?' 이런 생각이 들게 마련이다. 그래서 드라마에서 외도하다 걸린 남편을 추궁할 때 아내들은 늘 이런 대화를 쓴다. "여보, 내 눈을 똑바로 보고 말해요." 그러므로 서로가 눈을 마주친다는 것은 상대의 말을 수용할 수 있으며 상대에게 속일 게 없다는 것을 보여주는 비언어적 표현이다.

상대가 내 눈과 마주치지 않으려고 한다면 소통은 막힌 것이다. 이런 상황에서는 가벼운 농담 한 마디도 건네기 어려워진다.

괴테는 '사람의 성격이 가장 잘 나타날 때는 누군가와 마주 대하여 말하고 듣고 웃을 때다'라고 말했다. 당신이 누군가와 대화할 때 내 눈을 바라보는 사람과 피하는 사람 중에 어느 쪽에게 더 신뢰가 가고, 마음을 열고 이야기할 수 있겠는가? 대부분 전자일 것이다. 그러므로 누군가와 소통하고 싶다면 그의 눈을 마주쳐야 한다. 그리고 누군가와 즐겁게 소통하고 싶다면 눈을 바라보며 입가에 웃음을 띠고 유머를 구사하면 된다.

유머는 상대에 대한 관찰에서 시작한다

미국의 심리학자인 앨버트 메라비언에 의하면 상대에 대한 정보를 파악하는데 시각을 통해 가장 많은 정보를 얻는다고 한다. 언어는 7%, 청각은 38%지만 시각으로 받아들이는 정보 비율은 55%에 달하므로 상대를 제대로 파악하려면 상대의 말을 잘 경청하면서 눈으로 그의 상태를 잘 살펴봐야 한다. 특히 유머를 구사할 때는 상대의 눈과 표정으로 드러난 감정 상태를 잘 파악해야 한다. 보통 사람은 화를 참고 있을 경우엔 눈빛과 얼굴 표정이 경직되기 마련이다. 그래서 입으로는 괜찮다고 하면서도 눈과 얼굴 표정이 자연스럽지 못하게 된다. 그런데 괜찮다는 말만 곧이곧대로 듣고 상황에 어울리지 않는 유머를 남발하게 되면 분위기 파악 못하는 주책바가지가 될 수 있다.

내가 외국에 처음 나갔을 때 문화적 충격이라고 할 만큼 놀랐던 게 있다. 분명히 생전 처음 보는 사람들인데 길거리에서 나와 눈이 마주치자 나를 향해 미소를 짓는 것이었다. 그것도 아주 예쁜 여자가 날 향해 미소를 지었을 때면 혹시 저 여자가 나에게 반한 건 아닐까 하는 엄청난 착각을 하기도 했다. 아마 나 같은 착각에 빠져본 경험이 한두 번은 있었을 것이다. 특히 여자들은 이런 착각을 많이 했을 가능성이 높다. 외국 남자들은 여자를 찬양하라는 사명을 받고 이 땅에 태어난 것처럼 처음 본 여자에게도 미소와 칭찬을 아낌없이 퍼붓는다. 옆에서 보면 작업이라고 생각할 정도니 당사자인 여자가 착각하는 것도 무리가 아니다.

나도 처음에 낯선 사람들과 눈을 마주칠 때는 당황해서 머뭇거렸지만, 점점 그들의 문화에 익숙해지면서 내가 먼저 눈을 마주치는 사람들을 향해 '하이~' 하며 인사를 건넸다. 비록 짧은 영어 실력 때문에 기초적인 영어회화 수준밖에 안 되었지만, 그래도 처음 만난 사람들과 가벼운 대화를 주고받기도 했다.

유머는 창의성으로 소통한다

20세기의 성공비결은 근면과 성실이었다. 하지만 지식정보화 시대인 21세기는 단연 창의력이다. 아무리 부지런하고 착실해도 이 창의력이 부족하면 현대 사회에선 성공하기 힘들다. 그래서 요즘은 아이들이 어렸을 때부터 창의력 교육을 시킬 정도로 'IQ'와 'EQ'와 함께 중요한 능력으로 인정받고 있다. 그럼 창의력이란 게 대체 무엇을 의미하는 것일까?

창의력은 4가지로 구분할 수 있다. 좋은 아이디어를 재빨리 많이 생각해 내는 유창성과 어떤 문제에 부딪쳤을 때 다양한 각도에서 바라보고 보다 나은 방법들을 찾아내는 유연성, 사고방식이나 아이디어를 구체적으로 발전시키는 정교성, 다른 아이가 생각하지 못한 독특한 것을 생각해 내는 독창성이다. 이 중에서 한 가지만 유별나게 잘하는 것보다는 고르게 발달되어 있어야 창의력이 높다고 할 수 있다.

그렇다면 창의력을 높이기 위한 가장 좋은 방법은 무엇일까? 나는 단

연코 유머라고 생각한다. 창의력의 원천은 엉뚱함과 자유로운 발상에 있다. 유머의 텃밭은 엉뚱한 발상과 자유롭고 유연한 사고다. 유머는 기본적으로 비틀기와 역발상과 엉뚱한 상상에서 나온다. 그래서 창의력이 뛰어난 사람들이 대부분 유머를 잘하는 편이다. 역으로 유머를 자꾸 하다보면 창의력이 쑥쑥 자라게 된다. 아이들의 창의력 교육에 관심이 많은 부모님이라면 아이에게 매일 유머 하나씩을 만들어보라고 하는 것도 좋은 학습방법일 것이다.

유머는 타고난 재능이 아니다. 한 사람의 긍정적인 인생관과 유쾌한 성격, 다양한 지식과 경험의 베이스가 쌓여서 만들어지는 것이다. 즉 '유머'라는 집을 짓기 위해서는 많이 보고 듣고 경험해야 하는 것이다. 이런 경험들은 다양한 방식으로 사고하고 세상을 바라볼 수 있는 넓은 시야를 제공해준다. 그래서 지적인 유머를 구사하는 사람들을 보면 박학다식한 만물박사들이 꽤 많다. 그들이 인생을 살아오면서 보고 듣고 경험으로 축적된 풍부한 베이스가 다양하게 해석하고 비틀어보는 창의성을 선사한 것이다.

그리고 유머를 잘하는 어휘력이 풍부하다. 어휘력이 풍부하다는 것은 창의성이 뛰어나고 유연성이 강하다는 의미이다. 사실 유머러스한 대화란 똑같은 단어를 다양하고 창조적으로 사용하는 것에서 시작한다.

웃어야 창의력이 발전한다

내가 지금까지 살아오면서 가장 감사한 일을 꼽으라면 십여 년 넘게 '뚝딱이 아빠'라는 프로그램을 진행한 것이다. 그 프로그램 덕분에 나는 항상 아이들의 환한 웃음소리 속에서 나도 신나게 웃으면서 살 수 있었다. 아이들이 웃는 건 특별한 사건이나 이유가 있어서가 아니다. 한 아이가 큰소리로 웃으면 다른 아이들도 덩달아서 웃었다. 친구가 방귀를 뀌어도 까르르 소리를 내며 웃고, 내가 괴물 표정을 짓기만 해도 자지러지게 웃는다. 마치 파도처럼 온 스튜디오 안이 아이들 웃음소리로 넘쳐났다.

이렇게 아이들은 보통 하루에 300번 이상 웃는다고 한다. 그런데 어른이 되면 하루에 최대 15번 웃는 게 고작이라고 한다. 딱히 큰소리 내어 웃을 일도 없고, 다른 사람이 웃는다고 따라 웃는 것도 바보 같아 보이기 때문에 그냥 참아버린다. 마치 누가 누가 안 웃나 경쟁이라도 하는 것처럼 어른들은 웬만한 일에 웃지 않는다.

그렇다면 아이들이 이렇게 많이 웃는 이유는 무엇일까? 아이들 눈에는 모든 것이 재미있어 보이기 때문이다. 인식 패턴이 고정되지 않았기 때문에 모든 사물과 상황이 다 재미있게 보이는 것이다. 아이들이 얼마나 독창성이고 창의력이 뛰어난지는 하나의 질문에 대해 얼마나 다양한 답을 내놓는지를 보면 알고 있다.

예전에 아이들에게 '백설 공주는 계모가 준 무엇을 먹고 쓰러졌을까요?'라고 물은 적 있다. 그 동화를 읽었다면 '독사과'라고 대답할 것이다. 그런데 아이들 입에선 '복숭아' '포도' '바나나' '토마토' 등 온갖 과일 이름이 튀어나왔다. 나는 처음에 아이들이 동화책을 안 읽어서 그런 대답을 했다고 생각하는데, 아니었다. 아이들은 그냥 자기가 좋아하거나 싫어하는 과일의 이름을 떠올린 것이다. 정답은 '사과'라는 선입견에서 자유롭기 때문에 가능한 대답이었다.

그런데 어른들의 대답은 십중팔구 '사과'다. 약간 유머러스한 사람들은 '풋사과'니 '훔친 사과' 같은 대답을 하기도 한다. 이렇게 아이들에 비하면 어른들이 얼마나 고정된 시각과 사고방식으로 사물을 보는지를 알 수 있다. 어른이 된다는 게 창의성과 상상력을 잃어간다는 걸 의미하는 거라면 너무 끔찍하다.

창의적 아이템 때문에 고민하고 있는가? 아무리 머리를 쥐어짜내도 독특한 아이디어가 떠오르지 않는가? 그렇다면 일단 5분간만 신나게 웃어라. 웃다보면 산소가 많이 주입되어 답답한 머릿속이 환기될 것이다. 그리고 나서 주변의 사물들을 찬찬히 살펴봐라. 뭔가 색다른 게 당신 눈에 뜨일 것이다.

유머는 자신감이다

분위기 메이커까지는 아니더라도 사람들에게 주목받지 못하는 것은 왜 그럴까? 이런 사람들은 대부분 사람들 앞에 나서는 것을 두려워하는 심리가 있다. "내가 말해서 분위기 썰렁해지면 어떡하지?" 또는 "내가 실수하면 저 사람들이 나를 비웃겠지"라는 비관적 사고가 깔려 있다. 기본적으로 사람들이 자신의 발언에 호응하지 않을 거라는 두려움과 심지어 자기를 싫어할 거라는 부정적인 생각이 강하다. 이러니 유머는커녕 사람들 앞에서 제대로 말 한마디 하기도 힘들다. 이런 심리 때문에 누군가와 협상을 하거나 프레젠테이션을 두려워해서 사회생활에 어려움을 겪고 있는 사람들이 의외로 많다. 이들은 일종의 대인공포증을 앓고 있는 셈인데, 이런 심리의 바탕에는 자신에 대한 자신감 부족이 있다.

자신에 대한 자신감이 충만한 사람은 사람들 앞에 나서서 말하거나 소통하는 것을 두려워하지 않는다. 비즈니스 세계에서 유머를 잘하는 사람을 선호하는 것도 아무리 까다롭고 어려운 상대를 만나도 다양한 유머를 구사하면서 대화를 즐겁게 이끌어나갈 수 있기 때문이다. 비즈니스도 결국 사람이 하는 일이다. 업무 당사자들의 마음과 말이 통하면 어려운 일도 잘 풀리기 마련이다. 많은 기업들이 유머 경영을 도입하는 이유도 유머가 조직관리와 매출실적에 긍정적 효과가 있다는 걸 인정하기 때문이다.

유머는 사랑이다

누군가를 웃게 만들고 싶다면 그 마음이 바로 사랑이다. 누군가를 사랑하게 되면 상대를 즐겁고 행복하게 만들어주고 싶어 한다. 좋은 것을 보면 사랑하는 이에게 보여주고 싶고, 맛있는 것을 먹으면 같이 먹지 못하는 걸 안타까워한다. 이렇게 사랑에 빠지면 누구나 상대를 위해 헌신하고 노력하는 열정가가 된다.

나는 유머를 사람에 대한 애정과 헌신이라고 생각한다. 눈에 콩깍지가 씌면 빨래비누로 감은 머리에서도 향수 냄새를 맡을 수 있듯이, 유머와 웃음으로 대하면 모든 것이 다 사랑스럽게 고맙게 보인다. 아내가 나의 못난 점을 지적할 때도 유머러스하게 하면 순순히 인정하게 되고, 상대의 단점도 웃는 눈으로 바라보면 그다지 거슬리지 않는다. 이렇게 부부 사이, 연인 사이, 부모와 자식, 친구들, 직장 동료들 사이에 유머가 있으면 많은 갈등이 쉽게 해소되고 서로에게 너그러워진다. 유머의 긍정적 효과 때문인지 요즘 많은 사람들이 대인관계 개선을 위해 유머를 배우려고 한다. 그래서 자기소개법이나 유머 화법을 가르쳐주는 센터나 강의들이 부쩍 많아졌다. 이런 곳에 가보면 정말 남녀노소 불문하고 각양각색의 직업과 상황을 가진 사람들이 있다.

무뚝뚝한 남편과 대화를 나누기 위해 찾아온 40대 주부부터 여자 친구를 만들 목적으로 온 대학생, 협상을 잘하기 위해 온 영업부 직원, 심지어는 펀 경영을 도입하기 위해 유머를 배우러온 사장과 임원들까지 다양한 이유를 가지고 유머를 배우러 온다. 근데 첫 수업에 가보면 유머를 배우러왔다는 사람들이 대부분 굳은 얼굴로 각 잡고 앉아있다. 이러면 강사의 등줄기에선 식은땀이 흐른다. 일단 '못 웃기면 가만 안두지 않겠다'는 표정부터 바꿔야 하기 때문이다. 저 굳은 얼굴을 웃는 얼굴로 바꿔야 유머 수업은 성공할 수 있다. 다행히 수업이 몇 번 진행되면 이들의 표정이 슬슬 바뀌어간다. 강사의 말에 대해서도 적극적으로 반응하고, 큰소리로 자연스럽게 웃는다. 수업이 중반을 넘어가면 수강생들이 이런 말을 한다.

"웃는 일이 이렇게 즐겁고 신나는 건지 몰랐습니다!"

그리고 이런 말을 덧붙인다.

"다른 사람도 이렇게 웃게 만들고 싶어요."

누군가를 웃게 만들어주고 싶은 마음, 이게 바로 사랑이다. 유머는 사랑의 마음을 실천하는 가장 저렴하고 쉬운 방법이다.

약점도 유머를 통하면 당당함이 된다

신임 대표이사로 취임한 어떤 대머리 사장님이 직원들과의 첫 대면에서 이렇게 자기소개를 했다.

"나이를 먹다보니 제가 대한조명협회 이사가 됐습니다. 잘 부탁드립니다."

이 말 한마디에 온 직원들은 킥킥 거렸고, 신임 사장에 대한 경계심을 풀어버렸다고 한다. 이렇게 자신의 콤플렉스를 당당하게 내보이면 상대방은 그것을 자연스럽게 받아들이고, 그 당당함에 호감과 신뢰를 가지게 된다.

미국 대통령 중에서 가장 뛰어난 연설가로 꼽히는 레이건 전 대통령도 자기 약점을 소재로 한 유머에 능했다. 한번은 그가 이런 말로 연설을 시작했다.

"제가 어떻게 대통령이 될 수 있었는지 그 비밀을 이 자리에 밝혀드리겠습니다. 사실 저한테는 아홉 가지의 재능이 있습니다. 첫 번째 재능은 한 번 들은 것은 절대 잊지 않는 탁월한 기억력입니다. 그리고 두 번째는…. 에… 그러니까, 그게 뭐였더라?"

레이건 대통령이 어깨를 으쓱하며 웃자 연설회장은 박장대소로 가득 찼다. 그동안 레이건은 다른 후보들보다 나이가 많다는 이유로 많은 정치적 공격을 당했다. 그럼에도 서서히 나빠지는 기억력을 숨기려고 하기보다는 유머 소재로 사용해서 대중에게 공개했다. 그리고 청중들은 박수와 웃음으로 그의 솔직함과 용기에 화답했다.

진짜 유머리스트는 남을 웃게 해주는 것에서 진정한 기쁨을 느낀다. 그런 사람들은 자신이 우습게 보이는 것을 별로 두려워하지 않는다. 상대와 자기 모두가 즐거울 수 있다면 사실 잠깐 망가지는 게 뭐 대수겠는가.

유머는 필수비타민이다

걱정의 85%는 쓸데없는 생각이다. 미국의 한 심리학자의 연구에 의하면 인간은 하루에 5만 가지에서 6만 가지의 생각을 한다고 한다. 그런데 우리가 하는 생각들 중에서 긍정적인 생각은 15%에 불과하고 나머지 85%는 부정적인 생각이라고 한다. 즉 85%의 생각은 쓸데없는 걱정이라는 의미다. 이 연구 결과를 보고서 과연 생각을 많이 하는 게 인생에 도움이 될

까 하는 의문을 품었다.

세상살이 인생살이라는 게 원래 문젯거리를 해결해가는 과정이다. 부자건 가난뱅이건, 지위가 높건 낮건, 유명인사건 평범한 사람이건 지구상의 모든 인간들은 저마다의 고민거리들을 안고서 살아가고 있다. 오죽하면 걱정거리가 없는 게 걱정이라고 할 정도로 무엇이든 걱정보따리 하나쯤은 안고 살아가는 게 인생사다. 그런데 걱정한다고 문제가 해결되는 것도 아니다. 걱정거리가 많은 사람들은 문제를 해결하기 위해 생각하는 것보다는 걱정 그 자체에만 매달려있는 경우가 많다.

핵심은 생각의 포인트를 걱정 같은 부정적인 것에 맞출 것인가 아니면 긍정적인 것에 맞출 것인가이다. 어떤 상황을 어떻게 받아들이느냐에 따라 마음의 상태는 달라진다. 걱정거리로만 볼 것인가, 문제를 해결하기 위해 바라볼 것인가, 비관적으로 볼 것인가 낙관적으로 볼 것인가에 따라 우리 마음은 지옥이 될 수도 있고 천당이 될 수도 있다. 즉, 인생의 행복은 외부로부터 오는 게 아니라 그것을 받아들이는 내부의 문제라는 것이다. 그래서 지혜로운 사람들은 자신의 생각이 부정적으로 흘러가도록 내버려두지 않는다. 어떤 문제가 생길 때마다 맞서 싸우거나 피하는 대신, 그것을 가볍게 만들고 긍정적으로 바라보고 차근차근 해결하려고 든다. 거기에 필요한 게 바로 유머의 힘이다.

몸의 활력을 위해 비타민을 먹듯이 유머는 정신의 활력을 높이고 저항력을 기르는 정신의 비타민인 셈이다.

그렇다면 유머라는 비타민은 우리 정신에 어떻게 작용할까?

유머는 사회적 수명을 길게 해 준다.

스트레스를 푸는 방법은 사람마다 다양하다. 어떤 사람은 운동으로 풀고 어떤 사람은 술로 푼다. 잠을 자기도 하고 여자들은 일부러 힘든 집안일을 하기도 하고, 아주 특이한 사람은 수학책같이 골치 아픈 책을 읽기도 한다. 이 모든 스트레스 해소법 중에 내가 아는 가장 간단하고 효과 100%인 방법이 있다. 모두 예상하시겠지만, 바로 유머다.

미국의 위대한 대통령 링컨은 "나에게 밤낮으로 무서운 긴장이 생겼기 때문에, 만일 내가 웃지 않았다면 나는 이미 죽은 지 오래 되었을 것이다."라고 말했다. 링컨처럼 파란만장한 인생을 산 사나이가 유머와 웃음으로 그 힘든 일을 이겨냈다는 것이다. 이렇게 세계사의 위인들 중에는 힘든 역경이 닥치고 정신적 스트레스에 시달렸을 때 유머 한 마디로 그 순간을 슬기롭게 넘긴 이들이 많다.

화낼 때마다 줄어드는 건 몸의 수명과 건강뿐만이 아니다. 화를 잘 내는 사람은 어느 누구도 좋아하지 않는다. 그래서 화를 자주 내면 다른 사람들로부터 환영받지 못하기 때문에 자연히 사회적 수명도 줄어들 수밖에 없다. 그런데 유머형 인간들은 다르다. 그들은 화를 유머로 푼다. 아무리 화가 나도 그 화를 얼굴에 드러내지 않고 오히려 웃는 얼굴로 자신의 욕구와 의견을 발산한다.

이제부터 화가 나거나 기분이 상하면 유머라는 방패를 써보자. 유머는 '화'라는 괴물 앞에서 자신을 가장 안전하게 보호할 수 있는 훌륭한 방패다. 언제 어디서나 유머를 겸비할 수 있는 마음의 여유를 가진 사람은 화 때문에 자신의 소중한 것을 잃어버리는 우를 범하지 않을 수 있다.

유머 학습 5단계 배워보기

요즘 들어 영어 열풍이 대단하다. 수많은 학원들이 단기간에 영어 실력을 향상시켜주겠다고 광고를 한다. 하지만 외국어라는 건 단기간에 완성되는 것이 아니다. 학원이 길잡이는 될 수 있겠지만, 영어가 입에서 자연스럽게 나오려면 수업 외에도 혼자서 끊임없이 반복해서 연습하고 공부해야 한다.

유머도 마찬가지다. 훌륭한 유머리스트는 다양한 연습과 부단한 노력을 통해서 만들어진다. 자연스럽게 유머를 구사하기 위해서는 다음의 5단계가 꼭 필요하다.

1단계 먼저 내게 유머가 꼭 필요한 이유를 알아야 한다. 모든 사람은 자신에게 꼭 필요한 것에는 관심을 가지고 적극적으로 매달리게 된다. 그러므로 "내 삶에서 왜 유머가 필요한지?"를 자신에게 물어보고 그 이유를 종이에 차근차근 적어보는 게 좋다.

2단계 유머가 필요한 이유를 깨달았다면, 이제는 유머에 흥미를 느끼도록 해야 한다. 뜻이 있는 곳에 길이 있기 마련이다. 유머의 필요성을 인식하게 되면, 그 다음은 유머 실력을 배가시킬 수 있는 다양한 방법들이 눈에 들어오게 된다.

요즘 예능 프로그램들이 대세다. 꼭 코미디 프로그램이 아니더라도 시청자들의 웃음을 터지게 만들려고 온갖 궁리와 방법을 동원한 프로그램들이 계속 쏟아져 나온다. 유머를 배우려는 사람이라면 이런 프로그램을 그저 박수 치고 마냥 즐기면서 보는 건 곤란하다. 어떤 유머가 재밌는지, 어느 부분에서 사람들의 웃음이 빵 터지는지를 유심히 살펴봐야 한다. 그리고 좋은 유머가 있으면 노트에 적어보고, 개그맨이 말한 대로 따라서 해보는 적극성이 필요하다. 일요일에 하는 개그콘서트를 권해드리고 싶다.

3단계　아무리 재밌는 유머도 국어책 읽듯이 줄줄 읽으면 절대로 상대를 웃길 수 없다. 그 유머가 몸에 붙어서 자연스럽게 나오려면 완전히 자기 것으로 만들어야 한다. 그러므로 학습하고 배운 유머들을 나만의 화법과 내가 말하는 방식과 결합시켜서 자연스럽게 만들어야 한다.

개그맨들은 각자의 재치를 다른 방식으로 보여준다. 어떤 사람은 순간순간의 위트를, 어떤 사람은 툭툭 던지는 유머를 즐겨 사용한다. 또 어떤 사람은 솔직함을 무기로 삼고, 어떤 사람은 비틀어 말하는 풍자에 강하다. 이처럼 유머도 각자의 색깔이 있다. 자신만의 색깔을 찾으려면 다양한 유머를 실험해보고 자신에게 어울리는 스타일을 찾아야 한다. 그리고 몸에 자연스럽게 붙도록 꾸준히 연습해야 한다.

4단계　상대방을 웃게 만드는 가장 좋은 방법은 내가 먼저 웃는 것이다. 잘 웃지 않는 사람은 상대도 웃게 만들 수 없다. 그러므로 유머를 잘하려면 웃는 시간을 많이 가져야 한다. 웃음소리가 듣기 좋고, 웃는 얼굴이 보기 좋은 사람을 목표로 거울을 보고 열심히 웃는 연습을 해보자.

5단계　유머력을 향상시키려면, 웃음과 유머에 자신을 길들일 수 있는 다양한 방식과 환경을 만들어야 한다. 아래에 소개한 방법들은 유머 기술을 향상시키는 데 도움이 되는 필수 항목이니 삶에 접목시켜보도록 노력해보자.

유머를 잘하고 싶다면 everyday 유머다!

훌륭한 유머리스트들은 유머란 '특별한 기술이 아닌 호흡'이라고 말한다. 우리가 공기를 의식하면서 호흡하지 않듯이 유머도 습관처럼 자주 읽고 외우고 써먹다 보면 자연스럽게 몸에 익게 된다. 세상 모든 것이 그런 것처럼 유머도 연습하고 노력하면 실력이 늘게 된다. 사람들은 유머는 개그맨처럼 말주변이 뛰어나고 타고난 재능이 있어야 가능하다고 생각하는데, 이것도 편견이다. 1만 시간 이상 노력해야 성공한다는 '1만 시간 성공의 법칙'은 유머에도 어김없이 적용되는 것이다.

유머를 잘 몰라서 못한다고? 인터넷은 뒀다가 국 끓여먹을 텐가? 5분만 검색해보면 최신 유머부터 온갖 종류의 유머들이 쏟아져 나올 것이다. 요즘엔 유머 화법, 유머 강연, 유머 리더십 같은 유머를 주제로 한 많은 책들이 서점에 나와 있다. 그리고 재밌는 유머를 골라 거울 앞에 서서 혼자 연습해보면 된다.

말로 하는 유머가 영 자신 없다면 걱정할 필요 없다. 유머를 보여줄 수 있는 방법은 무궁무진하다. 재미있는 유머를 문자메시지나 이메일로 보내주면 된다. 앞에 소개한 웃기는 문자 유머 중에서 적당한 걸로 보내서 상대가 웃기면 성공이고, 안 웃으면 실수로 잘못 보냈다고 하면 되는 것 아닌가. 유머는 재능이 아니라 상대에게 웃음을 주겠다는 열정과 노력만 있으면 누구나 가능하다.

신 재 홍

제3기 인생 성공을 위한 과학적 장수학습

약   력 | 숭실대학교 평생교육학박사
국가공무원으로 39년 5개월 근무하다 부이사관으로 퇴임
평생교육론 공저(2010, 학지사)
서울대 제3기 인생대학(2010), 장수과학최고지도자과정 졸업(2011)
숭실대 학부 · 대학원, 전북대 평생교육원, 지식경제공무원교육원등 강의
상   훈 | 서울대학교총장 표창(1983, 2008)
대통령 근정포장(1992)
이 메 일 | s8558@snu.ac.kr   휴 대 폰 | 010 · 8704 · 2276

제3기 인생 성공을 위한 과학적 장수학습

한국사회의 고령화는 급속하게 진전되는데도 국가도 사회도 개인도 이에 제대로 준비하지 못하는 현실을 실감했다. 그리고 중·노년기 이후의 준비되지 않는 고령화는 축복이 아니라 재앙이라는 믿음을 가지게 되었다. 우리가 원하든 원하지 않든 인생 100세 시대는 찾아왔다. 길이진 수명만큼 늘어난 노년기를 어떻게 하면 건강하게 그리고 당당한 살아갈 수 있을까? 과학적인 검증도 없이 그저 범람하는 지식과 정보 속에서 누구의 말을 믿어야 할까? 어떻게 하면 소질과 적성과 잠재능력을 발휘하면서 살 수 있을까? 그리고 제3기 인생을 어떻게 하면 당당하게 살아갈 수 있을까?

이에 대한 해답을 찾기 위해 필자가 이수한 서울대학교 장수과학최고지도자과정(7기)과 제3기 인생대학(1기) 과정의 과학적 장수학습 사례를 실증적으로 분석하였다. 이러한 필자의 장수학습을 통한 인생설계 사례가 제3기 인생을 준비하는 분들에게 적절한 실천사례로 활용되기를 바란다.

먼저, 장수과학최고지도자과정에서 가장 강조하는 것은 건강이다. 건강에는 신체적인 건강과 정신적인 건강이 있다. 제3기 인생기의 건강을 유지하고 지키기 위해서는 신체적인 운동과 마음의 운동이 중요하다. 특히 신체적인 건강은 장수와 노화, 그리고 건강에 대한 과학적이고 의학인 지식의 학습이 필요하다. 매월 개최된 장수포럼을 통해 베이비부머 세대의 대량퇴직으로 인하여 나타난 사회적 현상을 통찰할 수 있는 안목을 정립하는 기회를 갖기도 하였다. 필자는 수명 100세 시대를 준비하는 40대부터 70대에 이르기 까지 제3기 인생을 준비하고 있거나, 제3기 인생을 살아가고 있는 사람들과 함께 7기 과정을 마쳤다. 이 장수학습 과정의 학습 영향으로 필자는 남들보다 다소 빠른 시기에 제3기 인생을 설계하고 이를 준비하는 계기를 가졌다.

제3기 인생대학은 서울대 동반자사회프로그램의 일환으로 일반시민을 대상으로 한 강좌이다. 이 과정의 목표는 중년기 이후 40년 동안의 새로운 인생지도 만들기이며 1년 과정으로 가을학기에 시작하여 다음해 봄학기까지 2개 학기로 운영된다. 제3기 인생대학 과정을 통하여 중년기 이후 여생에 대한 이해로부터 여생의 설계, 적응력의 배양, 노화와 노인에 대한 이해, 노인의 사회참여, 사회적 통합 등을 안목과 지경을 넓히는 기회가 되었다. 이 과정은 매 강좌마다 강의를 듣기전과 듣고 난 후를 비교하여 자신이 변화된 점을 작성하도록 하는 과제를 주었다. 필자는 이 과정을 통해 제3기 인생에 대한 기초적 이론으로부터 사회적, 문화적, 의학적 분야에 대한 전문적이고 과학적인 지식을 정립하는 기회를 갖게 되었다. 특히 2010년 2월 [베이비부머 세대들의 삶과 노후준비] 특강은 필자의 인생설계 프레임을 잡는 계기가 되었다. 결론적으로 말하자면 제3기의 인생은 · 건강 지키면서 나이 탓, 남의 탓 하지 않고, 사회에서 필요로 하는 봉사활동에 참여하며 살아가야할 것이다.

| 장수과학최고지도자 과정 입학식 사진

노년을 다시 생각해보기

로마시대의 키케로(Cicero)는 그의 나이 62세에 쓴"노년에 관하여"라는 저서에서 노년이 불행하게 보이는 네 가지 이유를 노년은 일을 할 수 없게 하고, 몸을 약하게 하고, 거의 모든 쾌락을 앗아가 버리고, 그리고 죽음으로부터 멀지 않은 것으로 보이기 때문이라고 항변한다. 하지만 키케로는 곧바로 다음과 같이 노년이 불행하게 보이는 네 가지 이유에 덧 붙여, 역설적으로 노년의 삶이 결코 불행하지 않다고 말한다.

첫째는 노년에는 일을 할 수 없게 한다는 점에 대하여 젊은이들이 육체의 힘이나 재빠름이나 기민함으로 하는 일보다 노년에 사려 깊음과 영향력과 판단력으로 하는 일이 더 크고 중요하다고 말한다.

둘째는 노년에는 몸을 약하게 한다는 점에 대하여 노년은 힘을 필요로 하지 않다고 말한다. 왜냐하면 노년은 체력 없이 이행될 수 없는 의무로부터 면제되어, 할 수 없는 것은 요청받지 않을 뿐만 아니라 할 수 있는 것조차도 하기를 요구받지 않는다고 말한다.

셋째는 노년에는 거의 모든 쾌락을 앗아간다는 점에 대하여 노년에는 또 다른 무기인 덕을 갖추도록 돕는다고 말한다. 오히려 쾌락은 심사숙고를 저해하며 마음의 눈을 무디게 하며 덕과의 관계를 맺지 못하게 하는 장애물일 뿐이라고 말한다.

넷째는 노년은 죽음으로부터 멀지 않다는 점에 대하여 노년은 이미 결승점에 도착한 것이다. 이를 달리 생각해 보면 다시 출발점으로 되돌아온 것과 다르지 않으며, 죽음은 집으로부터 떠나는 것이 아니라 여인숙으로부터 떠나는 것이라고 말한다.

대부분의 학자들은 인생의 중요 기점을 네가지 기준으로 나누는데, 1기 인생부터 4기 인생까지 4단계로 구분한다. 영국의 사회철학자 피터 라스렛(Peter Laslett)은 퇴직 후 건강하게 지내는 시기를 제3기 인생이라고 하였고, 미국의 사회심리학자인 윌리엄 새들러(William Sadler)는 40대 이후의 30년 이상을 제3기 인생이라고 하였다. 우리나라에서는 보통 40대 이후 30-40년 동안의 시기를 제3기 인생이라고 말한다.

또한 정부의 제2차 평생학습진흥종합계획(2008-2012) 상의 성인구분 형태를 보면, 성인입문기(20-24세), 성인전기(25-39세), 생애 제1전환기(40-44세), 성인중기(45-54세), 생애 제2전환기(55-59세), 성인후기(60-60세), 성인완성·정리기(70세 이후)로 일곱 개 시기로 나눈다. 여기에서 필자는 40대부터의 평생학습이 중요하다는 점을 강조한다. 40대는 정부기준으로는 생애 제1전환기이며 공자의 기준으로는 불혹의 나이에 해당된다. 결과적으로 40대 이 후 제3기인생의 설계의 필요성과 迷惑을 學習해야 하는 중요한 시기이기 때문이다.

우리는 단수인생 시대에서 태어나 복수인생 시대를 살아가고 있다. 가정에서 자라면서 배우고 준비하는데 첫 번째 30년, 직장에서 일하면서 돈 벌어 자식 가르치는데 두 번째 30년이다. 그리고 나머지 인생은 자투리로 여기는 여생이었다. 그런데 두 번째 30년을 보내면서부터 익숙한 말이 있다. 직장에서 물러나야할 시기에 대해 사오정, 오륙도라는 말이 등장한 지도 오래다. 사오정이란 45세가 되어서 이제 직장에서 나갈 때가 되었으니 준비하라고 경고했고, 오륙도란 56세까지 자리를 지키는 일은 강심장이 아니면 어려운 세상이다. 이제 우리가 생각을 바꾸자. 그리고 바른 생각을 가져야 한다. 세 번째 30년의 인생, 즉 제3기 인생은 인생의 자투리가 아니라 본격적으로 시작되는 내 인생의 중요한 부분이기 때문이다.

신재홍 사례 · 제3기 인생의 설계

장수과학최고지도자과정과 제3기 인생대학에서 배운 과학적 장수지식을 기초로 하여 필자는 제3기 인생 설계를 마치고, 이제 그 실천을 준비하고 있다. 필자는 3기인생 설계에 앞서 MBTI 검사와 SWOT 검사를 실시하였다. 두 검사에서 나타난 결과는 필자의 적성과 방향성을 잘 안내해주었다. 필자의 경험에 비추어 볼 때 이 두 종류의 검사는 중 · 노년기 제3기 인생을 준비하는 분들에게는 필요하다고 본다. 또한, IQ검사의 문제점과 한계를 인식하고 Gardner가 제시한 8가지의 다중지능을 이해하는 것이 필요하다.

이를 종합해보면 IQ검사와 EQ검사 외에도 다중지능에 대한 이해가 중요하고, MBTI 검사와 SWOT 검사 결과를 각자의 제3기 인생 설계에 반영하는 것이 바람직하다. 아래는 이러한 결과를 토대로 작성한 필자의 제3기 인생의 설계도이다.

퇴직 전 10년 준비계획(2003-2012년)

첫째 - 박사학위에 도전한다.

둘째 - 골프를 배운다.

셋째 - 퇴직 후 할 일을 미리 준비한다.

퇴직 후 15년 활동계획(2013-2027년)
VISION

① 오래 사는 것보다 격조 있게 살겠다.

② 평생교육학자로써 성공하겠다.

③ 죽을 때까지 좋은 책 300권을 읽는다.

④ 전국의 명산, 10곳을 3번 이상 오르거나 가본다.

⑤ 신지식 배우기와 문예활동을 평생 즐긴다.

⑥ 친구 10명과 人生事를 共有하고 共感하도록 蜜月을 유지한다.

⑦ 3기 인생기의 탤런트와 열정을 사회에 보답하는 태도를 지닌다.

향도어

① 인생에는 정년이 없다.

② 학습은 지적 호흡이다.

③ 만남은 교육에 선행한다.

④ 오늘 만남은 참으로 유익했다.

⑤ 좋은 것은 위대한 것의 적이다.

⑥ 나 자신에게 철저하게 아부 한다.

⑦ 청춘이란 인생의 한 시기를 말하는 것이 아니라 마음의 상태를 말한다.

【신재홍의 사명서】
나는 용기와 배려를 지닌 셀프리더십을 실천하여
사랑하는 가족과 나를 만나는 모든 이들에게 필요로 하는 사람이 되겠다.

가정에서

① 남편으로써 나는 결혼식 때 서약한 대로 평생 감사하는 마음으로 아내를 사랑하겠다.

② 아빠로써 나는 지현이 기선이를 믿어주며, 사회에서 구체적으로 성공할 수 있도록 도움을 주는 친구 같은 아빠가 되겠다.

③ 아들로써 나는 어머니께서 생존하시는 동안 전화 자주 드리고 어머니 말씀에 보다 귀를 기울이는 태도를 지녀야겠다.

직장에서

① 서울대학교 과장으로써 나는 직원들이 각자의 잠재능력을 발휘할 수 있는 즐거운 직장이 되도록 노력하겠다.

② 문예회장으로써 나는 섬김의 리더십을 통하여, 회원 모두가 각자의 문예적 소질을 충분히 발휘하고, 고품질의 삶을 영위할 수 있도록 돕겠다.

③ 공무원으로써 나는 서울대학교가 높은 학문적 성과와 사회적 책임을 다하여 Noblesse Oblige를 실천하는데 촉매자의 역할을 하겠다.

사회에서

① 나는 친구들과 윈윈하는 방법으로 새로운 인생 패러다임을 창출할 수 있도록 돕겠다.

② 나를 아는 사람들이 나에게 갖는 기대와 신뢰에 부응할 뿐만 아니라 그간의 歷程에 손상되지 않는 자세와 품위를 유지하도록 노력하겠다.

③ 나는 지금까지 사회로부터 받았던 혜택을 보답하기 위해서 나의 제3기 인생에서의 시간과 돈과 능력을 사회에 보답하는 태도를 견지한다.

평생교육학자로서

① 나는 성인학습(Lifelong Learning)을 전공한 학자로서 한국 성인들이 40대 이후의 30-40년을 당당하게 맞게 할 수 있도록 안내자의 역할에 솔선수범 하겠다.

② 나는 한국사회가 반드시 극복해야 할 저출산, 고령화, 다문화라는 범국가적 과제를 교육정책과 연계하여 근원적으로 해결하는데 일조하겠다.

③ 나는 한국의 성인들이 신지식 배우기를 즐기며 그들의 삶의 현장에 장수문화와 장수과학이 접목될 수 있도록 하여 한국사회의 평생학습사회 실현에 앞장서겠다.

분야별		50대	60대	70대	80대	90대
활동분야	잘 할 수 있는 일, 즐길 수 있는 일, 사회가 필요로 하는 일	공직수행 성인학습	성인학습 신노인활동	신노인활동	문예활동	회고록
운동	몸과 마음	테니스, 골프, 헬스	골프, 헬스, 수영	골프, 헬스, 산행	헬스, 산행	산책
친구	좋은 친구 많이	강세창 000 000	강세창 000 000	강세창 000 000	강세창 000 000	강세창 000 000
모임	이제는 총무	평박회, 문예회, 골프회	000 000	000 000	000 000	000 000

제3기 인생의 성공모토 - 삼성사계명(三成四誡命)

사람들은 노년이 생각보다 빠르게 또 슬그머니 온다고 생각한다. 나이 들어간다는 아쉬움 때문에 청소년기에 비하여 노년기는 시간의 흐름이 화살처럼 더욱 빠르게 느껴진다. 노년에 대한 아쉬움에 대해, 80살을 사는 사람에게 800살까지 살게 한다면 과연 이러한 아쉬움이 없을까? 60살을 살았던 선배들보다 100살을 살게 된 우리는 아쉬움이 없을까? 라는 물음에 대한 대답을 찾고자 한다.

장수학습 수업시간에 박상철교수의 장수집짓기모델(Park's Temple Model of Longevity) 강의를 들었다. 당시 노화와 장수를 어떻게 이해하여야 할지 고민스러웠다. 수많은 장수요인들 간의 상호작용을 설명하기도 이해하기도 쉽지 않았다. 하지만 장수의 집을 지을 때 기초를 견고하게 다지고, 흔들리지 않도록 건실한 기둥을 세우고, 그 기둥위에 흠집이 없는 지붕을 덮으면 집이 완성된다. 장수의 집을 지울 때는 무엇보다도 기초와 기둥과 지붕이라는 장수요인들 간에 균형이 중요하다 것을 알았다. 그리고 이러한 장수집짓기 모델은 필자의 제3기 인생 설계에 영향을 주었다.

이제 현실로 다가온 장수 사회를 맞이하며 중·노년기의 인생을 성공적으로 살아가기 위해 개인의 노력으로 변화를 줄 수 있는 장수 변동인자 네 가지를 연계하여 3기인생의 성공을 위한 4가지 계명, 삼성사계명을 제안한다.

장수집짓기 모델	성인학습 이론	삼성사계명	비고
참여(Participation)	전환학습 – mind	나잇값을 잊어라.	정신적 요인
관계(Relation)	영성학습 – sprit	전두엽을 놀리지 마라.	
건강(Exercise)	신체학습 – body	혈관을 넓혀라.	신체적 요인
영양(Nutrition)	전인성의 기초	음식은 검박하게 먹어라.	

〈중·노년기 성인학습 실천을 위한 삼성사계명〉

첫째, 혈관을 넓혀라(expand your vessels). 이는 장수집짓기모델 중 운동(Exercise)에 해당된다. 운동의 중요성과 운동을 통한 장수효과를 강조하기 위함이다. 건강을 잃으면 모든 것을 다 잃게 된다. 건강에는 신체적인 건강(body)과 심리적인 건강(mind)이 있다. 신체적 건강은 논과 밭에 나가 일하거나 건강을 위해 하는 운동을 말한다. 신체적 운동은 나이에 맞는 운동종목을 선택해서 무리하지 않고 강화해 가는 운동이 필요하다. 노년기에도 축구를 할 수 있고 스키도 탈 수 있다. 하지만 신체조건에 맞는 수영이나 산책, 그리고 골프와 같은 종목을 선택하는 것이 좋다. 마음의 운동은 사람들이 하나가 되어 희노애락(喜怒哀樂)을 함께 나누며, 다른 사람을 이해하고 용서하고 이해하고 안아주는 것이다. 중·노년기의 제3기 인생은 무엇보다 신체운동과 마음운동이 서로 조화를 이루는 것이 중요하다.

둘째, 음식은 儉朴하게 먹어라(eat plainly). 이는 장수집짓기모델 중 영양(Nutrition)에 해당된다. 영양은 건강을 유지하는 에너지이다. 현대는 과다 영양 섭취로 인한 비만이 문제이다. 따라서 검박한 영양 섭취를 통한 장수효과를 강조하기 위함이다. 우리나라가 식량 자급자족을 이룬 것이 불과 30년 정도 지났다. 우리 선조들은 임금님 수라상처럼 상다리가 부러질 정도의 화려한 밥상을 즐기며 살아왔다. 이제 장수집짓기 모델에서의 영양 기둥은 음식을 검박하게 먹는다는 것을 강조하고 있다. 전국을 누비며 좋은 음식만을 골라 먹는 것을 틀렸다는 말은 아니다. 검박(儉朴)하게 먹는다는 의미는 건강장수식품 찾기보다 한국의 장수식품인 된장, 고추장, 청국장과 같은 발효건강식품 등을 섭취하자는 것이다.

셋째, 전두엽을 놀리지 마라(always work with the frontal lobe). 이는 장수집짓기모델 중 관계(Relation)에 해당된다. 관계는 사람들과의 만남으로부터 시작된다. 만남은 인지학습과 영성학습 효과로 나타난다는 점을 강조하기 위함이다. 실존주의 교육철학자 볼보브는 "만남은 교육에 선행한다."는 말을 남겼다. 이는 인간은 사람들과의 만남을 통하여 인간다운 인간이 된다는 점을 강조하는 말이다. 이제 학교 교육만을 중시하는 시대는 지났다. 급변하는 과학과 기술의 발전과 수많은 지식과 정보의 바다에서 배움은 선택이 아니라 생존을 위한 필수이다. 결국 내 인지력이 다할 때까지 만남을 통해 평생낙습(平生樂習)을 강조한다.

넷째, 나잇값을 잊어라(forget your age). 이는 장수집짓기모델 중 참여(Participation)에 해당된다. 참여는 삶에 성취감을 준다는 점에서 특별하다. 집안에서 소일거리를 돕는 것이나 마을에 나가 봉사활동을 한다거나, 독거노인에게 도시락을 제공하는 일이거나 무엇을 하는 지는 중요하지 않다. 사회 참여활동을 통해 삶의 가치 또는 존재 이유를 깨닫는 것이 중요하다. 만약 노년기에 나눔을 통해 얻는 기쁨과 공동생활체에 참여하지 않고 홀로 시간을 보낸다면 오히려, 삶에 대한 진정한 의미를 상실하게 될 수 있다. 특히 젊은이들과의 대화와 어울림은 삶에 대한 가장 큰 동력이 될 것이다.

중 · 노년기 제3기 인생을 성공적으로 살아가기 위해서는 3기 인생에 대한 설계가 필요하고 그 준비가 중요하다. 그리고 그 계획에 따라 살아야 한다. 이를 위하여 장수과학최고지도자과정이나 제3기 인생대학과 같은 과학적 장수학습이 필요하다. 그리고 내면의 잠재성 측정도구인 MBTI 나 외면의 경쟁성 측정도구인 SWOT와 같은 검사도 도움이 된다. 이제 제3기 인생의 설계와 그 실천이 중요하다는 점을 강조하면서, 다음과 같은 두 가지 질문과 답변을 구한다.

작가들은 말한다. 하루 중에서 가장 아름다운 시간이 해뜨기 전의 여명과 해지기 전의 황혼이라고 한다. 지금까지 우리의 1기 인생이 무엇이 되기 위해서 살았다면, 2기 인생은 어떤 것을 갖기 위해서 급행열차에 몸을 싣고 숨가쁘게 살아 왔다고 말할 수 있다. 이제 제3기 인생은 내가 어떤 사람이 되고 무엇을 갖기 위한 의무적인 일이 아니라, 내가 가진 탤런트와 열정과 가치 있는 일을 찾아 스스로 하고 싶은 일을 하면서 살아갈 시간이다. 3기 인생은 60년 동안의 고된 세상살이 끝에 얻어진 값진 휴식이자 자신의 인생을 의미 있게 정리할 수 있는 시간이기도 하다.

누구에게나 제3기 인생은 찾아온다. 미래는 준비된 자의 것이다. 준비된 노후는 축복이다. 그리고 노후는 이제 더 이상 예전세대들이 여겨왔던 것처럼 짜투리 시간, 여분의 시간, 덤으로 주어진 시간이 아니다. 우리들은 앞선 세대들보다 상대적으로 많은 노후의 시간을 보내야하기에 전성기와 다를 바 없는 인생의 중요기점으로 이를 받아들여야 옳다.

제3기 인생을 준비하라. 장수학습을 통해 학습본능을 깨워라. 그리고 장수학습을 통해 배움을 얻어라. 그로 인해 얻은 지식과 경험들은 당신의 노후를 보다 완벽하게 만들고, 총체적으로 보다 완전한 삶을 완성시킬 수 있도록 도울 것이다. 이제 의존하지도 희생하지도 않고 스스로 유쾌하게 살아가는 성공적인 제3기 인생이 우리를 찾을 것이다.

전 종 현

내 성격만 제대로 알아도 인생이 바뀐다

약   력 | (주)비전홀딩스의 교수실장 겸 이사
(사)성공자치연구소의 전임교수
성결대학교의 외래교수
한양대학교 교육대학원 졸업(교육학석사, HRD전공)
숭실대학교 대학원 수료(평생교육학 박사과정)
교육상장기업 (주)에듀박스 교육컨텐츠사업부장(이사)역임
이 메 일 | jeon8091@naver.com, Jeon8091@hanmail.net
휴 대 폰 | 010 · 3706 · 0929
프 로 필 | http://jeon8091.linknow.kr

21C심리학이 뜨는 이유

가히 열풍이라고 불러야 할 것 같다. '심리학' 말이다. 수년 동안 이어져온 심리학과의 대학입학 수시 경쟁률 광풍 현상이 2011년에도 예외 없이 이어져 각 주요 대학의 심리학과 경쟁률은 전체 학과 중 대부분 TOP5 안에 들어가는 수준으로 마감되었다. 서울의 주요 대학 심리학과는 전통적 강세학과였던 경영학과(부)의 경쟁률을 넘어선지 이미 오래고, K대의 경우 의예과에 이어 96대1의 경쟁률로 2등을 했다. 어디 그 뿐일까. 직장인들의 자기계발 욕구가 한데 모여 열정적으로 학업을 불태우고 있는 사이버 대학의 경우에도 최고 인기학과는 사회복지학과, 부동산학과, 평생교육학과 등과 함께 최고의 경쟁률을 자랑하는 상담심리학과다. 또한 서점의 주요 베스트셀러 코너에는 해마다 심리관련 서적들이 꾸준하게 상위권을 지켜오는 것을 볼 수 있기도 하다.

왜 이런 일이 생기는 것일까? 어디 갑자기 소위 말하는 돈벌이가 되는 심리 관련 직업군이라도 생겨났다는 말일까? 내가 대학에 입학하던 20여 년 전 당시만 해도 심리학과는 재미있는 별명이 있었다. 바로 '백수 5분 대기조' 라는 별명이다. 아무리 명문대 심리학과를 졸업해도 바로 실업자가 되기 딱 알맞다는 말이다. 심리학과에 진학했다고 하면 무슨 점이나 쳐보고 운세나 보는 학과로 알고 있는 사람도 있었으니 격세지감이 어찌 이보다 더할까 싶다.

왕조시대가 일제에 의해 강제로 막을 내린 이후 36년간의 일제치하와 한국전쟁 등 한국사회가 걸어온 길은 정말 드라마틱하다 못해 극적이기도 한데 이러한 엄청난 변화를 단기간에 겪어온 기성세대야말로 단기간

에 먹고 살기에 급급했던 시기인 1950년대에서 1970년대를 통해 의식주의 중요성을 뼈저리게 느끼고 살았던 세대였다. 이제 밥 굶던 시대에서 벗어나 세계 무역량 순위 10위권의 경제대국으로 성장해 가고 있는 시점에서 이러한 물질적 풍요는 세대간 갈등과 문화격차 및 정신적 빈곤까지 가져오고 있고 OECD국가 중 자살률 최상위권에 오르는 불명예까지 안게 되었으니 자연스럽게 이젠 겉으로 드러나는 문제가 아닌 스스로의 내면을 돌이켜보게 되고 내 자신을 되돌아보고 싶어 하는 현상이 나오는 것은 어찌 보면 지극히 자연스러운 현상이라 할 수 있겠다. 또한 급 성장기를 겪으면 그동안 잊고 살았던 자신에 대한 내면과 가족 간 갈등, 조직 내 갈등, 사회 갈등 등 표출되는 온갖 갈등 속에서 서로에 대한 마음을 읽고 싶어 하는 욕구 등이 반영된 결과라 하겠다. 다시 말해 심리학에 열광하는 현대인의 모습은 바로 현대를 살아가는 우리의 모습이자 흐름인 셈이다.

심리학이라는 것은 자신의 내면 즉, 인간의 내면을 들여다 볼 수 있도록 도와주거나 인간관계를 원활히 하고 직장생활과 사회생활, 가정생활을 원만하게 잘 할 수 있는 지침을 제공해주는 멋진 학문이다. 심리학의 가장 큰 목표는 인간의 본성을 파악하고 이해하는 것인데 여기서는 '왜(why)'를 다룬다. 겉으로 드러난 인간 행동에만 관심을 갖기보다는 행동의 이면에 숨겨진 동기를 밝혀내고자 노력하고 현상에 대한 피상적인 지식에서 한걸음 더 나아가 그 원인을 심도 있게 탐구하는 학문이다.

어쨌든 이렇게 자기 자신의 내면에 대한 관심이 점점 커져나가고 있는 것은 자연스럽고 좋은 현상이다. 다만 과유불급(過猶不及)이라고 했으니 지나치지 않도록 하는 것이 모두에게 유익할 것이다. 또한 심리검사나 심리결과에 대해 지나치게 맹신하거나 그에 빠져 사는 것 또한 위험한 일임을 다시 한 번 밝혀둔다.

대인관계의 중요성과 성격

성공한 사람들의 성공요인을 알아보면 85%가 사람사이의 관계 즉, 대인관계였다는 내용들이 밝혀졌다. 수많은 성공에 관련된 책과 칼럼과 강연에서 사람 사이의 관계인 대인관계의 중요성이 언급되고 있다는 것은 그만큼 우리가 살아가는데 있어 대인관계가 얼마나 중요한지 증명하는 단적인 예라 볼 수 있다.

필자도 고교(신일고)를 졸업한 이후 군 복무, 직장생활까지의 25년여를 회상해보면 고비마다 '대인관계를 조금만 더 신경 쓰고 잘했으면 그 결과가 많이 달라졌을 텐데'라고 여겨질 만한 경우가 꽤 있었다. 내가 소극적이어서 또는 내가 상대방에 대한 이해를 잘 못해서 좋은 사람을 놓친 경우도 많이 있었고, 나의 부족함으로 상대방의 지혜를 무시해 좋은 기회를 살리지 못한 경우도 있었다.

특히, 직장생활 중에 대인관계의 중요성을 느낄 때가 많았다. 내가 낮은 직급일 때도 그랬지만, 내가 상사가 되어 부하직원을 평가하게 되었을 때 대인관계의 중요성을 느꼈다. 아무리 객관적인 지표로 만들어진 정량식의 인사고과라 하였지만 결국 평가 및 판단할 때는 머릿속에 그와의 대인관계가 머릿속에 그려지는 게 현실이었다. 승진 대상자를 선택할 때에도 일이 중요하지만 모두의 화합이 더 중요하기 때문에 대인관계가 원만한 사람이 첫 손에 꼽히게 되었다. 팀 내에서 아무리 일 잘하는 직원이라 하더라도 동료 간 불편한 언어와 행동으로 대인관계가 원만하지 않은 직원은 퇴출대상으로 먼저 선정할 수밖에 없었다. 새로 입사한 임원과 금방 가까워져 허물없이 지내는 직원들을 보면 그렇게 부러울 수가 없었다. 수많은 주변 인맥을 동원하여 어려운 일을 술술 풀어가는 동료와 상사들을 보면서 나의 한심한 대인관계를 탓하기도 했다.

어찌 직장 내에서 뿐이랴. 성공한 사람들의 자서전과 일대기를 꼼꼼히 읽어보면 결코 사업은 혼자서 성공할 수 없는 것임을 느끼게 된다. 멘토와의 관계라든지 주변 사람들과의 관계라든지 하는 모든 대인관계가 원만했던 사람이 결국은 최후의 승자가 되는 것을 똑똑히 보면서 대인관계는 성공의 가장 큰 척도임을 깨닫게 된다.

역사를 움직이는 인물이나 훌륭한 사람들 주변에는 늘 사람들이 북적

였다는 사실을 알 수 있다. 역사적으로 훌륭한 군왕들은 주변에 훌륭한 신하가 많았을 뿐만 아니라 그런 신하를 잘 발굴하고 대우하며 육성했다. 폭군일수록 신하들은 말을 듣지 않았고 자기 방식대로 세상을 판단하고 살았고 비참한 말로를 맞이했다.

사람은 사회적 동물(Social Animal)이다. 혼자선 결코 성공할 수 없다. 그것은 진리다. 나 자신도 그러한 점을 익히 알고 직장생활을 했다. 하지만 그것은 말뿐이었지 실제 행동으로 옮기는 것은 쉽지 않았다. 이유가 있었다. 그건 바로 성격에 관련된 문제였다.

필자는 어렸을 적부터 심하게 내성적인 성격으로 인해 '쟤는 저래서 사회생활이나 제대로 할 수 있을까' 식의 얘기를 듣고 자랐고, 여타 성격이 내성적인 아이들과 마찬가지로 '사회성 부족' 이라는 말을 생활기록표에 꼬리표처럼 달고 다녔기에 내향형 사람들은 왜 이렇게 취급받아야 하는지 항상 의문을 가졌다. 사회생활 역시 마찬가지였다. 한번은 직장생활 중에 사내 행사를 하게 되었는데 한 부하직원은 아래 직급임에도 불구하고 앞에 나서서 한 마디만 해도 청중을 압도하고 분위기를 휘어잡는데, 내가 나서면 오히려 분위기가 식어버리는 일이 많았으니 얼마나 자책감이 들고 속상했는지 이루 말할 수 없을 지경이었다. 또한 그렇게 외향적 성격으로 적극적으로 행동하는 사람 주변에는 늘 사람이 따랐고 좋아하는 사람도 많았다. 말도 재미있게 잘 하고 주변을 밝게 만들어버리는 그 마력의 정체에 대해 속만 태우는 일도 많았다. 일단 대인관계를 위해서는 적극적인 행동과 표현을 해야 하는데 소극적인 성격으로 인해 그 자체가 중요한 것을 알면서도 막상 행동하기가 쉽지 않았기 때문이었다. 그러나 이러한 고민을 터놓고 의논해봤자 돌아오는 것은 그들처럼 행동하라는 것 외에는 딱히 처방이 없어, 내 몸에 맞는 옷인지도 모른 채 단지 잘 하는 선배의 모습을 무조건 따라하는 방식으로 애를 썼다.

　시중에 나와 있는 수많은 대인관계 및 인간관계에 관한 개선책과 방법들은 모두 훌륭했지만 특히나 나 같은 내향적인 사람이 할 수 있는 방법 자체가 별로 없었다. 다 좋은 얘기, 훌륭한 말씀들 뿐이었다. 많이 지쳐갈 무렵 올바른 방향을 잘 잡게 되는 계기가 생기는데 그게 바로 내 자신의 성격을 제대로 알게 되면서부터였다. 누구나 자신의 성격을 알고 있는가? 맞다. 알고 있다. 하지만 '제대로 알고 있나' 묻고 싶다. 많은 기업체를 다니면서 성격에 대한 내용으로 강의를 하다보면 의외로 많은 사람이 자신에 대한 최소한의 정보도 갖고 있지 않다는 점과 무지함에 놀라게 된다. 요즘이야 내가 학교 다니던 시절과 달리 최근엔 중고교 시절이나 대학에 입학하면 취업을 위한 성격과 직업 적합도 및 적성검사를 많이 해주는 것을 보고 정말 격세지감을 느끼게 되는데 하지만 지금도 정보는 많아지고 자료는 홍수처럼 쏟아지지만 여전히 해마다 맞는 태풍 속에서도 대처법을 잘 모르듯이 이해가 부족한 것이 사실이다.

내 성격과 행동에 대한 제대로 된 진단은 나의 행동반경을 예측하게 해주었고, 그동안 내 방식대로의 소극적 삶 때문에 상처받거나 오해받게 만들었던 일들에 대한 깨달음을 안겨 주었다. 그 깨달음을 통해 얻어진 하나하나, 나만의 방법이 대인관계를 쉽게 풀어가는 큰 지침이 되었으니 내 성격과 행동에 대한 올바른 이해야말로 우리 자신의 생존과 직결된 문제라고 여기지 않을 수 있겠는가.

자, 지금부터는 바로 이렇게 우리의 대인관계와 성공에 영향을 엄청나게 미치는 성격에 대해 잠깐 살펴보고 우리가 성공의 길로 가기 위해 성격을 제대로 안다는 것이 얼마나 중요한지 그로 인해 인생까지도 바꿀 수 있다는 점을 필자의 경험을 통해 하나하나 설명하고자 한다.

성격이란 무엇일까?

참 고약하고 곤란한 질문이다. 성장기 내 자신에게 묻고 또 물었던 질문이기 때문이다. 앞에서 언급했듯 나의 지독한 내향적 성격으로 인해 어렸을 적 부모님을 원망도 많이 했다. 아니 하나님까지 원망한 적이 있었다. 하지만 사회생활과 심리와 성격에 대한 공부를 통해 깨닫게 된 것은 우리는 모두 '다르다(different)'라는 것이고 다르다는 '틀리다(Wrong)'가 아니라 다르기 때문에 모두 소중하고 아름답다는 것이었다. 이렇게 짧은 문장으로 표현했지만 막상 이것을 이해하고 내 몸으로 체득화하기 까지는 정말 많은 힘든 시간을 보내야 했다.

해마다 늘어나는 이혼율을 보면서 유독 이혼사유가 '성격차이'라는 말에 주목을 하게 된다. 결혼 전에는 죽고 못 살 정도로 좋아하던 사람들이 왜 성격차이를 언급하는지 궁금했다. 수많은 책과 강사들의 강연에서 남녀 간의 차이와 호르몬 분비 등에 대해 설명하지만 이것만으로는 해결되지 않는 의문점이 많은 게 현실이다. 역설적으로 말해 성격차이를 미리 알고 사귄다면 이혼을 막을 수 있다는 말인가 라는 의문도 들었다. 즉, 성격에 대해 우리 모두가 제대로만 알고 있다면 이혼도 막고 행복한 결혼생활과 자녀양육, 사회생활, 직장생활도 할 수 있다는 말이 된다. 결국 성격을 안다는 것은 우리의 생존과 관련된 문제다. 그런데도 왜 우리는 학창시절 내 성격에 대해 한마디도 조언해주는 사람이 없었고, 오직 외향적인 사람의 모습만 따라하도록 요구 받았을까. 외향적인 사람에게는 내향적인 사람의 장점만을 부각시켜 따라하도록 요구했을까. 우리 사회가 그만큼 이러한 사람의 내면에 대한 생각까지 할 정도로 여유가 없었던 사회였다는 방증이기도 하거니와 이제라도 제대로 된 성격에 대한 이해가 되어야 한다는 필연성도 느끼게 된다. 왜? 지금까지 살아온 것보다 살아갈 나이가 더 많은 2011년 현재 대한민국 남녀 평균수명 80세 시기를 살고 있기 때문이다.

성격이란 무엇일까? 성격심리학에서는 성격의 구성요소를 크게 네 가지로 들고 있다. '특질성격', '인지성격', '동기', '정서'다. 특질성격이란 사람이 아주 두드러지게 겉으로 보이는 행동을 말하는데 우리가 흔히 대화를 나누면서 특정한 사람의 성격을 언급할 때 말하는 용어다. 여기에는 또 다섯 가지 특질요인이 있는데 많이 들어서 알고 있는 '외향성'

이나 '신경증적 성향', '개방성', '우호성', '성실성' 등의 다섯 가지를 말한다. 사람은 누구나 이 다섯 가지 요소를 갖고 있는데 정도의 차이가 외부로 보이는 특질성격을 나타낸다고 한다. 그러면 이러한 성격적 특질은 어디서 올까? 바로 부모로부터 유전되거나 환경으로부터 영향을 받는다. 그러면 또 부모로부터는 얼마나 성격을 물려받을까? Pervin 같은 학자는 2005년에 '성격의 과학(The Science of Personality)'이라는 저서에서 약 40%로 규정하고 있는데 다른 학자들도 이렇게 부모로부터의 유전적 성격요인을 약40~50% 전후로 보고 있다. 결국 우리도 내 자식의 성격적 문제를 함부로 지적할 수 없는 원죄(?)를 안고 있다. 또한 중요한 것은 우리의 성격은 환경적 영향을 받는 다는 사실이다. 맹모삼천지교(孟母三遷之敎)나 '세 살적 버릇 여든까지 간다'는 옛 속담은 정말 진리 중에 진리라 할 수 있다. 일란성 쌍둥이도 성격이 다른 것은 그만큼 우리의 성격이 환경에 많은 영향을 받는다는 것을 의미한다.

인지성격은 후천적 요인을 말하는데 외부 환경요인이 크게 작용하는 부분이다. 즉, 후천적으로 학습하거나 습득한 자기효능감, 통제감, 신념, 태도 등을 말하는 것이다. 이 때문에 성격은 평생토록 바뀐다고 보고 사회심리발달 8단계를 주창한 에릭슨(Erickson) 같은 학자도 있고, 우리가 잘 아는 심리학자 프로이드(Freud)는 성격발달이 5살이면 완성되고 그 이후에는 크게 변하지 않는다고 보았다. 하지만 대체로 어린 시절 성격발달이 거의 완성되고 성년이 되면 특별한 계기가 아니면 거의 변하지 않는다고 보는 것이 타당하다. 더구나 유전적 성격적 특질은 죽을 때까지 거의 변하지 않는다. 이외에도 동기와 정서적 성격요인도 있다.

어쨌거나 각자가 다르게 갖고 태어난 성격이라는 것은 바꾸기도 어렵고 한번 형성된 것을 바꾸려고 노력하는 것은 거의 무모한 일에 가깝다. 그럼에도 불구하고 '성격개조 1주일 완성'의 강좌가 버젓이 지하철 역사에 걸려 있고, '성격을 바꿔야 성공 한다'류 의 책이 나오고 팔리는 것을 보면 그만큼 성격적인 부분이 얼마나 우리가 성공으로 가는 길에 있어 핵심적인 요소인가를 단적으로 증명하는 것이 아닐까 생각해 본다. 그러한 의미에서 부부간 이혼사유에 으뜸으로 등장하는 '성격차이'라는 것은 도대체 무엇을 말할까. 19금 유머로 말하는 '성기의 규격차이' 약자일까? 이훈구 교수(연세대 심리학과)는 부부의 이혼사유에 단골로 등장하는 성격차이의 정의를 특질적 성격차이도 아닌 대부분 '인지적 성격차이'로 설명한다. 즉, 후천적으로 형성된 사회적 태도인 '인생관'과 '가치관' 차이가 가장 큰 원인이 된다는 것이다. 자신이 살면서 가장 중요하게 여기는 가치와 태도에 대한 시야가 가장 큰 갈등을 불러 일으키는 것이다. 이러한 인지적 성격차이에 의한 갈등은 극복하기도 쉽지 않기 때문에 갈등해소가 쉽지 않은 이유이기도 하다. 내가 성격 및 행동유형 진단도구인 디스크(DISC)로 부부 워크숍을 진행해보면 특질적 성격차이는 금방 드러나고 서로를 향한 이해도가 금방 높아져 갈등을 상당수 줄일 수 있게 된다. 하지만 인지적 성격차이를 드러내면 이는 극복이 쉽지 않은 상태가 된다. 그나마 우리는 특질적 성격차이도 제대로 모른 채 살고 있는 경우가 얼마나 많은가. 이것만 이해하고 좁혀도 가정은 행복해진다. 직장에서도 마찬가지다.

나의 타고난 특질적 성격은 바뀌지 않는다. 바꾸려고 노력해봤자 헛수고에 불과하다. 다만, 인간은 선택할 수 있는 능력을 부여받았으니 내가 외향적인 모습을 보여야 할 곳에서는 의도적으로 그렇게 노력하고, 내향적인 사람이라면 내향적인 모습 속에서 내가 잘 할 수 있는 강점을 잘 찾아야 한다. 그게 각 유형별로 성공하는 방법이다.

주도적인 성격의 이명박 대통령이 만일 DISC 유형의 D형(주도형) 기업문화가 발달한 '현대'를 선택하지 않았다면 과연 지금 성공의 가도로 달릴 수 있었을까 하는 의문을 가져봐야 한다. 만일 내향적이면서도 치밀한 DISC유형의 C형(신중형)문화를 가진 '삼성'을 선택했다면 그렇게 성공할 수 있었을지 생각해 보아야 한다. 결국 내 성격을 제대로 안다는 것은 직장선택과 인생의 문제에 있어 매우 중요한 문제이다. 내 성격과 궁합이 잘 맞는 직장과 직업 선택. 그것은 성공으로 가는 가장 기본이라고 본다. CEO들도 마찬가지다. 자신의 성격 및 행동유형과 맞지 않는 전혀 반대의 기업을 M&A를 통해 인수했을 때 인수 후 수년 동안 사업이 아닌 내부문제로 고통을 겪는 CEO들을 여럿 보아왔다.

심리검사의 종류와 해석

한국 사람만큼 진단을 좋아하는 민족이 있을까? 그만큼 인터넷과 오프라인에 다양하고 갖가지 진단지가 난무하고 연예인들도 혈액형 해석을 놓고 각종 예능프로그램에서 수다거리로 삼는다. 자신을 잘 드러내지 않는 것을 미덕으로 삼았던 유교국가 조선을 이은 대한민국에서 마치 가면을 쓰고 자신을 감춘 채 타인만 알고 싶어하는 관음증에 취한 상황이 작금의 현실이다. 심리진단은 양날의 칼과 같다. 사실 심리학에서는 진단 자체를 별로 좋아하지 않고 금기시하기까지 한다. 그 이유는 첫째, 사람에게는 모든 유형에 해당하는 모습이 그 양에 따라 백이면 백 다양하게 존재하는데 유형이라는 작은 틀에 그 사람을 고정시켜 버릴 수 있다는 위험성이 있는 것이고 이를 믿고 자신을 그 틀에 고정시켜 버리는 우를 범할 수 있기 때문이다. 둘째로 자신을 특정 유형에 가둬두고 자신의 행동에 정당성을 부여해버릴 수도 있다는 점이다. 특정한 행동을 하고는 '난 그 유형이라 원래 그래', '이제 알았어? 난 원래 그런 성격이라니까' 식으로 자기 합리화를 할 수 있다는 위험성이 있다. 이는 그 사람의 미래를 위해서도 위험한 일이다. 셋째로는 타인을 바라볼 때 유형의 틀에 가둬서 그 사람의 내면에 깊이 잠재된 가능성과 영향력은 보지 않고 단순히 그 틀로만 그 사람을 판단하고 제단 해 버릴 수 있다는 점이다. 이는 대인관계의 측면에서 매우 위험한 일로 무한한 가능성을 지닌 인간성을 말살하는 간접살인과 같다고 본다. 특히 혈액형으로 사람의 성격을 판단하는 일은 매우 위험한 일로 재미로 해보면 모를까 이를 절대적으로 신뢰하면 안 된다.

현재 많은 교육현장과 직장에서 활용되고 있는 성격 및 행동유형 검사는 MBTI(Myers Briggs Type Indicator), Enneagram(에니어그램), Egogram, DISC 등이 가장 대표적으로 활용되고 있다. 병원 및 심리검사 연구소 등에서 많이 쓰이는 MMPI 검사도 있다. 이외에도 최근엔 Brain Color 라는 것도 있는 등 갈수록 다양한 도구가 쏟아져 나오고 있으니 가히 성격검사 도구의 홍수시대라 하겠다. 나는 위에서 언급한 다양한 진단도구를 직접 사용해 보았고 특히 DISC(디스크) 도구는 2004년 이래 기업교육과 사회교육 현장에서 다양한 계층에 접목하면서 교육에 활용하고 있다.

디스크(DISC)라는 이론을 만들어낸 사람은 1928년 'The Emotions Of

Normal People' (인간의 감정) 이라는 책을 통해 DISC 이론을 발표한 미국의 심리학자인 William Moulton Marston(1893-1947)박사였다.

세계적인 히트작인 원더우먼 만화의 원작자이기도 하고, 거짓말 탐지기(lie detector)까지 개발한 괴짜 학자였다. 난 이 유형론을 2003년도에 처음 접한 후, 2004년부터 본격적인 공부를 시작하고 석사학위 논문도 이 도구를 활용했다. DISC란 사람의 성향을 네 가지로 분류한 것이다.

D는 dominant 적극적이고 지배적인 성향의 사람, I는 inductive 적극적이면서 친화적인 성향의 사람, S는 steady 수동적이면서 온화하고 방어적인 성향의 사람, C는 compliant 수동적이면서 정리분석적인 성향의 사람을 의미했다. 지금은 좀 바뀌어서 D는 '주도형' 인 Dominance의 줄임말로, I는 Influence의 줄임말로 쓰이는데 주변 사람들에게 영향을 미치는 '사교형' 으로 표현하고 있다. S도 지금은 Steadiness 즉, '안정형' 으로 쓰고, C는 '신중형' 으로 Conscientiousness 의 줄임말로 사용하고 있다.

가끔 기업교육 담당자들이 DISC(디스크)진단을 활용한 교육을 요청하면서 2시간 또는 3시간으로 해달라고 하는 경우가 종종 있는데 대부분 필자가 시간을 더 늘려달라는 말을 하게 된다. 과연 2~3시간만으로 수십 명의 교육생들에게 흥미위주의 전달 말고 어떻게 자기 내면에 대한 애기를 할 수 있을까 우려한다. 검사에 그치고 단지 흥미위주의 유형설명만 하고 나면 오히려 그들에게 성격유형과 행동유형에 대해 잘못되고 그릇된 인식만 심어줄 가능성이 높아 마음 한구석이 항상 부담으로 남곤 한다. 자신에 대한 내면을 일부 열어보고 강점을 더 키우고 제한점(단점)을 보완하는 방법을 스스로 깨닫게 해야 하는 것이지만, 늘 부족한 시간이 약점으로 작용한다. 인간의 내면을 들여다보는 성격검사를 통해 다양한 교육의 시간을 많이 늘려줄 것을 나름 촉구해본다. 하지만 나쁜 점만이 아닌 아주 훌륭한 효과를 목도한 경우도 많다. 몇 해 전 학원 강사 교육에서는 학원장 한 분이 교육 및 진단을 받은 후 부부갈등에 대해 상담을 요청해와 설명을 해준 적이 있는데 몇 개월 후 다시 다른 차수 교육에서 만났을 때 부부관계가 너무도 좋아졌다며 부부가 함께 찾아와 고마움을 전했던 일이 있어 큰 보람을 느꼈다.

내가 특별히 상담을 해준 것도 아닌데 두 사람의 특질적 성격이 다르다는 전반적인 이해가 갈등을 대폭 줄일 수 있었다는 점에서 이러한 진단 도구를 잘 활용해서 도움을 주어야겠다는 사명감까지 느끼게 되었다. 대학에서 1,2학년 취업전략과 사회진출 과목을 강의할 때는 고교시절까지 항상 스스로에 대해서 헷갈리고 힘들어했던 한 여학생이 자신의 성격적 특질들을 MBTI와 DISC를 통해 발견하곤 자신감을 갖고 더 열심히 학교 생활을 하게 되었다고 메일을 보내왔을 때는 얼마나 기뻤는지 모른다.

중요한 것은 맹신의 위험에 빠지지 않는 것이다. 자신의 강하게 표출되는 부분과 작게 외부로 표출되는 부분을 확인하고 나의 생각과 행동이 타인에게 어떤 영향을 줄 수 있는지 깨닫고 나의 제한점(약점)을 알고 상대방에게 잘 맞춰줄 수 있는 방법이 무엇인지를 깨달아 대인관계에 효과적으로 활용하는 것이다. 또한 내게는 모든 유형이 내 몸 속에 잠재되어 있음을 알고 내 자신 스스로가 그러한 모든 행동을 통제할 수 있다는 자신감을 갖고 생활하는 것이 필요하다.

내 성격을 안다는 것과 이해한다는 것

우리는 수많은 심리검사 도구를 통해 내 성격을 알았다고 한다. 그래서 어떻다는 말인가? 여기에서 그치면 아무 소용이 없다. 이를 통해 내 자신의 약점과 강점을 정확히 알고 행동에 옮길 수 있는 액션플랜이 중요하다. 여기까지 진행되는 것을 이해한다고 할 수 있겠다.

우선 자신의 성격과 행동유형에 대한 검사를 받아보자. 하나만 받지 말고 충분히 검증이 된 도구를 통해 2가지 이상의 검사를 받아보고 그 분야를 잘 아는 전문가에게 반드시 상담이나 해석을 받아보자. 또는 그러한 워크숍에 참여하는 것도 권장한다. 그런 다음 자신의 하루 동안의 모습과 평소 행동에 대해 진지하게 성찰해 보자. 우리의 행동은 내 타고난 성격적 특질이 외부환경과 접촉하면서 편하게 느끼는 부분에 따라 행동을 거듭한 결과로 인한 습관의 산물이라는 점을 새삼 깨닫게 될 것이다. 그러면 자신의 행동이 그동안 내가 살아온 모든 발자취의 결과물이기 때문에 그렇게 행동했다는 것을 인정하게 될 것이다. 내가 왜 그 때 이렇게 행동했는지 이해가 가지 않는가? 부정하면 안 된다. 그것도 나의 모습이다. 여기까지 왔다면 이제 스스로의 제한점(약점)을 보완하고 강점을 살릴 수 있는 액션플랜(Action Plan)을 각 분야별로 만들어본다. 재미있는 것은 이것을 만드는 모습부터 자신의 성격을 철저히 반영한다는 점이다.

나는 MBTI로는 ISTJ, DISC(디스크)로는 SC형(S가 1차유형, C가 2차유형)이었는데 Specialist형이었다. 처음 검사 때는 회사를 기준으로 했더니 회사에서의 내 모습 그대로 CS형 '완벽주의형(Perfectionist)'이 나왔는데 나의 내면은 실제 S형이었다. 이 나온 유형으로 내 행동을 모두 기술하고 스스로 평가해보니 내 평소 모습이 적나라하게 표현할 수 있었고 이를 통해 나의 리더십까지 모두 점검하는 계기가 되었다. 또한 이러한 나의 약점 부분이 상대방에게 어떻게 비춰지고 부정적으로 다가올 수 있을 지를 고려하다보니 자연스럽게 행동지침을 뽑아낼 수 있었다. 그 후부터는 어떤 장소에서 내가 행동해야 할 부분들을 의도적으로 필요시마다 꺼내어 쓸 수 있게 되었고, 효과는 바로 나타났을 뿐만 아니라 대인관계 면에서 엄청난 개선효과를 가져왔다. 내가 직장에서 나와 이렇게 자유롭게 강의와 다양한 활동을 할 수 있게 된 것도 내 자신에 대한 이해가 선행되지 않았다면 절대적으로 불가능했을 일임을 고백한다. 이제는 나의 이러한 경험이 강의와 교육으로 이어져서 삶의 체험으로 콘텐츠로 녹여내는 데 큰 기여를 하고 있다.

이 글을 읽는 분들도 검사를 통해 나오는 결과를 절대적으로 받아들이면 안 된다. 내 자신에 대한 일종의 참고일 뿐이다. 이를 제대로 읽어내고 해석하는 것은 자신의 몫이다. 성격심리에 있어 절대적인 것은 있을 수 없다. 나에게는 무한한 가능성과 잠재성이 있음을 결코 잊어서는 안 된다.

동창회에 가보았는가. 40대가 되면서부터 왜 이렇게 동문회니 동창회니 하는 곳에서 연락이 많이 오는지 모르겠다. 30대까지는 자녀들이 어리고 직장 일에 가정 일에 신경 쓸 일이 많다보니 그리 연락이 별로 없었다. 세계에서 가장 일을 많이 하는 한국인으로서는 다른 곳에 마음을 둘 여유가 없는 것이 사실이지 않은가? 이제 어느 정도 직장에서 자리 잡은 40대가 되니 비로소 자신을 되돌아보고 그 내면의 그리움을 달래고 추억으로 되돌아가보고 싶은 마음이 모여서 그런 것 같다. 한 때 아이러브스쿨을 위시한 온오프라인 동창회가 붐을 이루더니 이제는 인터넷 SNS로 다시 옮겨가고 있는 상황이다. 순수한 마음에서 참석하지만 가끔은 사업의 일환으로 참여하는 얄팍한 친구들도 있다. 그러나 그런 마음 또한 모두 푸근하게 보듬어 포용하고 안아줄 수 있는 것이 동창모임의 매력이 아닐까 싶다. 학교 다닐 때는 별 볼일 없어 보이던 녀석들이 수십 년 만에 만났을 때는 어찌 그리도 변해있는지, 놀랄 때도 있고 그대로인 친구들도 있다. 분명한 것은 현재의 그 모습은 그가 졸업한 이후 살아온 발자취가 모여서 형성된 것이라는 사실이다. 내가 지금 행동하고 생각하고 있는 것이 쌓여서 결국 또 20년 후의 모습이 되지 않을까.

남들이 예상하고 기대한 것만큼 변화하는 것보다는 인생 2모작, 3모작 그 이상도 해야 하는 장수시대에 나머지 2모작부터는 뭔가 내가 더 잘 할 수 있는 내 성격으로 사업이나 일을 해봐야 하지 않겠는가? 내 성격조차 모른 채 언제까지 나에게 맞지 않는 옷을 입고 살아야 하겠는가?

매일 매일 내 성격으로 성공하라

나를 제대로 알고 만나는 사람마다 그 사람의 성향을 읽어내어 그 사람과의 교류에 적절히 반영하려면 많은 사람 공부가 필요하다. 진단과 판단은 그 사람의 아주 극히 일부분이 겉으로 드러난 것만 알게 된 것임을 잊어서는 안 된다. 대인관계에서 성공하기 위해서는 사람 공부가 선행되어야 한다. 그 사람 공부의 첫 출발점이 성격에 대한 행동에 대한 이해이고 이는 내 자신에 대한 공부가 그 가운데서도 선행되어야 한다는 점을 강조한다.

　내 자신에 대한 성격과 행동에 대해 명확히 이해했는가? 그렇다면 이제는 매일매일 남이 아닌 내 성격으로 성공해야 한다. 아침 거울을 보며 다짐한다. 오늘은 어떤 모습으로 고객을 만날까? 단지 의도적인 행동 하나만으로도 남들은 많이 변했다고 호들갑을 떨 것이다. 세상이 변하기를 기대하는 것이 아니라 내가 조금만 변해도 세상은 그에 맞게 호응한다. 내가 세상에 조금 다른 손짓을 했을 뿐인데 세상은 더 큰 파장을 일으켜 응답할 것이다. 이제 그 여파는 내 인생 자체를 뒤흔들게 될 것이다. 성격을 알면 인생이 바뀐다. 성격이 바뀌어야 성공하는 것이 아니라 성격을 알아야 성공한다. 아니 제대로 알아야 인생이 변화하고 결국 성공할 수 있다. 인생은 바꾸는 맛에 산다. 그게 정답이다.

성공을 위한 리허설
Rehersal

남 불

우리네 인생사, 마음먹기 나름이지

약   력 | BBS청주불교방송 앵커
지혜의 빛 자신감 연구소장
고려대 법대졸업
삼성그룹 근무, 中山인성개발원장
충북대 평생교육원 "마인드컨트롤" 전임강사, 서원대 평생교육원 최면지도 교수
조선일보, 중앙일보등 보도다수, KBS,CJB,CBS등 출연
CJB TV 스페셜 강연및 공무원 연수원, 각급학교, 기업체 출강
이 메 일 | nb2001@daum.net   홈페이지 | www.자신감특강.kr
휴 대 폰 | 010·6326·1723

잊지 못할 날

2010년 7월 1일. 나는 이 날을 평생 잊지 못할 것이다.

내게는 효주라고 이름 붙인 늦둥이 딸이 하나 있다. 그날 아침, 그러니까 2010년 7월 1일 무렵의 효주는 세상에 태어난 지 꼭 2년 반쯤 되었다. 아내가 잠시 물건을 사러 밖에 나간 사이, 마루에서 용변을 보고 난 효주가 아빠를 불렀다. 볼일이 끝났으니 뒤처리를 해달라는 거였다. "그래"하고 효주에게 가려던 나는 깜짝 놀라고 말았다. 두 다리가 옴짝달싹도 하지 않는 것이 아닌가. 할 수 없이 두 팔로 엉금엉금 기어가 겨우 효주의 뒤처리를 해주었다.

조금 시간이 지나고서, 병원에 가려고 일어서는데 다시 다리가 굳어버렸다. 그렇게 조금씩 가다 쉬고 가다 쉬고를 반복하면서 겨우 병원에 갔다. 병원에서 침을 맞고 물리치료를 받은 뒤에야 비로소 걷는 일이 조금 수월해졌다. 하지만, 허리와 다리의 통증은 여전했다.

그날은 바로 청주 예술의 전당에서 시장 취임식이 있던 날이었다. 평소 인연이 있던 한범덕 청주시장의 취임식에 꼭 가야만 했다. 개인적으로 꼭 전할 말이 있기도 한 터였다. 아픈 몸을 추슬러 겨우 행사장에 참석했다가 시장님을 잠깐 만날 수 있었다. 악수를 하면서 나는 개인적으로 꼭 전하고 싶었던 한 마디를 토해냈다.

"멋진 시정 부탁드립니다."

그날 나는 잔액이 4만 원뿐인 은행계좌에서 3만 원을 찾았다. 고등학교를 함께 다닌 친구 아버님이 돌아가셔 문상을 가야 했기 때문이었다. 돈을 찾아 막 은행을 나서는데 다시 핸드폰이 신호를 보냈다. 공교롭게도 또 다른 고등학교 동창의 어머님이 돌아가셨다는 문자였다.

할 수 없이 우선 가까운 곳에 있는 장례식장에 먼저 갔다. 그리고 은행에서 찾은 3만 원을 조의금으로 내게 되었다. 문제는 본래 쓰려던 친구 아버님 문상에 낼 돈이 없는 것! 참 난감한 일이었다.

이렇게 저렇게 궁리를 해 보아도 뾰족한 방법이 떠오르지 않았다. 충북대학교 도서관 옆에 있는 연못가에서 한참 생각에 잠겨 있던 나는 번득 스치는 게 있어 친구에게 전화를 걸었다. 어머님 상중이라 고교 친구 아버님 장례식장에 참석을 못한다고 낮에 대신 내어달라며 부조금 5만 원을 맡겼던 친구였다.

"친구야, 거두절미하고 지금 내가 문상을 가려는데 돈이 없다. 그래서 말인데, 네 봉투에 내 이름 좀 같이 쓸까하는데?"

친구가 따뜻하게 말했다.

"그래라."

이것을 궁즉통(窮則通)이라 해야 하나 말아야 하나? 집으로 돌아오는 밤하늘의 별들이 유난히도 반짝이고 있었다. 이래저래 2010년 7월 1일을 잊을 수 없는 날로 기억 속에 저장하게 되었다.

떨어진 문패

얼마간의 시간이 흐른 그 해 8월 중순, 나는 생계로 운영하던 영어교실을 접게 되었다. 6평 규모 남짓한 자그마한 공간에서 아이들을 가르치고 있었는데, 문득 이제 그만 해야겠다는 생각이 들어 정리하게 된 것이다. 이젠 다른 돌파구가 필요했다. 생활정보지에 매물을 내놓았는데 한 달 남짓 전화 한 통 없었다. 머릿속이 사뭇 복잡했다. 학원은 2층에 있었는데 1층과 2층 사이에 조그만 플라스틱 영어교실 문패가 붙어 있었다. 건물을 넘겨주고 그 문패를 떼어서 반으로 뚝 잘라 휴지통에 버리는 모습을 하루에도 몇 번씩 상상했다.

그러던 어느 날 여름휴가를 마치고 사무실에 갔는데 세상에, 영어교실 문패가 바닥에 떨어져 있는 것이 아닌가! 분명히 좋은 징조일 거라는 생각으로 떨어져 있던 영어교실 문패를 다시 붙였다. 그리고 곧이어 걸려온 한 통의 전화! 거의 실시간으로 찾아온 남자 선생님은 첫눈에 맘에 들었는지 바로 계약을 하자고 했다. 나는 계약을 마치고 내려가는 길에 줄곧 상상했던 대로 문패를 떼어 반을 뚝 잘라 휴지통에 넣어버렸다.

우연의 일치인지도 모르겠지만, 필자는 마인드컨트롤을 대학에서 몇 년간 강의한 적이 있었다. 그런저런 경험을 통해 생각의 힘을 믿기에, 그 일 역시 단순한 에피소드로 치부하지만은 않는다.

보고픈 변호사 친구

두 달 가까이 쉬면서 이따금 청주 무심천 자전거 길에서 자전거를 타거나 우암산을 오르내리며 지냈다. 그러나 마음이 편한 것은 아니었다. 여전히 생계 문제가 막중한 걸림돌로 앞에 놓여 있었다. 그날 역시 집에서 쓸 당장 몇 푼이 꼭 필요한 상황이었다.

'어떻게 그 돈을 구한담'

마침 '현대 HCN 충북방송'이란 곳에서 임직원을 대상으로 '신바람 나는 조직'이라는 주제로 동기부여 강의를 진행했던 동영상 CD가 있었다. 체질적으로 그쪽이 맞는지 나는 동기부여 강의를 할 때가 무척이나 신명나곤 했다.

'그래 이거야!'

곧바로 강의 동영상 CD를 여러 장 복사했다. 그리고 산남동 법조 타운으로 갔다. 조금 대책 없는 일이었지만 누구든 이름을 아는 변호사 사무실에 들어가 무작정 팔 계획이었다. 그렇게 눈에 띈 간판은 마침 중학교 친구 사무실이었다. 담배 골초인 친구는 연방 담배를 피우고 있었다.

"너, 행복하니?"

잠시 머뭇대던 친구는 시큰둥하니 대답했다.

"응"

나는 다시 말했다.

"그래도 담배는 좀 줄여라. 몸이 무슨 쇳덩이도 아니고…."

"괜찮아."

친구는 웃으면서 말했다. 사람 좋은 그 친구는 강의 동영상 CD를 20만

원에 선뜻 사주었다. 비록 2,500원짜리 복사본 CD지만 내 형편을 잘 알기에 선심을 베푼 것이다. 지금 이 글을 쓰면서도 어려울 때 도와준 그 친구 얼굴이 떠올라 자꾸 눈물이 난다. 안타깝게도 그것이 그 친구와의 마지막 만남이 된 것이다. 두 달 후, 그 변호사 친구를 다시 만난 곳은 한 종합병원 중환자실이었다. 중학교 친구 하나가 전화를 했다. 그 멀쩡하던 친구가 갑자기 쓰러져 병원에 있다는 거였다. 왠지 불길했다.

그 다음 날 나는 집으로 향하던 발길을 돌려 중환자실을 찾아갔다. 저녁 8시 30분쯤이었는데 면회시간이 끝나 못 들어간다는 걸 꼭 봐야 한다고 밀어붙여 중환자실로 들어갔다.

'아, 이런!'

친구의 얼굴엔 온통 산소호흡기와 기계장치들이 붙어 있었다. 중환자실이니 병실엔 아무도 없었다. 나는 가만히 친구의 부쩍 여윈 손목을 잡았다. 가느다란 맥박이 힘겹게 깔딱이고 있었다. 그뿐이었다. 내가 해줄 수 있는 일이라곤 아무것도 없었다. 기도밖에….

다음 날 새벽 그 친구는 다른 세상으로 떠났다. 평소 스트레스를 많이 받던 친구는 담배를 연신 무는 습관이 있었는데 다발성 뇌출혈로 말미암아 세상을 등진 것이다.

불교방송, 시사 앵커가 되다

그 친구에게 CD를 팔던 날 오후에 BBS 청주 불교방송에 오디션을 보았다. 1주일 수습기간을 가진 뒤에 방송에 투입될 계획이었다. 아침 생방송으로 진행되는 뉴스진행자가 된 것이다. 그런데 오디션을 보고 돌아온 그날 저녁 느닷없이 연락이 왔다. 바로 내일부터 방송해야 할 것 같다는 말이었다. 나는 앞뒤 잴 것도 없이 가능하다고 했다.

2010년 10월1일. 금요일. 오전 8시 30분.

나는 약간 상기된 얼굴로 방송국 스튜디오 마이크 앞에 앉았다. 'Air On'이라는 빨간 불이 선명히 눈에 들어왔다. 나는 내가 직접 쓴 첫 멘트를 신나게 날렸다.

"여러분, 안녕하십니까? '충북저널 967' 이 시간 진행에 남불입니다. 지금까지는 이두영 앵커가 진행해 왔습니다만, 오늘부터는 제가 그 뒤를 잇게 되었습니다. 직분에 충실하라는 저희 은사님의 목소리가 귀에 쟁쟁합니다. 여러분! 세계적인 동기부여가 '노만 빈센트 필' 박사의 메시지를 전해 드릴까 합니다. 바쁜 일손 잠시 멈추시고 저와 함께 해 주시죠. '나에게 힘이 되는 일이라면 나는 뭐든지 할 수 있다.' 한 번 더 해 보겠습니다. '나에게 힘이 되는 일이라면 나는 뭐든지 할 수 있다.' 마지막으로 한 번 더 큰소리로 해 보겠습니다. '나에게 힘이 되는 일이라면 나는 뭐든지 할 수 있다.' 좋습니다. 오늘 첫 소식입니다."

뉴스원고를 보니 얼갈이배추가 얼마고, 배추 값이 얼마고 등등이었다. 그날은 배추 값이 14,850원으로 거의 최고조였는데 이른바 '금 배추'였던 때이기에 거의 배추 얘기만 한 듯했다. 게스트로 나온 기자도 배추를 소재로 해서 진행했기 때문에 아무튼 첫 방송은 그저 배추생각만 난다.

방송을 마치고 스튜디오를 나서는데, 여자 PD가 한마디 했다.

"한 번만 하시지 그랬어요?"

'나에게 힘이 되는 일이라면 나는 뭐든지 할 수 있다.'라는 멘트를 두고 한 말이었다.

"원래 3번 하는 겁니다."

나는 천연덕스럽게 대답하고 웃으며 나왔다.

강의 후기에 빙그레 웃다

얼마 전, 충청북도 보은군에 있는 한 여성단체에 가서 신나게 강의를 한 적이 있었다. 그리고 얼마 후 언론 모니터링을 하는 '충북 민주언론 시민연합'이란 단체에 들렀더니 사무국장인 이수희 씨가 책자를 하나 내밀었다. 그 책자에는 내가 보은에 가서 했던 강의 후기가 빼곡하게 실려 있었다. 통째로 옮겨본다.

| 필자가 직접 개발한 "자신감 급상승 프로젝트!"

“세상이 변하고 있듯이 나 역시 변해야 한다는 것을 배우는 기회가 된 것 같다. 나는 할 수 있다는 용기를 가지고 새로 시작하는 변화된 모습을 기대해본다.”

“학문을 높여 리더역할을 잘할 수 있는 공부를 해서 정말 좋았습니다. 살 맛이 납니다.”

“오늘부터 새로운 내일이 있을 것만 같은 느낌이 듭니다. 화통하게 웃음도 나고 슬쩍 눈물도 났던 고마운 교육이었습니다. 행복한 내일을 위해 파이팅!!!”

“한 번 한 번 마음의 각오가 되어 참 좋은 교육이라는 생각이 듭니다.”

“희망과 결심, 돈에 관한 법칙, 무한한 가능성, 나는 할 수 있다는 말씀을 듣는 참 좋은 하루였습니다. 다시 한 번 경청할 기회가 있길….”

“선생님의 호탕한 목소리와 멘트로 집중할 수 있었습니다. 강의를 통해서 제 마음을 다시 다잡을 수 있었습니다. 날마다 모든 면이 좋아지고 있다는 것도 실천하도록 마음먹었습니다. 감사합니다.”

“긍정적으로 사는 방법을 배우고 가는 것 같습니다. ‘나는 할 수 있다.’와 ‘날마다 모든 면에서 좋아지고 있다.’를 반복해서 열심히 살겠습니다.”

“강하고 탄력 있는 강의시간입니다. 오늘 이 강의를 벗 삼아 제 삶에 무한히 빛이 생긴 것 같습니다. 나는 날마다 모든 면에서 변하고 있다. 오늘도 외치고 갑니다.”

“몇 년 전, ‘시크릿’이라는 책을 읽은 적이 있습니다. 모든 것은 생각하는 대로 이루어진다는…. 자기가 하는 생각이 우주에 전해져 그대로의 파장으로 현실로 이루어진다는…. 오늘 남불 선생님의 강의도 같은 맥락인 것 같습니다. 이 기분대로라면 앞으로 무엇이든 할 수 있을 것 같네요. 나는 날마다 모든 면에서 좋아지고 있다. change or die! 감동적인 강의였습니다.”

“이왕하려면 좋은 생각을 해라. 먹장구름을 걷어내어 내면의 보름달을 훤히 비추는 날입니다. 오랜만에 많이 웃고 활기찬 날입니다. 앞으로도 쭉 그럴 것입니다. 나는 할 수 있다. 꼭 그렇게 돼야지.”

“좋은 일을 생각하면 좋은 일이 생기고, 나쁜 일을 생각하면 나쁜 일이 생긴다. 모든 것은 행동이 가장 중요한 것 같아요. 생각도 몸도 마음도 긍정적인 사고로 이제부터라도 실천하겠습니다.”

“몰라서 안 한 게 아니라 알면서도 하지 않았던, 긍정적인 생각 이제부터라도 하겠습니다. 동기부여가 됐습니다.”

“오만가지 생각 중, 생각의 에너지를 최대화한다. 염력의 힘을 공부하는 좋은 시간이었습니다.”

“긍정적 사고방식이 희망…. 귀한 시간 감사합니다. 나는 할 수 있다. 나는 꼭 할 수 있다. 나는 뭐든지 할 수 있다.”

“남에게 마음의 등불이 되어주려고 남불 님인가? 오늘은 강의 첫 시작부터 신이 났다. ‘소문만복래’라 했던가? 역시 즐겁고 신나는 것들은 너무나 좋다. 에너지와 복이 넘쳐나는 것 같다. 지금까지 부정적인 생각이 나를 지배해 온 것 같다. 긍정적인 사고로 앞으로는 행복하게 생활해야겠다. 또한, 나에게 힘이 되는 일이라면 뭐든지 할 수 있다는 생각으로 생활해 나가야겠다. 이 강의를 통해 많은 생각과 행동을 바꿀 수 있는 사고를 가지게 되었다.”

“좋은 강사님의 행복한 강의 다 못 듣고 가서 죄송합니다.”

"내면에 잠재되었던 긍정적인 마음을 찾게 된 것 같다."

"새롭게 봄 향기가 가득한 오후, 인생의 여유는 자유로움이고, 살다 보면 몸이 매이는 것이 아니라, 마음이 매여 힘이 들죠. 아는 것이 많으면 불만이 쌓이고, 무지하면 불안하게 산다는 말이 있듯이, 정말 우리들의 삶은 작은 불행도 내 마음에 달렸다고 생각이 드는 시간이었어요. 인생은 소유가 아니라 존재라고 하듯이 존재는 각각 우리 몫이잖아요. 삶에 여유를 찾아주는 자유로운 강의시간입니다. 그래서 늘 새롭게 태어나는 마음으로 열심히 강의 들어야죠."

아! 교통사고

대학 4학년 때의 일이다. 졸업을 코앞에 둔 마지막 학기였다. 사법시험 1차라도 붙어 볼 요량으로 휴학하기로 했다. 법대 행정과로 가서 휴학하겠다고 하니 처리 기간이 이미 지났다고 했다. 나는 고집을 피웠다. 그렇게 간신히 휴학을 접수하고 고향인 청주로 내려왔다.

시험공부를 시작한 지 3일째 되는 날이었다. 그날은 며칠을 고민하다 형법 책을 바꾼 날이기도 했다. 하지만, 예기치 못했던 불행이 찾아오고 있었으니, 생각만 해도 끔찍한 일이 벌어지고 말았다. 길가에 주차되어 있는 트럭을 피해 도로를 건너가다 내려오는 자동차에 허리를 심하게 부딪친 것이다.

공중에 크게 한 번 떠올랐다가 그대로 길바닥으로 곤두박질 쳤다. 그나마 머리를 보호하려고 낙법을 써서 머리를 상하지 않아 천만다행이었다. 고려대학교 유도부원으로 활동할때 훈련을 통해 낙법을 몸에 익힌 덕분이었다. 그러나 몸뚱이는 이미 말이 아니었다. 두 손의 살점은 다 떨어져 나가고 어깨 한쪽이 움푹 패었다. 무려 8개월 동안의 병원 신세!

졸업을 목전에 앞두고 크게 다치고 보니 눈앞이 캄캄했다. 나는 대학 시절 틈틈이 익혀둔 마인드컨트롤을 동원하여 수없이 생각을 바꾸려 애썼다. 그러나 교통사고와 이어진 시련으로 나는 한동안 정처 없이 방황을 해야만 했다.

어느 날, 우연히 접한 책 한 권이 마음의 평정을 가져다주었다.

'그래 이 모든 게 다 내 탓이야.'

세상을 향해 울분을 토하던 병상에서의 그 지루한 답답함이 생각 바꾸니 사라지고, 다시 힘이 생겨 났다. 하지만, 허리의 고질병은 이후 두고 두고 나를 괴롭혔으며, 앞서 첫머리에 밝힌 2010년 7월1일의 경우처럼, 두 다리를 꼼짝 못하게 할 정도로 육체적인 후유증을 남겼다.

교통사고 후유증은 예상보다 심각했다. 준비하던 사법시험은 당연히 물 건너간 일이 되었다. 사법시험을 내려놓고 삼성에 입사하여 잠시 근무를 했다. 삼성에 다니던 기억은 온통 야구장에서의 장면뿐이다. 잠실 운동장에서 삼성 라이온즈와 지금은 없어진 해태 타이거스의 경기 한국시리즈 5차전에서 삼성의 응원단장을 맡아 목청껏 응원하던 순간이 화려하게 떠오른다. 하지만, 그때 야구시합은 삼성이 졌고, 얼마 후 나는 무작정 사표를 던졌다.

회사를 사직하고 보름 동안 무얼 할까 생각했다. 그리고 오랜 고민 끝에 학원을 운영하기로 결심했다. 서울은 돈이 부족해서 안 되고, 결국 부천의 한 공장지대에 23평짜리 학원을 인수하여 아이들을 가르치게 되었다. 교통사고 보상금으로 받은 1천만 원이 밑천이었다. 나는 학원 운영에 엄청난 열정을 쏟아 부었다. 다행히 아이들도 잘 따라주었다. 그리고 부천서 학원을 경영하던 이 무렵 나는 지금의 아내를 만나 결혼을 했다. 손에 절대 물 안 묻히게 해주겠다고 했지만, 이 벌건 거짓말 때문에 아직도 그저 미안할 뿐이다.

최면 심리 클리닉을 열다

부천에서 그럭저럭 잘 나가던 학원을 접게 된 것은 IMF 후폭풍 덕이었다. 그 끔찍한 경제파동을 겪으며 동네의 절반이 사라지고 말았다. 설상가상으로 학원 건물 지하에서 불이 나는 등 우환이 겹쳤고, 나는 그만 모든 것을 접고 고향으로 내려오게 되었다.

고향에 돌아와 '중산(中山)인성개발원'이라는 최면을 통한 심리 클리닉을 개설했다. 충청북도에 단 하나뿐인 독점사업이었지만 손님은 그다지 많지 않았다. 2년 동안 꾸준히 노력했지만 50만 원에서 80만 원쯤 아내에게 건네주는 정도였다. 한 달 생활비치고는 형편없이 부족했다.

이 무렵 충북대학교 평생교육원에서 마인드컨트롤 과목을 개설하여 5학기를 수업하고, 서원대학교에서도 최면 교과를 개설 강의를 하게 되었다. 어느 날 집사람이 심각하게 말했다. 당시 아들 녀석이 유치원에 다니고 있었는데 유치원비 15만 원이 없다는 것이다. 참 무던한 사람이다. 하여 사무실을 그만 접게 되었다.

돈이란 놈은 참으로 묘하다. 많은 이들이 돈을 좇지만 마음대로 안 되는 것이 또한 돈이다. 이참에 돈 얘기를 좀 풀고 가야겠다.

'나는 돈을 저주합니다.'라고 말하는 사람들이 간혹 있다. 돈 때문에 망했다는 것이다. 하지만, 이는 잘못된 생각이다. 돈 자체는 아무 문제가 없다. 예전에는 소금, 쌀, 금 등이 돈으로 쓰이던 시절이 있었다. 생각해 보라. 소금이나 쌀이 대체 무슨 문제가 있겠는가?

하루 중 언제라도 몸과 마음이 편할 때 머피 박사의 돈에 관한 메시지를 반복해 보자. 그러면 실제로 마음의 부유함을 느끼게 되고 끌어당기는 힘을 갖게 된다.

나는 돈을 좋아한다.
나는 돈을 사랑한다.
나는 돈을 현명하게, 건설적으로, 그리고 사려 깊게 사용하겠다.
나는 돈을 기꺼이 쓰지만, 그것은 몇 배로 불어나서 내게로 돌아온다.
돈은 좋은 것이다.
참으로 좋은 것이다.
돈은 눈사태와 같이 풍족하게 흘러온다.
나는 돈을 좋은 곳에 사용하겠다.
나는 나의 이익과 내 마음의 부(富)에 깊은 감사를 올린다.
- Dr. Joseph Murphy, 돈에 대한 메시지.

올해 들어 집사람에게 선언했다. 그동안 월 150만 원 목표를 허물고 맘고생은 그만 시키겠노라고 말이다. 마음이란 참 오묘해서 된다고 생각할 때는 빛을 발하지만 안 된다고 생각할 때는 금세 어두워지는 습성이 있다. 생각 하나의 차이가 태양도 되고, 먹장구름도 되는 것이다.

외국인을 대상으로 영어로 강의하다

얼마 전에는 영어로 강의할 기회가 있었다. 강의 대상이 원어민교사들이라 영어로만 강의해야 한다는 조건이 뒤따랐다. 나는 잠시의 머뭇거림도 없이 하겠다고 했다. 한 번도 해 본 적은 없었지만 참 좋은 경험이 될 듯 싶었다.

장소는 충북대학교, 토요일 아침이었다. 아침에 비가 많이 오더니이내 그쳤다. 강연장에 도착해보니 원어민교사 약 200명과 한국인 영어 강사 200명을 합쳐 400명의 청중이 눈앞에 버티고 앉았다. 그날 부러 한복을 입고 간 나는 힘차게 마이크 앞에 섰다.

"Hello, everyone! Happy to see you! Let me start by saying that I have a dream. I'll deliver a speech in English someday. Today is the day. I came here with my wife by car. The day before yesterday my wife said to me. "I have to go to Chung-Buk University this Saturday." I answered, "Me too." "Where?" I asked. "Gaesin cultural center." "Me, too." So we laughed at the same time. Now she is sitting here among you. She is English teacher as you. But secret. Because she is so shy. Let me introduce my favorite English sentence. "The weakest man, says Carlyle, by concentrating his powers on a single object can accomplish something, whereas the strongest by dispersing his over many may fail to accomplish anything."

(여러분, 안녕하십니까? 여러분을 뵙게 되어 행복합니다. '저는 꿈이 하나 있다.'라는 말씀으로 강의를 시작할까 합니다. 언젠가 영어로 연설 하겠다는 꿈이었죠. 오늘이 바로 그 날입니다. 저는 저의 아내와 함께 자 동차를 타고 왔습니다. 엊그제 제 아내가 말하더군요. "이번 토요일에 충 북대에 가야 해."라고요. "나도 그런데." 제가 대답했지요. "어디로 가는 데?" 하고 물으니, "개신 문화관에 가."라고 대답하더군요. "나도 가는 데." 그리하여 우리는 동시에 웃고 말았습니다. 지금 그녀는 이 자리에 여 러분과 같이 앉아 있습니다. 그녀 또한 여러분과 같은 영어 강사입니다. 하지만, 비밀입니다. 그녀가 너무 수줍음이 많아서요. (이 대목부터 우리 마나님이 오글오글 하기 시작했다는군요) 제가 좋아하는 영어 문장을 소 개해 드릴까 합니다. "아무리 약한 자라 할지라도, 칼라일은 말했습니다. 그의 정신력을 단 한 가지 목적에 집중시킴으로써 무엇이든 성취할 수가 있고, 반면에 아무리 강자라도 그의 정신력을 너무 많은 곳에 분산시키면 어떤 것도 이루지 못합니다)

30분 이상의 영어강의를 진행하면서, 도중에 프랭크 슈나트라의 My Way도 불러보고, 성주풀이도 신나게 불렀다. 난생 처음 해본 영어강의! 첫 도전이었지만 온 정성을 쏟아 땀을 흘렸고, 많은 박수갈채를 받았다. 아마 평생 잊지 못할 한 장면으로 기억될 것이다.

아무 걱정하지 마세요! 그저 행복하세요

얼마 전에는 제주도에 사는 사촌 동생 하나가 청주로 찾아왔다. 이종 사촌인데 우리 아버님이 이름을 지어주었고, 동생 아들 이름을 또 필자가 지었으니 2대에 걸쳐 이름을 지어준 묘한 인연이 있다. 회사 출근길에 비행기 타고 날아온 것이다. 아내와의 불화로 착잡하던 차에 회사일도 엄청난 스트레스가 되어 바람이나 쐰다고 훌쩍 날아온 것이다.

가정의 평화가 곧 우주의 평화라고 생각하기에 회사는 때려치울 수 있지만, 가정만큼은 꼭 지키라는 말을 해주었다. 그리고 어려운 순간은 곧 지나간다는 말로 위로해 주었는데 얼마만큼 새겼을지는 모르겠다.

사람은 누구나 곤경에 처하면 자신만이 가장 외로운 사람으로 느끼게 된다. 특히 기혼자의 경우, 배우자와의 불화는 그야말로 전쟁과도 같은 스트레스로 작동한다.

그 친구에게 이런 말을 해준 것이 떠오른다.

"마누라와 백번 싸워 백번 먼저 내가 사과했네. 네가 먼저 사과하면 아마도 잘 해결 될 거야."

사과를 먼저 하는 자가 되기는 쉽지 않은 일이다. 하지만, 진다고 결코 지는 것이 아니니 백번, 아니 천번이라도 먼저 사과하는 사람이 되었으면 좋겠다. 비단 가정뿐만 아니라, 우리 사회에 점점 물질주의가 확산되면서 오히려 많은 것을 놓치고 있는 것 같아 참으로 안타깝다.

모두가 각자의 직분에 충실해야겠다. 아빠로서, 엄마로서, 학생으로서, 또한 그 누구로서. 그리하여 나부터, 우리 가정부터 행복해지고, 우리 공동체가 웃음꽃 만발하기를 간절히 빌어본다.

세상에서 가장 짧은 시가 하나 있다.

비록 물질적인 삶은 넉넉지 않으나, 마음살림을 넉넉하게 쓰는 삶을 살고자 한다. 들판에 핀 이름 모를 꽃이 아름다운 까닭은 뽐내려 하지 않기 때문이 아닐까. 남과 비교하지 않고 당당히 삶을 헤쳐 나갈 때 이미 우리는 행복한 인생을 영위하리라 본다.

단순히 상황을 지켜보게 되면, 넓은 바다에 잠시 파도가 일렁일 뿐이다. 우리네 인생이 가는 길이 순풍에 돛을 단 듯 순탄할 때에도, 아니면 역풍이 불어 힘겨울 때든 마음먹기에 달린 것이 아닌가 한다. 별로 내세울 것 없는 이 글이 특히 어려운 처지에 있는 분들에게 힘을 주었으면 하는 바람이 간절하다.

이제 맺어야겠다.

"Don't worry!"

"Be happy!"

이 글을 읽은 독자님, 존경합니다.

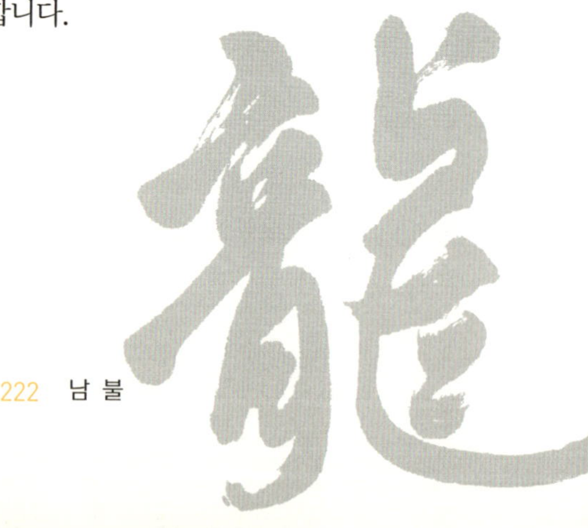

홍 미 진

행복한 삶의 조건

약   력 | (현)네오위즈INS 품질보증사업1부 사업부장
네오위즈INS 소프트웨어품질연구소 소장,
네오위즈 프로세스개선팀, 네오위즈 QA팀,
SVC테크놀로지 개발팀, 기술지원센터 팀장,
마이니드닷컴 개발팀
이 메 일 | mijinh@neowiz.com   휴 대 폰 | 010 · 8338 · 9560

독자 여러분께서는 지금 행복한 삶을 살고 계십니까?

이 질문과 질문에 대한 답을 구하기 위해 어떠한 노력을 하고 계십니까? 다소 식상하게 느껴질 수 있는 '행복한 삶을 살고 계십니까?' 라는 물음은 어디에서나 쉽게 언급되는 화두지만 명쾌히 답하기 어려운 듯합니다. '행복'은 그것을 구분 짓는 기준이 저마다 다르고, 따라서 그에 대한 답 역시 하나로 규정되지 않는 성질을 가지고 있습니다. 정해진 정답이 없고, 다양한 답안은 존재하는 기묘한 행복. 그것은 오로지 자기 자신만이 정의 내릴 수 있습니다.

잠시 책에서 손을 떼고 '과연 내가 행복한 삶을 살고 있는가?' 라는 인생의 가장 중요한 질문에 대해 스스로 답해 보십시오. 그리고 본인만의 답을 이끌어내십시오. 쉽게 갈피가 잡히지 않는다면, 천천히 이 글을 끝까지 따라 읽어가며, 가닥을 잡아보십시오.

이 글을 단순히 눈으로 읽고 스쳐 지나가는 것이 아니라, 글의 흐름을 타고 아래에 명시된 각 내용들을 진지하게 받아들인 후 본인의 내면과 대조한다면, 그 과정에서 진정으로 행복한 삶을 위해 무엇이 필요한지, 어떤 실천이 뒤따라야 하는지 깨닫게 될 것입니다. 각 내용에 대해 본인의 내면과 깊이 있게 대화하여 행복한 삶을 위한 자신만의 답을 이끌어 내십시오. 그리고 일상생활에서 그 답을 실천해 나가십시오. 희미하게 느껴지던 당신만의 행복이 그 윤곽을 드러낼 것입니다.

| 가족사진

필자는 사실 아직 누군가의 '멘토' 역할을 자처하기에는 모자란 점이 많습니다. 하지만, 죽을 때까지 사람의 가치를 증진시키겠다는 필자의 꿈을 이루기 위해 이렇게 용기를 내어 첫 번째 글을 써 봅니다.

필자는 행복의 키워드를 '꿈', '가치관', '균형' 그리고 '습관'으로 나누어 봤습니다. 꿈을 만들고 실행해 나가는 것에는 선한 가치관이 뒷받침되어야 하고, 또 과정을 즐기기 위해서는 삶의 균형을 맞춰야 합니다. 그리고 이런 것들을 하루하루 실천해 나가기 위해 긍정적 습관이 필요합니다.

우선 그 첫걸음인 '꿈'에 대한 이야기부터 시작하고자 합니다.

당신의 꿈은 무엇입니까?

어린 시절, 누군가 꿈을 물어올 때마다 저는 다른 아이들과 크게 다르지 않은 대답을 했습니다.

의사. 약사. 선생님 등 주위에서 좋다고 하는 직업으로 말이지요. 그러다 성인의 문턱에서 성적과 타협하여 의사, 약사, 선생님과는 관련이 없는 그저 어른들이 추천하는 대학과 학과에 진학했습니다. 대학시절엔 멋진 커리어 우먼을 동경하여 커리어우먼이 되겠다는 목표를 세웠습니다. 어린 시절의 꿈보다 구체적이고 현실 가능한 꿈이었기에 그 목표대로 졸업 후 바로 전공을 살려 개발자가 되었고, 마침내 커리어우먼의 삶을 살게 되었습니다. 그런데 직장생활 3,4년 차의 경험이 쌓인 그 순간, 다시금 저는 제 자신의 꿈을 되돌아보게 되었습니다.

'내가 되고자 했던 커리어 우먼은 되었는데, 멋진지는 모르겠지만 이게 정말 내가 원했던 삶 그 자체인가? 내가 진정 하고 싶었던 것은 무엇이었지?' 불현듯 떠오른 생각에 많은 고민으로 밤을 지새웠습니다.

그 결과 '회사의 CEO가 되어 사람들과 즐겁게 일하고 싶다.'라는 새로운 꿈을 품게 되었습니다.

꿈이 생겨나자, 그간 안주해오던 삶이 격변하기 시작했습니다. 개발자에서 비즈니스를 알기 위해 직종을 변경하고, CEO가 되기 위한 중간 과정인 팀장은 2년 안에, 실장은 5년 안에 되겠다는 목표를 세웠고 10년 안에 CEO가 되겠다고 다짐하고 모든 일에 있어 팀장, 실장, CEO 마인드로 업무에 임했습니다. 그로부터 딱 6년이 지난 후, 저는 회사의 부장이 되었습니다. 부장으로서 한 해 한 해가 흐르면서 나는 '어떤 아이템으로 CEO가 되지? 그러기 위해서는 어떤 공부를 더 해야 할까? 내가 원하는 CEO가 되려면 현재 내가 맡은 이 부서도 사람들이 즐겁게 일할 수 있도록 만들어야 하지 않나? 그렇게 하려면 내가 어떻게 해야 할까?' 하는 현실적인 고민을 거쳐 끊임없이 현재를 점검하고 나아갈 방향을 모색했습니다.

하지만 그런 과정에서 결혼을 하고, 아이를 낳고 양육 문제를 고민하면서 또 다른 혼란이 제게 다가왔습니다. '현재 하고 있는 일이 나의 아이를 다른 사람에게 맡기고 할 만큼 그렇게 가치 있는 일인가? 그리고 정작 내가 CEO가 된들 이와 같은 고민을 하지 않을까?' 란 의문이 든 것입니다.

맹목적으로 꿈꿔왔던 CEO의 꿈에 대해 다시 검토하게 되었습니다. 그저 CEO가 되는 것만을 목표로 했던 저는 그 꿈을 수정해나갔습니다. 제가 정말 하고 싶고, 가치 있게 느끼는 일이 무엇인가를 다시 생각했습니다. 그 꿈은 바로 '늙어 죽을 때까지 사람들의 가치를 증진시키는 이' 였습니다. 이 꿈을 기준으로두자 기존의 꿈인 CEO는 그저 하나의 방법에 불과해 보였습니다. 이렇게 제가 진정 원하는 방향으로 꿈을 그리고 나니 해야 할 것들이 보다 더 명확해 지기 시작했습니다.

먼저 나와 나의 가족, 그리고 내가 맡은 사업부와 사람들의 가치를 증진시킬 수 있도록 기여하겠다는 다짐을 했습니다. 또한, 그 꿈을 더 크게 이루기 위해 복지관 설립, 인력 양성 센터 운영, 자전 에세이 집필 등의 다양하고 구체적인 목표들도 덩달아 생겨났습니다. 꿈은 작든 크든 상관없습니다. 필요한 것은 그 꿈에 대해 끊임없이 생각하고 이룰 수 있도록 노력하고 발전시키는 것입니다.

꿈을 위해 하루하루를 살아가는 사람은 보다 쉽게 행복을 느낄 수 있습니다. 꿈은 계속 품어야 합니다. 그리고 자신의 꿈을 냉정하게 평가하고 검토할 수 있는 능력을 길러야 합니다. 진정한 꿈을 찾아, 행복을 이끌어 보십시오.

당신의 가치관은 무엇입니까?

어렸을 때 저희 집의 가훈은 '오늘 하루만 바보가 되자'였습니다. 이 말은 '모르는 것을 인정하고 새로 배우기 위해 노력하여 그 이후로는 바보의 신세를 벗어나야 한다'는 깊을 뜻을 가지고 있습니다. 진짜 바보는 자신이 모르는 것도 아는 척하여 스스로를 계속 바보로 머물게 하는 사람입니다. 앎은 지속적인 것이고, 이 지혜를 쌓는 과정에서 필요한 것은 스스로의 모자람을 인식하고 이를 개선해나가려는 의지입니다. 저는 이러한 가훈을 따라 항시 배우는 자세로 모자람을 인정하며 발전하기 위해 노력했습니다.

대학 시절부터는 '후회 없이 살자!' 라는 행동강령을 세워 스스로 후회의 여지를 남기지 않기 위해 매사에 적극적으로 매진했습니다. 대학 이후에 이어진 회사 생활에서 경험한 많은 어려움과 배움, 그리고 아이를 낳은 후 많은 깨달음을 얻었고, 이를 통해 나 자신이 중요하게 여기는 것

과 희망하는 삶을 보다 깊이 있게 생각하게 되었습니다. 그 결과 저는 뚜렷한 가치관을 정립할 수 있었습니다. 그 가치관은 바로 '홍익인간 이념을 바탕으로 널리 세상을 이롭게 하기 위해 노력하며 후회 없이 살자!' 입니다. 이러한 가치관이 생기기 전까지 저는 지극히 개인적인 삶을 살았습니다. 사람들에게 베풀기보다 받으려고만 하고, 감사하기보다는 자기 잘난 줄만 알고 천방지축 날뛰는 삶을 보냈습니다. 물론 지금도 제 가치관에 완벽히 부합하는 삶을 살지는 못하고 있지만, 항상 꿈과 함께 상기하며 이를 실천하기 위해 노력하고 있습니다.

삶의 모든 것은 크고 작은 선택들로 이루어져 있습니다. 이런 선택을 잘하기 위해서는 자신이 진정으로 원하고, 추구하는 가치가 어떤 것인지 알고, 그에 맞게 실천해야 합니다. 꿈과 가치관은 우리가 인생에서 어디로 가야 할지 막막할 때, 혹은 어려운 선택의 기로에 서거나 우선순위를 결정해야 할 때 중요한 역할을 합니다. 혹 가치관이 없으시다면 자신이 지금까지 살면서 중요하게 여겼던 키워드나 앞으로 어떤 삶을 살고 싶은가에 대한 내용을 나열하여 스스로 만들어 보시기를 권합니다. 자신만의 가치관이 없다면 중요한 선택을 할 때 이 사람 저 사람들의 말에 좌지우지하게 될 우려가 큽니다. 마치 거센 바람에 이리저리 흔들리는 나뭇가지처럼 말입니다. 하지만, 깊이 뿌리 내린 나무는 쉽게 부러지지 않듯이 복잡하게 얽힌 주변의 여러 상황에도 자신의 가치관이 확고하다면, 소신껏 선택하고 슬기롭게 대처해 나갈 수 있습니다. 자신이 주체가 된 선택은 자신을 보다 행복하게 만들어 줄 수 있습니다.

당신의 삶은 균형이 잡혀 있습니까

2006년의 어느 날, 남편이 연애 시절 보내준 짧은 글을 읽고 깊은 감명을 받아 저 자신을 되돌아보게 되었습니다. 결혼 후 저희 부부는 연말에 꼭 함께 이글을 다시 보며 새해를 계획한답니다.

일반적으로 사람들이 일에 몰두하는 이유는 노력한 만큼 그 결과물을

> 인생을 공중에서 5개의 공을 돌리는 것(저글링)이라고 상상해 보자.
> 각각의 공을 일, 가족, 건강, 친구, 그리고 영혼(나)이라 명명하고,
> 모두 공중에서 돌리고 있다고 생각하자. 조만간 당신은 일이라는
> 공은 고무공이어서 떨어뜨리더라도 바로 튀어 오른다는 것을 알게 될 것이다.
> 그러나 다른 4개의 공(가족, 건강, 친구, 그리고 영혼(나))은
> 유리로 되어 있다는 것도 알게 될 것이다.
> 만일 당신이 이중 하나라도 떨어뜨리게 되면
> 떨어진 공들은 닳고, 상처입고,

긁히고, 깨지고, 흩어져 버려 다시는 전과 같이 될 수 없을 것이다.
당신은 이 사실을 이해하고, 당신의 인생에서 이 5개의 공이 균형을 갖도록 노
력해야 한다. How? 어떻게 균형을 유지할 수 있단 말인가?
자신을 다른 사람들과 비교함으로써 당신 자신을 과소평가하지 말라.
왜냐하면 우리들 각자는 모두 다르고 특별한 존재이기 때문이다.
당신의 목표를 다른 사람들이 중요하다고 생각하는 것들에 두지 말고,
자신에게 가장 최선이라고 생각되는 것에 두어라.
당신 마음에 가장 가까이 있는 것들을 당연하게 생각하지 말라.
당신의 삶처럼 그것들에 충실하라.그것들이 없는 당신의 삶은 무의미하다.

과거나 미래에 집착해 당신의 삶이 손가락 사이로 빠져나가게 하지 말라.
당신의 삶이 하루에 한번인 것처럼 삶으로써, 인생의 모든 날들을
살게 되는 것이다. 아직 줄 수 있는 것이 남아 있다면 결코 포기하지 말라.
당신이 노력을 멈추지 않는 한 아무 것도 진정으로 끝난 것은 없다.

당신이 완전하지 못하다는 것을 인정하기를 두려워 말라.
우리들을 구속하는 것이 바로 이 덧없는 두려움이다.
위험에 부딪히기를 두려워 말고, 용기를 배울 수 있는 기회로 삼으라.
찾을 수 없다고 말함으로써 당신의 인생에서 사랑의 문을 닫지 말라.
사랑을 얻는 가장 빠른 길은 주는 것이고, 사랑을 잃는 가장 빠른 길은 사랑을
너무 꽉 쥐고 놓지 않는 것이며, 사랑을 유지하는 최선의 길은 그 사랑에
날개를 달아 주는 것이다.

당신이 어디에 있는지, 어디를 향해 가고 있는지도 모를 정도로 바쁘게 살진 말라.
사람이 가장 필요로 하는 감정은 다른 이들이 당신에게 고맙다고 느끼는 그 것
이다. 시간이나 말을 함부로 사용하지 말라. 둘 다 다시는 주워 담을 수 없다.
인생은 경주가 아니라 그 길의 한 걸음 한 걸음을 음미하는 여행이다.
어제는 역사이고, 내일은 미스테리이며, 그리고 오늘은 선물이다.
그렇기에 우리는 현재(present)를 선물(present)이라고 말한다.

- 코카콜라 회장, Douglas Taft, 2000년 신년사

대체로 명확하게 볼 수 있기 때문입니다. 하지만 나머지 친구, 가족, 건강, 영혼은 상대적으로 결과물을 명확히 보기가 어렵고, 지속적인 유지 및 관리를 필요로 하는 것들입니다. 저도 전체적으로 균형을 맞추며 살고 있다고 말씀드리기는 어렵지만, 몇 가지 방법을 통해 노력하며 살고 있기에 미약하나마 그 노하우를 알려 드리고자 합니다.

제 경우 현재 어린아이가 둘이고, 직장생활을 하다 보니 쉽게 시간을 쪼개서 사용하기 어려워 일상생활을 최대한 짬짬이 활용합니다. 친구의 경우 자주 만날 수는 없지만, 전화나 메시지를 통해 안부 인사를 정기적으로 합니다. 그리고 가끔 옆에 있는 것처럼 전화로 오랫동안 수다를 떱니다. 가족에게는 일상에서도 늘 감사함을 말이나 글로 표현하려고 노력하며, 식사 시간이나 저녁 시간 등 함께 대화할 수 있는 시간을 갖습니다.

건강을 위해서는 걷는 시간을 늘려 조금이라도 더 육체를 단련하고자 노력합니다. 엘리베이터보다는 계단을 이용하는 등 나태해지지 않기 위해 항상 운동을 생활화하고 있습니다.

영혼을 위해서는 명상이나 성찰의 시간을 틈틈이 갖고, 매일 일기를 기록하여 스스로를 점검하는 등 여러 노력을 기울입니다. 아직도 균형이라고 말하기에는 턱없이 부족합니다만, 늘 일, 친구, 건강, 가족, 영혼이 다섯 가지를 염두에 두고 챙겨나가고 있습니다.

인생에서 당연한 것은 없다고 합니다. 항상 주변의 것에 감사하고 나 또한 주변에 보답할 수 있는 방법을 찾아 실천해 나간다면 행복은 보다 오래토록 곁에 머무를 것입니다.

당신의 나쁜 습관은 무엇입니까?

저는 저 스스로가 상당히 적극적인 축에 속한다고 생각하고 있었습니다. 그러던 어느 날, 남편의 말을 듣고 남편과의 사이에서 특히나 집안 일로는 저도 모르게 부정적인 면에 초점을 맞추는 반면, 있다는 것을 알게 되었습니다. 가령 바깥에서는 어떤 상황에서건 될 수 있는 방법으로 생각하고 이런 저런 다양한 가능성들을 타진하고 시도해보면서 경험을 쌓아가는 것에 초점을 맞춘다면, 집에서는 이런 저런 것들 때문에 안 된다고 딱 잘라 버리고 더 이상 노력을 하지 않는 것입니다.

창피한 이야기지만 저는 음식 만드는 것을 끔찍하게 싫어하고, 집에서는 움직이기를 귀찮아합니다. 이 때문에 남편이 뭐라고 해도 자연스럽게 다양한 핑계를 대며 움직이지를 않습니다. 그리고서 막상 이것저것이 안 되어 있는 것을 보면 혼자 스트레스를 받고 화를 내기 일쑤였습니다. 그런 저를 향해 남편이 말했습니다.

"당신은 왜 그렇게 매사에 부정적이야?"

처음 그 말을 들었을 때는 어이가 없었지만 한참 동안 곱씹으며 왜 남편이 그 말을 했을까 곰곰이 생각을 하게 되었습니다. '어라… 나는 부정적인 사람이 아닌데, 누가 봐도 긍정적인 사람인데… 저 사람은 왜 나에게 부정적이라고 말을 할까?' 한 번도 생각해보지 않았던 저의 바깥생활과 집안생활에 자리 잡은 괴리를, 그 간극을 실감한 것입니다. 저는 차근차근 그 근원지를 살펴보기로 했습니다. 어디에서부터 스트레스가 생기며, 무슨 일에 부정적인 시선을 보내는지 사소한 것부터 더듬어나갔습니다. 오래되지 않아 저는 저의 고질적인 습관을 깨우칠 수 있었습니다. 설거지나 청소 등 집안의 사소한 일들을 조금씩 미루고 미뤄서, 도저히 지나칠 수 없을 상황으로 키워서 그것을 한꺼번에 처리하는 습관부터가 잘못됐다는 것을 깨달은 것입니다. 작은 일들을 미루기 위해 스스로에게 이런 저런 핑계를 만들면서 스트레스를 받고, 그 일들이 산더미처럼 쌓여 한꺼번에 처리해야 할 때 과중한 일이 되어 스트레스를 주는 것이었습니다. 이런 사소한 잘못된 습관들이 저도 모르게 제 삶과 가까이에 있는 가족들에게까지 부정적인 영향을 끼치고 있다는 것을 알게 되었습니다.

이것을 깨달은 후 저는 바로 제 목표에 '고질적인 생각 습관 버리기'를 추가했습니다. 일상생활을 하면서 저도 모르게 머릿속에서 뭔가를 미루려 할 때마다 퍼뜩 정신을 고쳐먹고 '왜? 지금 하면 되지!'라 외치며 곧바로 행동으로 옮기고 있습니다. 오래된 습관인지라 말끔히 고쳐진 것은 아니지만, 그 사실을 잘 알고 있는 저는 더욱 많이 몸을 움직이며 극복하고자 노력하고 있습니다.

혹시 여러분도 모르는 스스로 아주 당연하게 여기는 나쁜 습관은 없는지 찾아보시길 바랍니다. 눈치채지 못할 정도로 아주 작고 사소한 것들이지만, 차후 그런 것들이 알게 모르게 쌓여 자신의 정신건강과 행복에 부정적인 영향을 미친다는 것을 놓치지 말아야 하겠습니다.

지금의 제 삶은 힘들다고 보면 무척 힘든 상황입니다. 아내로서, 엄마로서, 딸로서, 동료로서, 친구로서 하고 싶은 것은 많지만 그 어떤 것에도 제대로 집중하지 못한다는 느낌이 들 때가 많기때문입니다. 하지만 반대로 생각해보면 나의 부족함을 인내하고 사랑해 주는 남편, 한없이 사랑스러운 우리 아들과 딸, 나보다 더 우리 아이들을 사랑해주고 아껴주시는 사랑하는 우리 부모님, 나를 믿어주고 함께 즐겁게 일해주는 동료들, 아무거리낌 없이 함께 할 수 있는 친구들.

이 모든 것을 갖고 있는 행복한 상황이기도 합니다. 그리고 가장 큰 행복은 제가 살고자 하는 그 삶을 이런 사랑하는 사람들과 함께 나누고 발전시켜 나가고 있음을 깨닫고 산다는 것입니다.

우리 모두는 행복한 삶을 살 가치가 있고, 또 그렇게 살 수 있습니다. 이 짧은 글이 조금이나마 여러분 모두의 행복한 삶에 도움이 되기를 빌며, 꿈과 가치관과 삶의 균형과 좋은 습관을 골고루 갖춘 행복한 인생을 찾아내시길 응원하겠습니다.

성공_을 위한 리허설
Rehersal

서 석 구

건강한 몸과 마음

약　　력 | 변호사, 국민특검단 단장
　　　　　한미우호증진협의회 한국지부 대표, 반부패국민운동연합 상임부의장
법률고문 | 구국300정의군 결사대, 남침땅굴을 찾는 사람들, 네티즌 구국연합,
　　　　　대한민국어버이연합, 전교조추방시민단체연합, 박정희 바로 알리기 모임, 정수회
변　　론 | 5.18 명예훼손사건, 자유민주주의와 북한인권운동을 하다 기소된 분들,
청　　원 | 민노당 해산청원, 5.18 단체의 5.18 기록 세계문화유산등재 반대 청원
이 메 일 | saveuskorea@naver.net　　　　휴 대 폰 | 010 · 7641 · 7813
　　　　　　　　　　　　　　　　　　　　　　　　　053 · 752 · 0002

요즘 너나 할 것 없이 건강에 관심이 많다. 산업혁명이후 자동차 혁명, 컴퓨터혁명에 이어 건강관리혁명으로 옮겨졌다는 소리가 들릴 정도다.

세계적으로 저명한 경제학자인 22살 때 와튼 대학교에서 MBA 학위를 받고 25살에 최연소 시티은행 총재가 되어 레이건 대통령과 부시대통령의 경제자문을 거친후 뉴욕대학에 21년 연속으로 교수를 하고 있는 풀 제인 필저. 그의 베스트 셀러 건강관리혁명(The Welness Revolution)는 건강이 소중한 자산임을 깨닫게 해준다.

토지, 노동, 자본의 가치에서 인재의 가치로 이동하면서 사람의 몸과 마음, 몸과 마음을 움직이는 교육이 개인도 사회도 나라도 인류의 운명이 결정되는 시대가 된 것이다. 미국의 오바마 대통령도 한국 부모의 교육열에 거듭 감탄사를 터트렸듯이, 세계에서 한국의 부모만큼 자녀들의 교육을 위해 돈과 시간과 노력을 바치는 나라가 없다.

인구 비례로 따진다면 미국에 한국 유학생이 압도적으로 많다. 2007년 말, 한국의 미국 유학생 수는 10만3000여명이다. 미국 국토안보부 발표에 따르면 국가별 유학생 수는 한국이 1위이며 2위는 인도 8만8000여명, 3위 중국 7만2000여명, 4위 일본 4만1000명 순이다. 자녀들에 대한 집착이나 가족이 잘 되기를 바라는 이기심이 작용한 것이 사실이지만, 양질의 교육이 몸과 마음을 건전하게 하고 한강의 기적과 산업화 민주화 발전에 견인차 역할을 했음은 부인할 수 없다.

Sound Body, Sound Spirit. 건강한 몸에 건강한 정신이라는 격언이 말해 주듯이 건강한 몸을 유지하는데 힘쓰는 것이 건강한 마음에도 도움이 된다.

과거에 자유민주주의를 수호하겠다고 투쟁하던 분들이 화병으로 쓰러지는 것을 보면서 무관심했던 건강을 지키려고 운동을 시작했다. 운동을 하면서부터 일의 능률도 오르고 마음도 평화롭고 건강해진 것을 느끼게 된다.

독서광이라고 할 정도로 독서를 즐기다 보니 마음의 평정을 얻게 되어 몸과 마음이 건강해졌다. 필자의 변호사 사무실은 도서관을 방불케 한다. 부족한 지식과 견문을 넓히기 위해 수많은 서적을 구입해 영적 충전과 신선한 변화를 도모한다. 필자의 글쓰기는 기도와 독서를 겸한 국민과 인류에 대한 사랑을 표현하는 한 방식이다.

| 필자의 변호사 사무실 서재.

몸이 건강해야 건전한 활동을 할 수 있다. 때문에 건강서적도 즐겨본다.

아마존 닷컴 건강 베스트셀러는 거의 다 보았고 국내 건강서적도 섭렵하다 보니 나름대로 건강을 돌보는 노하우를 터득하게 되었다. 독서와 훈련을 통하여 터득한 건강 비결은 탐욕과 이기심을 버리는 공적인 마음에 도움이 되는 기도와 명상, 온몸운동이자 유산소운동인 맨손체조와 걷기, 근력운동인 아령과 텀블, 팔굽혀 펴기와 문틀을 잡고 잡아 당기기, 배가 나오는 것을 방지하고 복근을 강화하는 윗몸 일으키기와 누워서 다리를 배위로 올리기, 스테레스와 피곤을 푸는 스트레칭 등은 거의 매일 규칙적으로 생활화해왔다. 아내는 필자가 젊은 시절보다 더 건강해졌다고 좋아한다.

하나님(하느님)이 주신 깨끗한 공기와 물, 자연경관, 신선한 과일과 채소를 통해 즐거운 식사시간을 갖고, 저녁에 잘 때는 좋은 음악을 감상하며 꿈나라를 청한다. 담배를 끊은 지 오래 되었고 술은 파티나 잔치나 회식 등 불가피할 때만 하고 평소에는 거의 하지 않는다. 머리 염색도 하다가 그만 뒀더니 염색하기 이전의 반백 반흑의 머리가 돌아와 친구들이 회춘한다고 놀린다.

집과 사무실과의 거리는 걸어서 왕복 약 1시간 거리이지만 필자는 거의 대부분 이 길을 직접 걸어 통근한다. 가능한 숲길을 따라 가기 때문에 심신에 상쾌한 기분이 든다. 출퇴근 길은 하루의 일과와 기도를 위해 바쳐진다. 하늘과 구름과 숲과 지나치는 사람들은 내 몸과 마음을 건강하게 해주는 친구들이다.

세계화 시대에 격변하는 세계의 흐름을 간파하고 다양하고 건전한 지식과 지혜를 구하려면 세계에서 가장 많이 통용되는 영어를 말하고 읽는 실력이 필요하다. 때문에 출 퇴근 길에서도 영어로 기도하거나 연설하는 훈련을 습관화하고 있다. 실없는 사람이라고 생각할지 몰라도 개의치 않는다. 가족을 위한 기도도 하지만 주로 그때그때 나라와 인류에게 벌어진 문제를 성령으로 풀기 위한 공익적인 기도가 많다.

매주 2번이나 3번 글을 써 발표한다. 국민특검단 단장, 한미우호증진협의회 한국지부 대표, 반부패 국민운동연합 상임부의장이자 대한민국어버이연합, 남침땅굴을 찾는 사람들, 전교조추방시민단체연합, 박정희 바로 알리기 모임, 정수회의 법률고문을 맡고 있기 때문에 개인과 단체들, 특히 한국, 한미동맹, 인류를 위한 글을 쓰는 편이다.

과학과 기술이 더 없이 발전해 풍요를 누리고 있지만, 세계 도처에서 범죄, 가난, 질병, 분쟁, 테러, 전쟁, 열대림파괴, 기상피해, 지구온난화, 독재, 인권탄압으로 수많은 인류가 고통을 받고 있으며 특히 북한 동포들은 북한독재정권이 3만8천개의 김일성 동상을 만들고 김일성 시신이 안치된 김일성 금수강산을 만들고 김정일과 김정은을 위한 초호화주택을 짓는 등 수뇌부들이 예산을 탕진하는 동안 1995년 이래 3백만 내지 4백만이 굶주림, 강간, 고문, 처형으로 죽음을 맞이했다고 북한인권단체들은 전한다.

정권교체후 다소 줄어들었지만 아직도 자유민주주의와 북한인권을 위해 투쟁하다가 검찰의 탄압을 받아 기소되어 공민권까지 박탈되는 분들이 적지 않다.

그들의 변론을 거의 도맡아 하다 보니 공분을 느끼게 되고 그들을 위한 치열한 변론을 하는 과정에서 변론을 제한하거나 편파적인 재판진행을 하는 법관들을 상대로 기피신청을 한 적도 많다. 바울은 너희는 법정에서 무엇을 말할까 두려워하지 말라, 성령께서 가르쳐 주실 것이라고 말했다. 변론을 할 때 반드시 성령의 도움을 청하는 기도를 하게 되는데 기도는 변론에 큰 도움을 준 것을 실감한다. 변론에 필요한 책들도 많이 사게 되고 독서는 법정에서의 영적 투쟁에 큰 힘을 주었다.

글을 쓰고 변론을 하는 데는 많은 독서량이 필요하다. 수많은 자료들을 수집 정리하는 것은 거의 영적 전투에 가깝다. 그런 영적 전투가 필자로 하여금 게으르고 세속적인 본능을 제지하는 영적 각성을 끊임없이 도와준다. 가족이 모두 가톨릭 신자이다. 하지만 개신교 서적도 즐겨보고 불교서적도 본다.

대학교에 다닐 때는 법대 기독학생회장(개신교)으로서 불교법회에 초청을 받아 해인사에서 일타스님의 법문을 듣기도 했다. 한국에서 북한인권운동은 개신교가 다른 종교보다 활발한 편이라 개신교 목사님들과도 친하게 지낸다.

조선일보가 2007년 3월부터 2011년 5월까지 목숨을 걸고 때로는 중국 공안에 체포되기도 하는 온갖 수난의 과정을 거치는 탈북자들의 탈북경위를 담은 "천국은 국경을 넘는다"는 다큐멘터리 영상물을 제작한 것을 대만에서 국제언론인협회(IPI)가 공개적인 감상을 하면서 크게 감동했다. 대부분의 국내언론은 외면한 것은 유감이다.

| 세습 북한독재의 천안함 침몰테러와 북한인권탄압을 규탄하는 성명서낭독

　돈을 섬기는 맘모니즘과 권력을 섬기는 독재는 인류에게 영적 타락을 가져왔다. 과거보다 훨씬 더 잘 살지만 인류의 행복지수는 더 떨어졌다. 왜 그럴까? 미국의 빌 게이츠는 창조적 자본주의라는 말을 만들어 자본주의의 커다란 변화를 유도하고 있다. 전 세계적인 현상이지만 한국에서도 양극화 현상이 커다란 사회문제가 되고 있는 실정이다.

　그런데 미국, 일본, 유럽의 재벌들은 정부에게 세금을 더 내게 해 달라고 호소해 인류에게 신선한 충격을 주고 있다. 버는 것도 중요하지만 나누는 것은 더 소중하다. 워렌 버핏, 빌 게이츠 등 미국 재벌들이 재산의 절반을 기부하는 운동을 벌려 미국은 물론 전 세계에 신선한 감동을 주고 있다.

　지난 2010년 6월 16일 미국의 경제전문지 '포춘(Fortune)' 매거진은 "마이크로소프트사 창업자인 빌 게이츠와 멜린다 게이츠 부부, 버크셔해서웨이社의 워런 버핏 회장이 미국의 억만장자들에게 최소 전 재산의 절반 이상을 기부하도록 권하는 캠페인을 시작한다."고 보도했다. 이들은 "'기부 서약(The Giving Pledge)' 운동을 미국 '포브스(Forbes)'가 선정한 미국의 400대 부자를 대상으로 시작하며, 계획대로라면 약 6,000억 달러의 기금이 조성될 것"이라고 설명했다.

전국 5만6,000여개의 미국 자선재단들이 모은 4861억 달러의 기금. 미국 기업인과 국민의 놀라운 기부문화는 글로벌시대 미국의 미래를 보장하는 진정한 자산으로 평가받는다. 특히 연봉 2만~3만 달러 정도를 버는 미국의 평범한 시민들이 자신의 수입에서 2%를 사회에 환원하는 기부문화, 미국 인구의 절반 정도가 주당 4시간씩 자원봉사활동은 미국을 세계 최대 강대국으로 만든 힘이다. 한국의 경제발전과 고용에 헌신한 한국재벌과 국민도 이제 미국 재벌들과 미국인들의 기부문화를 배워야 할 것이다.

| 재산 절반을 기부 서약한 미국의 자랑스러운 재벌들

미국 재벌들의 기부는 과거부터 해오던 기부문화다. 빌 게이츠는 2003년까지 모두 229억 600만 달러를 기부했거나 약속했다. 워런 버핏은 2006년 440억달러 재산 중 99%를 자선재단에 기부하고 이 중 85%를 빌 게이츠 부부가 운영하는 재단에 전달하겠다고 선언했다.

강철왕 카네기는 카네기공대, 카네기재단을 설립하고 전 세계 2천500 여개 도서관을 지원했다. 한국을 방문했던 미국의 석유재벌 존 D. 록펠러 의 5대손 Re-Echo Holdings 스티븐 록펠러 2세 회장은 연합뉴스와의 인터 뷰에서 "가족은 나에게 자선활동으로 행복을 가르쳐 줬다"고 회고했다. 그는 사회기부와 공헌을 인정받아 유엔 풀부라이트상을 받았다. 빌게이 츠는 2003년까지 모두 229억 600만 달러를 기부 했거나 기부를 약속했다 고 한다.

미국을 최강국으로 만든 것은 국방력이 아니라 최고의 기부문화와 자 원봉사활동이다. 한국에도 삼성이나 현대가 거액을 기부한 실적이 있지 만 삼성의 기부는 좌파정권시절 거의 강요에 의한 것으로 좌파세력에 의 해 운영되고 있으므로 현대의 기부도 그런 전철을 밟지 않도록 해야 할 것이다.

최근 조선일보가 보도하는 아너 소사이어티 거액 기부문화가 감동을 준다. 하지만 아직도 한국의 재벌과 국민은 미국에 비해 기부나 자원봉사 가 부족하므로 미국의 기부문화와 자원봉사활동을 배워야 할 것이다. 록 펠러 회장이 말한 것처럼 기부는 꼭 필요한 사람에게 필요한 때에 주어져 야 한다.

기부를 한다면서 국가보안법폐지, 미군철수, 평택미군기지 이전 반 대, 한미FTA반대 투쟁을 하는 단체에 기부하는 것은 기부가 아니라 국민 의 몸과 마음을 해치는 것이 아닐까? 성경에도 위선자를 꾸짖고 있다.

원조를 받는 나라에서 원조를 주는 나라로 변한 한국의 국적을 가지고 있다는 것에 자부심과 긍지를 느낀다. 건강 전문가들의 말을 빌리면 진정한 감사는 몸과 마음의 건강에 엄청난 도움을 준다고 한다.

　서점에 가보면 오늘 한국의 자유와 번영을 외면하고 이승만 정권의 건국정통성을 부정하고 박정희 전두환 정권을 군사독재정권으로 날조하면서도 북한독재정권을 자주정권이라 하고 북한의 농지개혁을 마치 성공한 것처럼 떠들고 미군철수와 국가보안법폐지를 위해 투쟁하는 친북좌파사관 서적들이 즐비하다. 기가 막히는 일이다.

　물론 이승만 정권과 박정희 전두환 정권의 실정도 적지 않은 것은 반성해야 한다. 하지만 북한과 중국의 6.25 무력남침 때 유엔과 미군의 도움을 받아 이승만정부가 한국을 지켰고, 그 과정에서 5만4천 미군이 전사하고 46만 미군이 부상을 입었다. 또한 박정희 정권의 새마을운동은 전세계 64개국에 수출되었고 경북에만 22개국이 방문하여 새마을운동을 배웠거나 배우고 있다. 박정희 전두환 권위주의 정권은 한강의 기적이라는 경제발전으로 민주화의 기반을 조성했다는 평가를 받고 있다.

　한국의 과거 역사의 잘못을 반성해야 하지만 성과마저 모두 부인하는 것은 올바른 사관이 아니기 때문에 필자는 소련은 해방군, 미군은 점령군, 새마을운동, 박정희 전두환 정권 군사독재라는 교과서의 전면개편을 위해 투쟁하는 단체들을 도우고 있다.

　몸과 마음의 건강을 위해서라도 올바른 역사관을 가져야 하고 6.25 전쟁 때 대한민국을 수호하기 위해 희생된 미군과 유엔군과 국군에 진정 감사하는 마음을 가져야 하지 않을까? 북한독재정권은 끊임없이 반미반정

부선동을 하고 있고 친북단체들은 천안함 침몰이 북한의 테러소행이라는 국제합동조사단의 조사결과를 조작되었다고 유엔에 보고서를 내는 이적 행위를 저지르기 까지 했다.

이제 한국은 올바른 정신건강을 회복해야 한다. 몸과 마음의 건강을 회복해야 할 때다. 인류의 건강을 걱정한 유엔은 만성질환과의 전쟁을 선포했다.

인류 보건 최대 목표가 '전염병 퇴치'에서 '만성질환 관리'로 바뀐다. 유엔이 2001년 '에이즈 퇴치' 이후 만성질환과의 전쟁을 선포한 것이다. 세계보건기구(WHO)는 "심장병, 뇌졸중, 암, 당뇨병 등 만성질환으로 한 해 3500만 명이 죽어가고 있다"며, "이는 전체 사망자의 60%에 해당한다."고 밝혔다. 세계보건기구의 보고서에 따르면 한 해 심근경색증, 뇌졸중 등 심혈관질환으로 인한 사망자는 1753만 명으로 전염병 에이즈 사망자 283만 명을 능가한다. 현재 약 10억 명이 과체중 또는 비만인 상태다. 만성질환 사망자의 80%가 저개발국가나 개발도상국가에서 발생한다. 인구 고령화로 만성질환은 급증하지만 재원부족으로 거의 방치되고 있는 실정이다.

육체적인 만성질환보다 더 무서운 인류의 부패, 건망증, 독재, 인권탄압, 범죄, 테러, 지구온난화, 산림훼손, 분쟁과 갈등이라는 만성질환이다.

남북격차를 분석한 OECD 2010년 한국경제보고서에 의하면 2008년 북한 인구는 2천330만 명으로 남한의 절반에 가까운 47.9%에 달했지만 국내

총생산(GDP)은 2.7%(247억 달러), 1인당 GDP는 5.6%(1천60달러)에 불과하고, 북한의 전체 교역량은 한국의 0.4%(38억 달러)에 그쳤으며 총 전기 생산량은 6%, 철강 생산량은 2.4%로 산업 수준이 한국에 비하면 훨씬 떨어진다.

북한보다 훨씬 더 잘 살고 자유로운 한국에서 대부분의 언론이 북한의 대남전략인 국가보안법폐지와 미군철수투쟁을 벌리는 인물들을 마치 위대한 정치인이나 지도자인 것처럼 영웅화하는 영적 타락은 몸과 마음의 건강을 잃게 할 것이다. 물질적으로 훨씬 더 풍요로워졌지만 자살율과 교통사고율과 이혼율은 세계에서 거의 최악의 그룹에 속하고 출산율은 세계 최저이다. 이것은 한국의 발전이 영적 타락에 치우친 바벨탑 문화라는 것을 특히 한국의 정치권과 교육계와 종교계와 언론이 깨닫고 영적 대각성 운동을 벌려야 할 것이다.

1995년부터 각국의 공무원이나 정치인이 얼마나 부패를 조장하는지에 대한 인식을 나타내는 부패인식지수(CPI: Corruption Perception Index)를 매년 발표해온 국제투명성기구는 2010년 한국의 부패인식지수를 10점 만점에 5.4점 세계 178개국 중 39위로 발표해 아시아권에서 싱가포르(9.3점/1위), 홍콩(8.4점/13위), 일본(7.8점/17위), 대만(5.8점/33위)보다 훨씬 뒤쳐졌다.

영적 각성이 없는 부패한 사회는 아무리 경제발전이 된다 하더라도 바벨탑문화에 불과하다는 것을 깨달아야 한다. 최근 한국을 비롯한 전 세계 이상기후 지구온난화의 재앙은 끝없이 편리하고 안락한 생활을 추구하는

인간의 탐욕과 이기심으로 하나님(하느님)의 창조질서를 파괴해온 결과
라는 것을 명심해야 한다.

투명성이 10%만 올라가도 인천공항 14개나 더 만들 수 있는 80조원
의 이익을 낼 수 있다. 반부패시민운동으로 투명성과 도덕성을 국민운동
으로 발전시키려는 반부패국민운동연합의 운동은 구국운동이요 도덕재
무장운동이자 영적 대각성운동이다. 반부패운동은 정치권에서부터 국민
에 이르기까지 범국민운동이 되어야 한다. 병역기피, 부동산투기, 권력형
비리, 저출산, 거의 세계 최악의 자살율과 이혼율과 교통사고율을 범국민
범종교 반부패 영적 대각성 운동으로 발전시키는 것이 긴급한 과제가 되
어야 하지 않을까? 여야 정치권의 당대표 경선과정에서 대의원 표를 매수
하는 돈 봉투 부패 사건, 부산저축은행 초대형 권력형 비리, 반부패와 법
치를 자처하던 서울시 곽노현 교육감이 후보단일화과정에서 건넨 2억 원
도 반부패와 법치로 다스려야 한다.

그 어느 때보다도 과학과 기술의 발전으로 눈부신 경제 기적 바벨탑문
화를 가져왔지만, 아직도 세계 도처에서 범죄, 부패, 권력형 비리, 테러,
분쟁, 가난, 에이즈와 같은 질병, 지구온난화, 열대림 파괴, 산림훼손, 물
부족, 비위생, 독재, 인권탄압, 양극화, 예산낭비 등으로 수많은 인류가 고
통을 받는 가장 중요한 문제는 영적인 타락 때문이다.

한국과 세계가 안전하자면 몸과 마음이 건강해야 한다. 기도와 독서와
운동을 생활하는 하는 범국민운동이 필요하다. 각계 각층에서 영적 대각
성운동이 벌어져야 하지 않을까? 여야 정치권, 젊은 세대와 기성세대, 노

사, 시민단체, 문화, 예술, 교육, 사회, 환경, 보건, 교통, 금융, 보험, 법조, 종교 등 모든 분야와 계층에서 반부패와 기도와 독서와 운동을 시작해야 할 때다. 미국 발 금융위기, 유럽 발 재정위기, 중국의 부패, 러시아의 부정선거, 한국정치권의 부패와 안보불감증 등은 좌우 모두 영적 위기를 단적으로 드러낸다. 영적인 타락을 그대로 방치한다면 하나님(하느님)과 부처님의 인내심이 끝난다는 것을 깨달아야 하지 않을까?

김 윤 관

꿈은 이루어진다

약　　력│ (주)미래교육 본부장, (주)미래교육 대표이사
　　　　　방송통신대학교 경영학과, 서울벤처대학원대학교
　　　　　부동산대학원 최고위과정 1기수료, 중앙대학교 경영학과 재학 중
　　　　　자산관리/문화예술 최고경영자과정 3기수료 (SWIM)
수　　상│ (주)세계교육 대표이사 감사패, 서울반도라이온스클럽
홈페이지│ 지이스터디 재단 홈페이지 : http://gestudy.com
　　　　　미래교육 홈페이지 : http://miraeedu.net
　　　　　트위터 · 페이스북 ID : younevergiveup
이 메 일│ korean02@naver.com　　　　휴대폰│ 010 · 6668 · 0579

성장 과정

저는 1976년, 전남 영광군 홍농읍 신대촌 119번지의 한 초가집에서 2남 2녀 중 막내로 태어났습니다. 저의 집은 정말 가난한 집이었습니다. 제가 2살 때부터 아버지는 현대 의학으로는 고치기 어려운 불치병을 앓았습니다. 당연히 아버지는 아무 일도 할 수 없었고, 그런 사정 때문에 어머니는 무려 12년 동안 아버지를 간호하며 집을 돌봐야 했습니다. 어머니가 직접 직장생활을 할 수 없었던 환경이었기 때문에, 어머니는 저희들을 새벽 4시부터 깨워 일을 시킬 수밖에 없었습니다. 아버지의 병수발과 우리의 생계를 책임지시느라 어머니는 참 많은 어려움을 겪었습니다.

저는 돈을 벌기 위해서 농약병을 주워 등록금을 마련하는 등 빈곤한 생활을 이어갔습니다. 그러던 어느 날 제 삶에 가장 충격적인 사건을 겪게 되었습니다. 고등학교 2학년의 큰 형이 사춘기를 보내고 있었는데, 어머니는 그 사실을 모른 채 방황하고 힘겨워하는 형을 크게 꾸짖었고, 형은 그만 자살이라는 끔찍한 선택을 해버린 것입니다.

항상 아버지의 역할을 해왔던 큰 형이었기에, 형이 떠난 빈자리는 너무나 컸습니다. 그런데 엎친 데 겹친 격으로, 1년이 지난 후 상처가 채 아물기도 전에 아버지마저 세상을 떠나버리고 말았습니다. 졸지에 저는 집안의 독자이자 가장이 되어버렸습니다. 당시 저의 삶은 요즘 KBS 현장르포 "동행" 프로그램에 나오는 주인공들만큼 힘들고 어려운 환경이었습니다. 기본적인 의식주를 해결할 수 없을 만큼 가정형편이 좋지 않았습니다. 학교에 다닐 때에는 육성회비를 몇 달 동안 내지 못해, 학교에 가면 선생님께 혼나기 일쑤였습니다. 학교도 싫고 정말 나의 모든 삶 자체가 싫었습니다.

그러다 저에게도 고등학교 2학년 때 사춘기가 찾아왔습니다. 너무 힘든 나날을 보내면서 엄마도 싫고 세상도 싫고 모든 것을 원망했습니다. 세상을 미워하고 나만 왜 이렇게 가난한 집에서 초라하게 이렇게 살아야 하는가 생각 등으로 방황하기 시작했습니다. 고등학교를 졸업한 후에는 그저 돈을 벌고 싶어서 대학 진학을 포기하고 산업전선에 뛰어들었습니다.

그렇게 사업을 하던 2008년 7월 4일 제가 사랑하는 남무섭 목사님 통해서 성령체험을 경험하고, 하나님께서 저를 찾으신 후 생각지 못한 변화가 일어났습니다. 하나님에 대한 믿음이 강해진 것입니다. 저 자체가 변하기 시작했습니다. 몸에 배어 있던 우울함은 서서히 옅어져 갔고, 기쁨과 보람을 맛보면서 웃음이 늘어나기 시작했습니다. 비관은 사라지고 긍정과 기적을 믿는 순수함이 싹텄습니다. 그리고 지금 암울했던 과거에서 벗어나 미래를 바라보는 꿈 너머 꿈을 위해 사랑하는 가족과 함께 하고 있습니다.

| 왼쪽부터 사랑하는 아내 정혜옥 셋째 아들 김인재, 첫째 딸 김세은, 둘재 딸 김은혜

사랑하는 독자 여러분!

마음을 활짝 열고 이 글을 읽어 주시길 바랍니다. 세상에는 기적 같은 일이 참 많이 있습니다. 세계 인구의 0.23%뿐인 유대인이 세계 억만장자의 30%를 차지하고, 노벨상 수상자는 무려 35%에 이릅니다. 특히 노벨 경제학상의 65%가 유대인입니다. 이 기적 같은 수치를 가능하게 만들었던 것은 무엇일까요? 단순히 그들이 우월한 인종 이라서 일까요? 그저 타고난 결과일 뿐일까요? 그들이 이러한 기적을 이룰 수 있었던 것은, 유대인의 교육철학의 힘 입니다. 마음과 목숨과 힘을 다하여 하나님을 사랑하고 이 지혜를 후대에 거듭 알리라는 성경 내용을 통해 태어난 세마 이스라엘 교육철학에는 좌뇌, 우뇌, 뇌 량의 균형 발달을 통한 전인 교육을 바탕으로 수많은 노벨상 수상자를 만들어 냈습니다. 좌뇌의 발달을 위해서는 긍정적으로 생각하고 선대의 지혜의 말씀을 잘 받아들이고, 우뇌의 발달을 위해서는 꿈을 품고 그 성취를 믿어야 합니다. 이 둘의 조합을 담당하는 두뇌의 발달을 위해 말과 습관을 다스려야 하고 절대 포기하지 말아야 합니다. 저는 꿈을 이루기 위해서는 누구보다 원대한 꿈을 가지고, 그 꿈을 이루기 위한 노력이 있어야 한다고 생각합니다.

간혹 아이들을 보면 가슴이 벅차 터질 것만 같은 때가 있습니다. 엄마, 아빠는 물론 할머니, 할아버지 온 가족들이 천사 같은 이 아이들을 얼마나 기다렸는지 모릅니다. 그러나 그 누구도 나고 싶은 대로 나온 사람도, 낳고 싶은 데로 낳은 사람도 없습니다. 도대체 우리는 어떤 의도로 이 세상에 보내졌을까요? 그리고 왜 열심히 살아야 하고, 왜 꿈을 가져야 하며, 왜 그것을 이루어야 할까요?

그 질문에 대한 답을 내리지 못해, 비관하고, 포기하고 방황하는 사람들이 많습니다. 세계적인 일류대학에 다니다가 중도에 포기하고 방황하는 수재들이 부지기수이며, 성적이 떨어진다고 우등생이 자살하고, 공부가 지겨워 의대생도 자살하며, 비난이 무서워 고위 공직자도, 일류 회사 사장도 자살을 선택하는 세상입니다. 저 역시 그랬습니다. 모든 것을 포기하고 싶었고, 스스로를 비참하게 여겼고, 심지어는 스스로 삶을 포기하고 싶을 때도 있었습니다. 하지만, 이는 심각한 낭비임을 깨달았습니다. 완전히 잘못된 해석입니다. 사람의 인생은 중간에 임의대로 중단할 만큼 가볍지 않습니다.

포기가 아닌 꿈을 가슴에 품는다면 결과는 달라집니다. 포기해 버린다면 모든 것이 끝나버리고 말지만, 그 자리에 꿈을 심고, 목표를 정하고 그것을 완전히 몸에 익혀 습관으로 만들어낸다면, 그 결과를 바탕으로 얼마든지 발전하면서 주위에 기여할 수 있습니다. 그것은 아마도 아주 만족스럽고 보람 있는 삶을 선사할 것입니다.

남들과 다르다는 사실에 상처 입을 필요가 없습니다. 전 세계 PC의 운영체제 중 80% 이상을 차지한 빌 게이츠는 그런 독특한 성과를 이루기 위해 대학을 중퇴했습니다. 삶은 어느 것으로도 대체할 수 없는 귀한 것입니다. 주어진 삶의 사명을 다 해야 하는 것은 인간으로 태어난 우리의 권리이자 의무입니다. 그 권리와 의무를 돕는 꿈을 가까이해야 이유는 바로 여기에 있습니다. 꿈은 보다 나은 삶, 행복한 삶의 필수 요건인 것입니다.

왜 열심히 살아야 하고, 왜 꿈을 가져야 하며, 왜 그것을 이뤄야 하는지라는 물음은 질문임과 동시에 해답이기도 합니다. 무언가를 이루기 위해서는 먼저 꿈을 꿔야 하며, 열심히 살려면 꿈이 있어야 하고, 열심히 살아야만 꿈을 이룰 수 있는 것입니다.

목표를 세워야 하는 이유

성적이 떨어진 것을 비관하여 어떤 우등생이 자살했습니다. 공부가 지겨워 한 의대생도 자살을 택했습니다. 비난이 무서웠던 고위 공직자도, 일류 회사 사장도 모두 자살해버렸습니다. 모두 최근에 일어난 일이며, 이러한 자살 사건은 지금도 일어나고 있습니다. 실로 많은 사람들에게 놀라움과 안타까움을 안겨주는 사건들입니다. 그들은 왜 자살을 택했을까? 이에 대해 심리학자와 정신분석학자들은 여러 가지 견해를 내놓고 있습니다. 무수히 많은 추론들이 나왔지만, 명백한 것은 그들 모두 목표 관리에 이상이 있었다는 점을 발견할 수 있었습니다. 인생의 목적과 목표가 명확하지 않았기에 단기적인 목표에 집착한 나머지, 장기적인 목표를 간과해버려 보다 장기적이고 중요한 사안을 쉽게 내팽개쳐버린 것입니다. 모든 사람들이 성공하기를 원합니다. 그러나 진정으로 성공한 사람은 그리 많지 않은 것이 현실입니다. 놀라운 것은 자신이 성공했다고 스스로 믿는 사람의 비율은 더욱 적다는 사실입니다. 남들이 보면 성공한 것처럼 보이는데 정작 본인은 그렇지 않다고 생각하는 사람들이 의외로 많습니다. 그 이유는 모두, 성공에 대한 정의가 제각기 다르기 때문입니다.

LMI리더십의 설립자인 미국의 폴 마이어 회장은 성공을 가리켜 "자신의 가치있는 목표를 정하고 그 목표를 점진적으로 실현하는 과정이다."라고 명쾌하게 정의한 바 있습니다. 이처럼 성공의 핵심은 목표설정에 있다는 것을 알 수 있습니다. 만일 자신이 가진 목표가 자신의 것이 아닌 부모나 상사의 것일 때 어떤 현상이 벌어질지 생각해 보십시오. 목표는 구체적이지 못하고, 그것을 이뤄야 하는 이유는 희석되어 중도에 포기하거나 의욕 없는 삶을 살게 될 것입니다. 리더십에서 왜 목표가 중요한지는 자명해집니다.

같은 맥락에서 우리는 사명선언서의 중요성을 깨달을 수 있습니다. 이 땅에 태어난 사명을 깨달으면 인생의 목적과 목표는 확실해지게 됩니다. 달려갈 방향을 알고 달려가는 사람과 무조건 달려가는 사람은 차이가 날 수밖에 없는 법이기에, 우리들은 하루빨리 나 자신만의 사명을 확립해야 합니다.

성공의 핵심은 목표설정! 필자는 현재 대한민국을 대표하는 교육업체 및 기업체 교육담당자 등 각 분야의 인재들에게 전화 영어, 중국어, 일본어 교육 프로그램 공급 및 교육서비스를 지원하고 있습니다. 놀라운 것은 대한민국의 많은 인재들이 인생에 대한 명확한 목표 없이 살아가고 있다는 것입니다. 생각보다 많은 사람들이 목표 없이 인생이라는 기나긴 길을 걸어가고 있습니다. 하지만, 수십 년의 역사를 이어가는 인생에서 목표가 없다는 것은 마치 잘못 인쇄된 지도를 들고 사막을 건너는 것과 다를 바 없다는 것을 알아야 합니다. 자신이 어디에 있는지 좌표를 읽지 못하고 그저 발 닿는 데로 걷기만 한다면 당연히 자신이 가고자 했던 목적지(성공)에는 도착할 수 없습니다.

한 번은 교수님의 소개로 대학생들에게 "꿈은 반드시 이루어진다."라는 주제로 강의를 하게 되었습니다. 오전에 2학년, 오후에 3학년들을 대상으로 강의를 진행했습니다. 수업 중에 저는 학생들에게 자신의 삶에 있어 구체적인 목표를 가지고 있는지에 대해 물었습니다. 그 결과 그 중 구체적인 목표가 있는 대학생이 채 10명도 안 된다는 것을 알게 되었고, 안타까운 마음이 들었습니다.

생각해보면 저 역시도 학교에 다닐 때에는 삶의 목표가 없었습니다. 그저 어렴풋하게 이렇게 저렇게 해야지 하고 막연하게 살았던 것입니다. 만약 그때 누군가가 좀 더 일찍 목표의 중요성을 알려줬더라면 하는 아쉬움이 듭니다. 만약, 나의 가정에 누군가 목표설정 할 수 있도록 멘토 역할을 해 주고, 목표 있는 삶을 살 수 있도록 자극했더라면 소중한 나의 형은 어쩌면 나와 함께 꿈을 이루고 있었을 것입니다.

그렇다면, 인생의 목표는 어떻게 정해야 하는 것일까요. 목표를 정하는 데도 요령이 있습니다. 목표는 그 유형에 따라, 대상과 기간 및 형태에 따라, 개인목표와 조직목표, 단기목표와 장기목표, 유형목표와 무형목표로 나눌 수 있습니다. 이러한 세세한 분류에 맞춰 상세하게 목표를 설정해야만 그것을 이루기까지 시행착오를 줄이고, 더욱 명확하게 실천해나갈 수 있습니다. 목표를 세우는 데 도움이 되는 열 가지의 기본 원칙을 여기 옮겨봅니다.

다음과 같은 사항들을 유념하여 목표를 설정한다면, 자신의 몸에 딱 맞는 인생의 목표를 세울 수 있을 것입니다.

목표설정의 중요성을 일깨워주는 일화가 있습니다. 미국의 코네티컷 주의 예일 대학교에서 1953년 졸업생을 대상으로 인생의 목표와 그것을 달성할 계획을 적은 종이를 가졌는지 조사했다고 합니다. 조사결과 오직 3%의 학생만이 가지고 있다고 대답했습니다. 연구팀은 1973년에 1953년 졸업생을 대상으로 20년 후에 조사에 응했던 학생들을 다시 찾아갔습니다. 그 결과 목표를 갖고 있다고 대답한 3%가 97%보다 훨씬 행복한 생활을 하고 있었으며, 더욱 놀라운 것은 3%가 가지고 있는 재산은 97%가 가지고 있는 재산을 합친 것보다 많다는 흥미로운 결과를 밝혀낼 수 있었습니다. 이렇듯, 뚜렷한 목표설정은 자신을 보다 완벽하고 더 나은 인간으로 만드는 힘이 있습니다.

자기암시

뚜렷한 목표 설정을 세웠다면, 그 다음 단계인 '실천'의 단계에 들어서게 됩니다. 아무리 잘 세운 목표라 하더라도 실천하지 않으면 모든 것이 무의미해지고, 모든 계획은 쓰레기가 됩니다. 이 실천단계에서 우리는 자신이 세운 목표가 진정 자신과 잘 어울리는 목표였는지, 스스로에 대한 점검이 부족한 상태에서 세운 과도기적 목표였는지 확인할 수 있으며, 세세하고 지속적인 실천으로 얻는 보람도 느낄 수 있습니다.

그러나 실천은 마음처럼, 말처럼 쉽지만은 않습니다. 자신의 삶을 개선하려는 강인한 의지를 갖췄던 사람들도 좋은 목표를 세우고서 도로아미타불을 겪기도 합니다.

이러한 실천을 돕는 것이 바로 자기암시(自己暗示)입니다. 자기암시란 일정한 관념을 반복함으로써 자기 자신에게 암시를 주는 일을 뜻합니다. 심리적 문제나 신체적 문제를 개선하는 데 탁월한 효과를 지닌 이 방법은, 실천 단계에서 힘에 부치고 기가 꺾일 때 무궁한 힘과 끈기를 전달해 줍니다. 암시에는 자기암시와 타인 암시가 있는데, 목표설정과 이에 대한 달성에 있어서는 자기암시가 많은 도움이 되어줍니다. 암시라는 말은 너무 복잡하고 어렵게 생각하지 않고 그냥 '교육'이라고 생각하면 쉽게 받아들일 수 있습니다. 자기암시는 자기가 스스로에게 교육을 시키는 일에 비유할 수 있습니다. 본인이 본인에게 '잘 될 것이다. 잘할 수 있다.'라고 말한다면 실제로 잘 될 확률이 높아지고, '잘 못하다가는 잘 안 될지도 모른다.'라고 생각한 일은 반드시 '잘 못하다가는'하고 생각했던 것처럼 안 풀리게 됩니다. 이러한 일환을 자기암시라고 칭하는 것입니다.

따라서 우리들은 보다 빨리 완벽하게 우리들의 목표 달성을 위해, 그리고 실천단계에서 지치지 않고 지속적으로 나 자신을 다스리기 위해 자기암시를 꾸준히 병행하는 것이 좋습니다.

여기 꿈을 이루기 위한 자기암시 십계명이 있습니다.

※ '불가능'이라는 단어를 생각하지 말자.
※ 어려움 앞에서 낙심하지 말고 끝까지 노력하자.
※ 나 자신의 가능성을 믿자.
※ 실패할 위험이 있다고 해도 포기하지 말자.
※ 항상 훌륭한 생각을 하자.
※ 남도 못했는데 내가 어떻게? 하고 생각하지 말자.
※ 환경 때문에 불가능하다고 생각하지 말자.
※ 꿈 너머 꿈 설계를 하며 항상 희망을 갖자.
※ 꿈을 세웠으면 당장에 개인적인 이익이 없더라도 밀고 나가자.
※ 하나의 꿈이 이루어졌다고 중단하지 말고 더 좋은 새로운 꿈 너머 꿈을 정하고 전진하자.

이와 더불어 자신 있는 삶을 위한 자기암시 십계명도 있습니다.

※ 나도 할 수 있다는 사고방식을 갖자.
※ 분명한 목표를 항상 마음에 품고 살자.
※ 오늘의 실패에 굴복하지 말고 전진하자.
※ 인생을 밝게 보는 건전한 사람들과 사귀자.
※ "잘못된 것은 즉시 고치겠습니다." 겸허한 삶을 살자.
※ 내가 어려워도 남을 돕는 데 사용하는 시간과 물질을 아까워하지 말자.
※ 성경책이나 자기 자신을 계발할 수 있는 책을 매일 읽자.
※ 장애물은 항상 새로운 기회라고 생각하자.
※ "대단히 고맙습니다." 감사할 줄 아는 삶을 살자.
※ "참 좋은 말씀입니다." 수용적인 삶을 살자.

위의 자기암시를 지속적으로 실천한다면, 많은 긍정적인 변화를 접하게 될 것입니다. 이러한 자기암시들은 내성적이고, 실패에 익숙하여 본인 스스로에 대해 부정적인 사람들일수록 큰 변화를 드러냅니다. 비관적이고 우울하기만 한 사람들도 처음부터 그런 상태는 아니었습니다. 계속되는 좌절, 아무것도 달성하지 못한 자책감, 목표 없는 삶이야말로 그 원흉입니다. 자기암시는 그 원인들을 교정하고 바로 잡아 다시 자신감을 불어넣고 눈에 힘을 실어주게 됩니다. 거울을 마주 보고 항상 주눅이 들어 있는 본인 스스로에게 계속 가르침을 펼쳐야 합니다. 자기암시를 통한 교육은 그 누구보다 훌륭한 자신이 하는 말에 귀 기울여 듣는 것입니다. 진정한 변화는, 그리고 성공의 시작은 스스로를 본인이 원하는 방향으로 이끄는 데에서부터 시작합니다. 이제 남은 것은 지치지 않는 일입니다.

독서는 나의 힘

집에 책이 없다면 영혼이 없는 것과 같다는 말이 있습니다. 백 퍼센트 옳은 말입니다. 책을 읽지 않는 사람은 절대로 발전할 수 없으며, 성공할 수 없습니다.

책을 읽는다는 것은 단순한 학습의 의미가 아닌, 무언가에 대해 새롭게 접한다는 의미가 있습니다. 지금의 나와 달라지고 싶다면 반드시 책을 읽어야만 합니다. 좋은 책 한 권을 읽은 사람과 읽지 않은 사람의 차이는 큽니다. 생각하는 폭도 깨달음의 깊이도 달라지는 것입니다. 책을 많이 읽은 사람일수록 같은 현상을 보더라도 더 많은 것을 깨우치게 되고, 이러한 차이는 경쟁에서 자신이 항상 우위에 설 수 있도록 돕습니다.

또한, 책은 아이디어의 보고입니다. 좋은 책은 항상 정보와 함께 자극을 주기 마련입니다. 독서는 자신의 삶과 무관한 책을 읽더라도 어느 순간 영감을 줍니다. 그 영감으로 삶에 접목시켜 새로운 아이디어로 형상화할 수 있다면, 이미 '성공'한 것이나 마찬가지일 것입니다.

필자가 독서를 강조하는 가장 큰 이유는 자기중심적인 사고에서 벗어날 수 있게 도와주기 때문입니다. 삶의 목표를 세우고, 그곳을 향해 미친 듯이 달려가는 일은 수도사의 고행과도 같습니다. 자칫하면 시야는 협소해지고, 수단과 방법이 중요하지 않게 여기게 되기도 합니다. 무조건 돈만 벌겠다는 목표를 가진 사람이 얼마나 무서운 일을 저지르는지 우리 모두는 익히 알고 있을 것입니다. 이는 자신의 생각이 무조건 옳다고 생각하는 지나친 자기애의 오류에 해당합니다.

이러한 자기중심적 사고는 다른 사람들의 따뜻한 조언과 칭찬을 세간에서 들려오는 독설이나 비아냥과 구분하지 못하게 합니다. 누구의 말도 무시하는 사람에게는 결국 아무도 말을 걸지 않는 법입니다. 자기중심적인 사고는 스스로를 갉아먹는 무서운 습관으로, 독서는 이를 교정하는 데 큰 도움을 줍니다. 책에는 늘 다른 사람들의 생각이, 그 생각을 점검하는 또 다른 이의 생각들이 적혀져 있기에, 독서는 타인의 생각을 받아들이는 수용할 줄 알고 포용하는 방법을 익힐 수 있게 합니다.

그래서 저는 항상 이렇게 말합니다. "승진하기를 원한다면 책을 읽어라!" "잘난 척하려거든 책을 읽어라! 잘난 척하는 것도 문제지만 그것보다 큰 문제는 머리에 든 것도 없이 잘난 척하는 것이다."라고 말입니다. 책을 읽지 않는 사람에게는 희망이 없습니다. 독서를 하지 않는 행위는 그저 그 상태 그대로 머물고 싶다는 의사표명일 뿐입니다.

생각이 바뀌면 행동이 바뀌고, 행동이 바뀌면 습관이 바뀌고, 습관이 바뀌면 운명이 바뀌고, 운명이 바뀌면 인생이 바뀐다는 말이 있습니다. 독서는 이 모든 것의 시작인 생각을 더욱 훌륭하게 가꿔주는 도구이니 반드시 가까이해야 합니다.

작지만 꿈이 있어 강한 김윤관

필자는 무일푼의 보통 사람이었습니다. 아니 남보다 못한 사람이었습니다. 대단한 자본도, 유능한 사람의 후원도, 천재적인 재능이나 소질 또한 전혀 갖추지 못한 사람이었습니다. 그런 제가 이렇게 성장할 수 있었던 것은 첫째, 나도 성공할 수 있다는 믿음을 바탕으로 매사에 긍정적으로 생각한 점, 둘째, 나 같은 보통 사람도 꿈 너머 꿈이 있다는 가능성을 믿고, 모방과 창의를 반복하면서 현실에 적용시킨 점, 셋째, 유용하다고 판단되는 사안에 대해서는 끈질기게 실천한 결과라고 생각합니다. 항시 어제보다 오늘이 나아지고 지난달보다 이번 달이 나아지며, 지난해보다 올해가 나아질 것을 목표로 한 결과, 놀라운 변화를 경험하게 된 것입니다.

꿈은 이루어집니다. 꿈을 가진 사람만이 꿈을 이룰 수 있으며 꿈을 가진 사람이 누군가 좋은 사람을 만나면 그 꿈은 반드시 이루어집니다.

미국에 맥스웰 슐츠라는 성형외과 의사가 있었습니다. 그는 환자들을 치료하다가 이상한 현상들을 발견했다고 합니다. 환자의 믿음에 따라서 인격도 변하고 인생까지 변한다는 것이었습니다. 이 흥미로운 현상에 매료된 그는 수십 년에 걸쳐 이 현상을 연구했습니다. 그리고 그가 60세가 되던 해, 그는 연구의 결과물을 세상에 공표했습니다. 그의 결론은 실로 단순한 것이었습니다.

"지금 당신이 성공한 인생을 살고 있지 못하는 까닭은 당신이 성공을 믿지 않았기 때문이다. 하루에 30분씩 마음속으로 이미 성공한 자신의 모습을 생생하게 그려라." 슐츠 박사의 이 메시지는 40년에 걸쳐 전 세계의 3,000만 명이 넘는 사람들에게 실행되었고, 그 효과를 보지 않은 사람은 단 한 명도 없었습니다.

모든 것의 핵심은 다음과 같습니다.

대한민국 모든 독자 여러분이 성공하는 모습을 상상하는 것, 그것이 바로 성공에 이르는 키워드인 것입니다.

지금까지 역설했던 목표설정의 중요성과 실천은 모두 자신의 성공을 보다 구체적으로 상상하기 위한 하나의 수단이자 방법론입니다.

"꿈을 믿고 절대 포기하지 않는다면, 꿈은 반드시 이루어집니다."

그리고 " I can do it! We can do it! you never give up!"

"이제 나는 실천한다."

필자는 이 단순한 진리를 매시간, 매일매일 반복하고 또 반복할 것입니다. 그리하여 실천은 마치 숨 쉬는 것과 같이 나의 습관이 되고, 꿈 너머 꿈은 머리로 상상하고 가슴으로 느끼고 손으로 적고 발로 행동할 것입니다.

나의 꿈 너머 꿈을 공개합니다.

| 깊은 산속 옹달샘' 운영하는 아침편지문화재단 고도원 이사장과 함께

2031년 1월13일까지 31명에 인재를 육성해서 5개 회사를 운영하고 지이스터디 재단에서 전세계인에게 꿈과 희망 열정을 전달하고 꿈 너머 꿈이 있는 인재가 될 수 있게 한다.

모두 꿈을 믿고 상상하십시오. "네 시작은 미약하였으나 네 나중은 심히 창대하리라." 욥기 8장7절 "내게 능력 주시는 자 안에서 내가 모든 것을 할 수 있느니라." 빌립보서 4장 13절 - 꿈은 반드시 이루어집니다.

성공을 위한 리허설
Rehersal

성공을 위한 리허설

Smile

III

한광일

임명숙

정다겸

금　채

김지운

권선복

성공을 위한 리허설
Rehersal

성공을
위한 리허설
Rehersal

한 광 일

웃어라!
비워라! 즐겨라! 그리고 미쳐라!

약   력 | 연세대학교 석사, 서울대학교 박사 수료
웃음치료사, 스트레스 치료사, 숲 치료사 등 창시자
한국강사은행 총재
(사) 국제웃음치료협회 회장 www.ha.or.kr
KBS, MBC, SBS, 미국, 독일 등 방송 및 명사특강 6,100회
2011 대한민국 교육대상 스타강사 수상
저   서 | 웃음치료법, 편 경영 리더십, 이기는 편 리더십 등 20여권
이 메 일 | recman@naver.com   휴 대 폰 | 010 · 5249 · 9200

긍정의 힘

펀(fun)하게 잘 노는 사람이 일도 잘한다. 한가지 일에 미치며 몰입하는 사람은 어떠한 일을 하더라도 맡은 일에 미치도록 몰입하는 법이다. 재능있는 사람은 노력하는 사람 못따라 가고, 노력하는 사람은 즐기는 사람 못따라 가고, 즐기는 사람은 미친 사람 못따라 간다.

긍정의 긍(肯)자는 '즐길 긍'이라는 뜻이 가지고 있다. 명사형인 긍정에 그치는 것이 아니라 실천적인 동사형으로 바로 지금! '이 시간'을 즐기라는 의미를 가진 것이다. 긍정에 대한 몇 가지 일화를 여기 옮겨 본다.

어떠한 병이라도 고친다는 유명한 약이 있다. 미국 의사들의 93%가 이 약을 신용하고 있으며, 그중의 53%가 이 약을 환자들에게 처방한다고 한다. 병에 걸려있던 대부분의 환자들은 이 약을 통해 병이 호전되는 것을 경험했다고 한다. 하지만 이 약을 판매하는 것은 엄격하게 제한되어 있다. 도대체 이토록 좋은 약을 왜 판매하지 못하도록 제재를 가하는 것일까?

그것은 그 약의 정체가 가짜 약이기 때문이다. 환자들의 병을 고친 것은 약효가 아닌 약에 대한 믿음, 즉 플라시보 효과이다. 약으로 인해 병이 나을 수 있다는 강력한 믿음이 실제 병을 치료해낸 것이다. 약으로 고칠 수 없는 병을 치료하는 약에 대한 믿음, 그리고 긍정은 실제로 사람을 치유한다.

　　건국년도가 똑같은 우리 민족과 세계인구의 0.3%에 불과한 유대민족을 비교해보면, 한국은 노벨상을 단 1명만 받은 반면, 유대인은 약 183명이 받았다는 놀라운 차이점을 발견할 수 있다. 이 차이점은 어디에서 발생한걸까?

　　그것은 유대인의 가정교육에서 비롯된다. 어릴 때부터 부모가 자녀에게 유머, 웃음교육을 시키는 정서가 형성시키기 때문이다. 이는 유대인들이 긴 역사동안 박해를 받으며 겪었던 비극적인 상황을 유머를 통해 창조적 극복을 시도했던 것이 그대로 이어져 온 것이다.

　　미국이나 유럽에서는 자식이 어릴 때부터 유머교육을 시작한다. 웃음은 고정관념이 깨질 때 나오는데, 이들은 프로이드와 아인슈타인을 최고의 코미디언으로 뽑는다. 위인들은 고정관념을 깨트리고 이를 발전시켜 훌륭한 과학을 만들어 냈기 때문이다.

공공의 적 스트레스

스트레스에 시달리는 사람은 결코 매력적인 인간이 될 수 없다. 스트레스란 아무리 작더라도 우리의 마음과 몸을 강력하게 지배하기 때문이다. 아무리 다른 사람에게 웃음을 보이고 여유를 보이려 해도 스트레스가 있는 상태에서는 그렇게 하는 것이 불가능하다. 우리나라 국민들이 가장 많이 사용하는 외래어는 'AC'도 있겠지만, 단연 '스트레스'를 꼽을 수 있다. 현재 우리나라 직장인들의 직무 스트레스는 세계 1위를 자랑하고 있다. 이것 때문에 우리나라는 일의 흥미도와 만족도가 세계 꼴찌라는 평가를 받았고, 1년에 11조의 경제손실을 입는다는 연구결과가 나왔다. 어쩌면 그 이상이라고 생각된다. 또한 4대 사망원인 암, 뇌혈관질환, 심혈관질환, 자살 등의 70%가 역시 이 스트레스 때문이다. 선진국에서는 스트레스 때문에 GNP의 10%의 손실이 있다는 보고도 나왔다. 스트레스 때문에 무기력해지고 주의가 산만하여 집중력이 떨어지니, 산업재해, 불만, 불량품, 의료비가 30% 증가한 까닭이다. 또한 스트레스를 원인으로 발병하는 280여 가지의 질병도 무시할 수 없는 수준이다.

최고의 약은 웃음이다. 웃음은 결코 가짜 약이 아니다. 스트레스는 긴장해서 혈압이 올라가고 스트레스 호르몬이 증가하여 뇌와 심혈관계에 막대한 손상을 입힌다. 하지만 웃으면 긴장이 이완되고 몸과 마음이 평온해져 건강한 신체를 만들어 준다.

사람은 보통 하루에 5만 가지의 생각을 하는데 그 중 96%가 쓸데없는

| 대학생 웃음 강의후 단체사진

생각이고, 75%가 부정적인 생각이라고 한다. 또한 사람은 누구나 하루에 평균 4번씩 거짓말을 한다고 한다. 이러한 사람들의 속성 때문에 모두는 불필요한 스트레스를 만들고 시달리게 된다. 부정적인 사고는 고민을 낳고, 고민은 고통을 낳아 스트레스가 되는 것이다. 이런 식으로 스트레스에 빠지면 창조적인 사고를 할 수 없고, 즐겁게 일을 할 수도 없다.

현대인들은 매일같이 스트레스를 받으며 살아간다고 해도 과언이 아니다. 때론 스트레스를 받는 것이 아예 당연시되고 있는 실정이기도 하다. 나 자신을 좀먹고, 정신과 육체를 서서히 괴멸시켜 가는 이러한 스트레스는 우리가 매일 들이마시지만 눈에 보이지 않는 공기처럼 눈에 드러나지 않아 자칫 방치하기도 쉽다.

스트레스는 단순히 외부에서 주어지는 것이 아니라 자신과 환경의 상호작용에 의해 발생하기도 한다. 이 스트레스를 얼마나 받느냐, 또는 얼마나 잘 극복하느냐에 따라 성공과 실패, 행복과 불행이 결정된다. 우리가 느끼는 행복감과 불행감, 슬픔과 고통은, 실은 어떤 감정과 대상으로부터 스트레스를 받아 생기는 육체적 감각에 가깝다. 그러므로 인생을 행복하게 살기 위해, 그리고 짜릿한 성공을 위해 무엇보다 이 스트레스의 정체를 정확히 진단한 다음, 효과적으로 스트레스를 없애고 관리해야 하는 것이다.

사회생활, 직장생활을 하다보면 기분 좋은 일보다 끊임없이 나를 괴롭히고 지치게 만드는 일들이 훨씬 더 많이 일어난다. 무수한 사건과 감정이 얽혀 돌아가는 치열한 경쟁 속에 시달리다 보면 지금까지 일 잘하고 긍정적으로 살아가던 사람이라도 어쩔 수 없이 각종 스트레스에 노출되기 마련이다.

'이 일은 반드시 오늘 마쳐야 해', '올해는 꼭 승진해야 해', '이번엔 꼭 누구를 이겨야지!', '내년에는 꼭 집을 마련해야지' 하는 계획이나 목표, 또는 어떤 대상을 두고서 결심하는 모든 생각들은 알게 모르게 우리의 정신과 육체에 스트레스를 준다. 스스로를 옭아매는 강박관념에서 벗어나지 못하면 아무리 노력해도 스트레스에서 벗어날 수가 없다.

이런 이유 때문에 오늘날의 현대인들은 스트레스에 맞서 자신의 목표를 수행하기 위해서 사고와 감정을 조절하는 정신력을 길러야 한다. 스트레스를 잘 관리하면 건강하고 성공하고 행복할 수 있다.

스트레스를 관리하는 노하우 몇 가지를 공개한다.

첫 번째, '비워야 한다.'

우리의 욕심과 부정으로 가득한 몸과 마음의 독소를 비워야 한다. 유명한 시인과 소설가들이 도시에서 글을 써보니 시상이 떠오르지 않아 자연 풍경이 넘치는 시골로 떠나보니 자연스럽게 시상이 떠오르는 것을 경험했다고 한다. 우리들도 마찬가지로 몸과 정신을 적절한 시기에 환기를 시켜주는 것이 좋다. 비워진 자리에 새로운 것이 찾아오기 때문이다. 비우면 채워진다는 철학을 누구나 알면서도 이를 실천에 옮기지 못하는 우리의 나태함을 반성해야 한다.

두 번째, '즐겨야 한다.'

금세기 최고의 경영자로 칭송받고 있는 잭 웰치는 재임기간 20년 동안 회사의 브랜드 가치를 60배나 올리고 나서 '자신의 성공비결은 즐겁게 일하고, 즐겁게 논 것'이라고 말했다. 스트레스의 상황을 피할 수 없다면 즐겨라. 그것이 당신의 건강을 위해 좋은 일이다. 그리고 그렇게 하는 것이 오히려 당신의 실적을 올려준다.

2008년 현재 64조로 최고의 부자로 선정된 미국의 투자그룹인 버크서 헤서웨이 사의 워렌 버핏은 2년 전 빌게이츠가 설립한 '빌 앤 멜린다 재단'에 전 재산의 85%에 해당하는 38조를 기부했다. 그는 자신이 피땀 흘려 번 돈을 자신의 재단도 아닌 다른 재단에 기부했으며, 50년째 같은 집에서 살면서 오래된 중고 자가용을 기사도 쓰지 않고 직접 운전하며 열정적으로 일하고 있다. 천문학적인 수익을 내는 회사의 CEO이지만 그는 25년 이상 연봉 10만 달러만 고집하고 있으며, 탭댄스를 즐기며 출근하고 있다.

간혹 성공한 부자들 가운데 결코 행복해 보이지 않는 경우가 있는데, 워렌 버핏은 행복하게 성공한 매력적인 인물로 꼽히기에 손색이 없다. 모두가 '즐기는 삶' 때문이다. 끌려 다니는 삶, 억지로 얽매이는 삶을 사람과는 차이가 날 수밖에 없다.

세 번째, '다르게 미쳐야 한다.

최고의 경영자로 선정된 애플사의 스티브잡스는 자신의 성공비결로 '남들과 다르게 생각했다'는 것을 강조한다. 즉 남과 다르게 창조적인 사고를 했다는 것이다. 우리는 그가 고정관념을 깼다는 사실에 주목해야 한다. 창조적인 사고를 위해서는 기존의 틀과 사고를 깰 수 있는 용기가 필요하다. 스트레스도 고정관념이기에 이것을 깨는 자신감이 필요하다.

대한민국을 사로잡은 게임 '스타크래프트'를 창안한 빌 로퍼는 '창조는 미침이다'라고 했다. 이는 자기가 하는 일에 즐겁게 몰입하는 사람들, 고정관념에 사로잡히지 않고 자기 일에 철저히 미친 사람들은 스트레스에 빠질 시간도 없고, 설령 스트레스가 온다 해도 잘 극복해 낸다는 메시지를 담고 있다. 즐거운 마음으로 일에 몰입하면 스트레스를 잊고 산다. 워렌 버핏은 '열정에 따르라'고 말한다. 즉 열심히 정성을 다하여 자기가 하는 일에 미치고 몰입하라는 것이다. 대부분의 스트레스는 마음에서 비롯된다. 남보다 앞서야 하고 인정받아야 한다는 욕심이 최대 원인이다.

〈개미〉, 〈뇌〉의 작가 베르나르 베르베르는 '가장 똑똑한 뇌는 현재 만족하고 있는 뇌'라고 분석했다. 과욕보다는 현실을 직시하고 최선을 다하는 자세로 사는 것이 스트레스 관리에 최선의 방법인 것이다.

네 번째, '꿈은 이루어진다!'

여기서 잠시 필자의 이야기로 돌아가보자. 필자의 아버지는 독실한 기독교 신자이셨는데 중학교 졸업 후 방황하던 나에게 교회에 나가면 용돈도 주고 다양한 특혜를 주겠다며 내키지 않는 교회로 억지로 등을 떠밀었다. 보통 교회를 처음 나가면 중고등부 예배 후 친교시간을 갖고 자기소개를 하게 된다. 이럴 때 모두는 각자 유창하게 어느 학교 누굽니다. 취미는 뭐고 특기는 뭐고 하면서 다들 멋지게 소개를 하곤 한다. 특기할 점은 교회엔 항상 여학생이 더 많다는 점이다. 이래저래 긴장을 하지 않을 수 없었다. 그러다 마침내 소개하는 순번이 나에게 돌아왔다. '뭐라고 소개하지…' 머릿속은 새하얗게 비어있었고, 얼굴은 시커멓게 변해있었다, 정말이지 심장이 잠깐 동안 멈춰버린 듯 했다. 나는 한참을 머뭇거리다가 할 수 없이 말을 뱉었다.

"저는 재수생 한광일입니다……"

감수성이 예민한 시절이었다. 31년 전의 일이지만 지금도 생생하게 기억이 날 정도다. 그러한 상황들은 당시의 내가 견디기 힘들 정도로 가혹했다. 크게 상심한 나는 이후 교회를 나가지 않았다. 하지만 재수 끝에 고등학교를 졸업하게 되자 아버지는 또 다시 나에게 교회를 나가라고 성화를 냈다. 아버지의 간곡한 부탁을 차마 뿌리칠 수 없어서 나는 다시 교회를 나갔다. 이윽고 청년부 예배 후 친교시간이 다시 돌아왔다. 그렇게 잊고 싶었던 자기소개 시간이 또 다시 돌아온 것이다. 어느 대학 누구입니다, 어느 직장 누굽니다, 라는 말들이 이어졌다. 그 자리에서 가장 학벌이 좋았던 학생은 연세대 대학원생이었는데 그 사람이 입은 양복과 시계, 말솜씨, 그리고 인상 등 그의 모든 것들이 나에게는 최고로 비춰졌다. 마음속으로 나는 그가 너무나 부러워졌다. 그러다 나에게도 소개시간이 다가왔다. 나의 얼굴은 이미 시퍼렇게 굳어있었다.

"저는 재수생 한광일입니다……"
4년 전의 악몽이 다시 찾아왔다. 가는 날이 장날인가? 나는 운이 없는 사람인가보다. 나는 또 다시 상처를 받았다. 하지만, 기가 꺾이지는 않았다. 상처는 상처일 뿐이었다. 지나간 상처에 연연하지 않기 위해, 또 다시 반복하지 않기 위해 나는 그 시간 이후 정말 열심히 살았다. 드러낼 수 없는 상처를 안고서도 내 방식대로 열심히 최선을 다해 지냈고, 좀 더 다른 삶을 살게 되었다.

우연일지 몰라도, 15년 후 그때 우상처럼 보였던 대학원생처럼 나도 연세대 대학원생이 되었고, 전 과목 A에 100점 만점을 받아 성적우수상을 수여받으며 졸업을 했다. 또 기적이라고 할 수 있는 일이 벌어졌다. 최근 방송에 많이 나왔던 대형병원에서 강의를 할 일이 있었는데, 그 곳에 큰 강당이 없어 직원들의 월례 직원교육을 근처교회에서 진행하게 되었다. 놀라운 것은 그 교회가 예전의 내가 잊지 못할 자기소개를 반복했던 그 교회였다는 것이다. 나는 병원임직원들의 인기투표 끝에 1위를 거머쥐며 특강강사가 되었고, 무려 27년 만에 그 교회의 그 자리로 컴백하여 옛 시절을 추억하며 강연을 했다.

수십 년 동안 나를 괴롭혀왔던 스트레스도 이젠 하나의 아름다운 추억으로 승화시켜, 강연의 소재로 훌륭하게 활용하고 있다. 돌이켜보면 그동안의 역경은 나의 작은 성공의 씨앗이 되어줬다. 필자가 말하고 싶은 것은 이것이다.

"잠을 자면 꿈을 꿀 수 있지만 긴 잠을 자면 꿈을 이룰 수 없다"는 것. 나는 계속해서 내 인생과 나만의 소중한 꿈을 위해 깨어 있을 것이다.

웃음은 치료제이다

억지웃음도 90%의 효과가 있으며, 혼자보다 여럿이 함께 웃으면 33배 효과가 있다. 잘 웃으면 8년을 더 살 수 있으며 늘 감사하고 칭찬하고 긍정적이면 6년을 회춘한다고 한다.

여자가 남자보다 약 6~7년 더 오래 사는 이유는 독해서 그런 것이다. 하하하! 물론 농담이다. 여자가 남자보다 수명이 더 긴 이유는 보다 자주 웃기 때문이라고 한다. 얼굴이 굳어있거나 깊은 고민에 빠지는 사람은 수명이 짧다. 미국에서 10년간 100세 이상 노인들의 장수비결을 연구한 결과 3가지로 판명되었다. 그것은 긍정적인 사고, 신앙심, 봉사정신이었다.

우울증의 원인도 도파민, 세로토닌 부족을 들 수 있는데, 매일 크게 한 번 15초만 박장대소해도 최하 200만원어치의 엔돌핀, 엔케팔린, 도파민, 세로토닌, 아세티콜린 등 21가지의 호르몬이 나와 심장과 피부에 탄력을 준다. 이렇게만 한 번씩만 웃어주어도 2일씩 더 살 수 있다. 성인들이 1일

7번 웃는데 아이들은 400번 웃는다. 그래서 아이들이 오래 사는 것일까? 하하하!

최근 젊은 청년들의 정자수가 30%가 감소하고, 10명중 4명은 비정상적인 정자이고, 처녀들이 조기폐경을 한다고 보도된바 있다. 이것은 환경오염이 원인으로써 면역체계에 이상을 일으켰기 때문에 생긴 현상이다. 이런 면역체계 이상에도 최고의 처방전은 웃음이다. 웃으면 면역력이 쑥쑥 올라간다. 의학의 아버지 히포크라테스는 지구상의 최고의 의사와 치료법은 면역이라고 말했다. 이 면역을 키우고 회복시키는 것은 웃음에 달렸다.

역설적으로 찰리채플린은 80세에도 아기를 낳았다. 아브라함이 100살에 낳은 이삭의 이름은 웃음이라는 뜻이고, 피카소는 80살에도 매일 밤 플라멩코를 즐겼고 92살까지 장수하였다. 즉 웃음의 효과를 본 것이다. 또한 옛날 우리 임금들은 항상 곁에 웃음내시를 두었고, 백 년 전에는 새의 깃털로 환자를 간지럼 태워 치료하는 시술법이 유행하기도 했다.

웃음은 운동효과도 탁월하다. 박장대소와 요절복통으로 웃으면 얼굴근육 80개, 근육 650개, 뼈 206개가 움직이며 에어로빅을 5분 동안 하는 것과 같다. 15초만 웃어도 12kcal가 소모되고, 이는 윗몸일으키기를 25번 한 것과 같으며, 산소공급이 2배로 증가하여 신체 등이 시원해짐과 또한 즐거운 활동이 기억력에 좋다는 연구결과도 있다. 웃으면 자신감이 생기고, 활력이 솟구치고, 늘 긍정적인 상상을 지속할 수 있다. 웃고 있는 동안

에는 10-15% 힘이 증가하고 생체나이가 6-7년 줄어들고, 유연성이 10%
증가하고, 몸의 온도가 1도 올라가면 면역력이 5배가 증가한다.

우리의 몸은 마음과 함께 움직인다. 부정적인 마음을 갖게 되면 몸도
온전하지 못하게 되는 것이다. 그래서 필자는 '웃을 일이 없어도 억지로
라도 웃자'고 말하고 싶다. 우리 마음이 즐겁지 않으면 미칠 수 없고 창조
적 사고를 할 수 없을 뿐더러 몸도 자유로울 수 없기 때문이다. 그런데 일,
공부, 운동 등 모든 일에 즐거움을 부여하면 열중을 할 수 밖에 없다.

금세기 최고의 경영자라고 칭송을 받고 있는 제너럴일렉트릭의 전
CEO 잭웰치는 재임기간 회사 브랜드 가치를 60배나 올리고 나서 내가 성
공한 비결은 '즐겁게 일하고 놀았기 때문이다'라고 주장했다. 잭웰치처
럼 성공한 사람들에겐 특별한 것이 있다. 바로 늘 웃는 인상이다. 그들에
게는 인간관계를 부드럽게 해주는 유머감각이 있었으며, 어떠한 곤경과
어려움에서도 웃음과 유머감각으로 이겨내는 불굴의 힘이 있었다.

자! 우리 모두 이렇게 외쳐보자.
내가 행복해서 웃는 것이 아니라 웃기 때문에 행복하다.
이 세상 최고의 화장법은 당신의 환한 웃음이다. 하하하하하!
웃어서 행복해지는 것이 아니라 웃기 때문에 행복해진다.
웃음은 가짜가 없다. 웃음은 모두 다 명품 그 자체다.
웃다보면 어느새 정말로 즐겁게 웃고 있는 자신을 발견할 수 있을
것이다. 웃다보니 웃고 있네? 하하하하하! 이렇게.

365일 전국 특강! 매일 평균 300km, 피곤치 않는 이유는 즐겁게 하기 때문

필자는 '내가 웃기 때문에 건강하고, 행복하고, 성공한다!'는 철학으로 웃음을 퍼트렸고, 가장 짧은 시간에 인기인이 되어 사단법인 국제웃음치료협회 2011년 스타강사 대상에 선정 될 수 있었다. 그동안 KBS, MBC, SBS 등 방송 및 명사특강을 6,100회나 진행했으며, 다양한 곳에서 특강 제의를 받고 있다.

필자의 강연은 지식전달이 아닌 지혜를 나누고 체험하는 콘서트를 지향한다. 90~120분 동안 진행되는 강연 동안 박장대소 100번 이상, 2번의 눈물을 흘리게 하고, 무대 등단 1초 만에 청중들을 사로잡겠다는 마음가짐으로 강연을 시작한다. 노력의 결과인지 청중들의 반응은 항상 뜨겁고 열렬했다. 그 청중들에게 항상 감사하고 고마운 마음을 느낀다.

필자는 약 9년 동안 서울과 성남 등지에서 사회복지사로 '사랑의 빵 나누기' 활동을 했고, 주경야독하여 대학교수가 되었다. 5년간 교수를 했지만 더 크고 보람 있는 일을 하고자 그 자리를 박차고 나와서 사람들에게 '캔can'의 시대에서 '펀fun'의 시대로 가야 함을 강조하기 위해 ≪웃음치료법≫, ≪펀 경영 리더십≫ 등 수많은 책을 내고, 국내 최초로 웃음치료사 자격증을 만들고 특허를 냈다.

필자는 한때 재수생, 퇴학생, 학사경고 등 모범생과 우등생과는 거리가 먼 학생이었다. 고등학교 생활기록부에는 "이 학생은 친우관계가 좋지

않으며, 수업시간에 매우 못마땅한 표정을 짓고 있음"이라고 적혔던 내성
적이고 비관적인 성격의 소유자였다. 그랬던 필자가 이제 정반대로 변해
한국웃음센터 원장이 되어 긍정의 웃음을 전파하고 있다는 사실만으로도
충분히 행복하다.

그동안 웃음치료사 2만8천명을 양성하고, 전국 특강을 하면서 650만
명을 만났다. 기업과 지방자치 시민아카데미에서, 서울대, 연대, 고대, 전
경련, 상공회의소 등 200여개 대학과 기관의 최고경영자과정에서, 대검찰
청, 국세청 및 각 시군구 등의 공공기관에서 웃음을 통한 혁신경영, 자기
변화, 긍정, 그리고 창조적 사고를 강조하고 있다. 그리고 삼성, 현대 등
2,000여개 기업에서 직원들의 긍정적 변화를 위한 펀리더십, 소통과정을
기획하고 특강을 전파하고 있다.

필자는 계속해서 웃음의 힘을 전파할 예정이다. 대한민국 전국 방방곡
곡 구석구석까지 행복한 사람들의 미소와 밝은 웃음소리가 기대한다. 그
것이 필자가 웃는 이유이며, 열정적으로 살아가는 힘이다.

성공을 위한 리허설
Rehersal

임 명 숙

내 삶의 축복을 위하여

약   력 | 한국다민족 조형예술인협회 회장, 나경아카데미학원(관인) 원장
한국일반문화센터(평생교육시설)원장, 오산대학 이벤트연출과 겸임교수
시립 인천전문대학(평생교육원 학점제) 화훼조형학 강사
(사)인천꽃문화협회 나경꽃예술회 회장, 이대평생교육원(평생교육사 2급자격취득)
(사)한국꽃예술학회 상임위원, (사)귀한동포연합총회 상임이사
동국대학교 불교대학원CEO과정수료, 이화여자대학교(꽃예술아카데미과정)석사인증
수원대학교 미술대학원 미술석사졸업, 상명대학교 환경자원학과 박사수료
수   상 | 한국수공예기능인협회 공로상, 동국대학교 총장 공로상, 한민족신문 감사장
이 메 일 | lms260@hanmail.net   휴 대 폰 | 017 · 260 · 7257

무언의 대화 속에 아름다운 이야기

강단에 선 강사가 강의를 할 때는 일반적으로 마이크를 사용한다. 강사의 목소리와 더불어 대중의 목소리는 상대적으로 점점 소음으로 변모한다. 강사는 강연 도중 중요한 대목을 강조하기 위해 목소리를 크게 낼 때가 있는가 하면, 어느 순간에는 대중들의 집중을 위해 부러 조그맣고 나지막한 소리로 이야기를 하곤 한다. 그러한 순간들에 소음은 신기하게도 점점 멎어 들어간다.

사람들은 상대의 목소리가 크면 클수록 떠들고, 적은 소리로 말하면 상대적으로 들어야하기 때문에 조용해지는 심리가 있다. 무조건 큰 목소리로 이야기 한다고 해서 좋은 것이 아니란 이야기다.

1년간 200명의 재외동포 직업교육을 진행하면서 유난히 시끄러울 때 "여러분 이제 연변방송은 끄시고 서울방송 한번 들어 볼까요?"란 표현을 하며 분위기를 재정비 하곤 했다. 그때마다 강의실은 한바탕 웃음바다가 펼쳐졌다.

돈을 벌기위해 중국에서 먼 바다를 건너와 대한민국에 온 재외동포들의 연령대는 30대 후반에서 50대 초반이다. 저마다의 사연과 함께 가족해체를 이기며 외로움과의 전쟁을 치루는 이들이다. 남을 이기기는 쉽지만 자신과의 싸움은 그리 쉽지 않다. 내면과의 투쟁이야 말로 내 인격의 원조다. 비자변경을 위한 주말 직업교육, 3D에 종사하는 이들의 삶은 매우 고달프다. 어느 날 한 교포가 "한국 사람들은 왜 그리 힘들게 산데요?"라는 질문을 던져왔다. 그 말에 "왜 그러세요? 한국생활이 힘드세요?"라고 되물었다. 순간 침묵이 돌았다.

"여러분 힘드시지요? 자, 지금부터 제 이야기 한번 들어 보실래요? 건국 이래 오늘날 한국은 경제성장과 민주화를 동시에 같이 이루었다고 많은 이들에게 평가를 받고 있습니다. 하지만 그 길을 닦기까지 수많은 한국인의 희생이 있었습니다. 베트남 전쟁은 참가한 많은 군인들이 목숨을 잃었으며 이들의 죽음을 위로하는 위령비가 세워졌고, 독일의 탄광에 외화벌이를 하러 간 광부들은 열악한 환경에서 일하다 병을 얻어 평생을 고통 속에 살고도 있습니다. 간호사란 명분으로 비행기를 타고 독일에 도착한 17~18세의 소녀들은 딱딱하게 굳은 백인시체를 닦는 데로 파견되었으며, 중동의 용광로 같은 모래밭에서의 건설현장은 한국인의 피부를 검게 태워 살갗이 벗겨지는 일이 태반이었습니다. 여러분들은 한국에서 시체를 닦아본 경험이 있습니까? 태양에 너무 뜨거워 피부가 타서 벗겨질 정도로 노동현장에서 일을 해 보았나요?"

나의 일장 연설에 침묵이 더욱 무겁게 가라앉았다.
"과거 60~70대를 살아오신 분들은 오늘의 경제대국을 이룩한 주인공들 입니다. 그들의 희생으로 오늘날 재외동포들의 모국방문에 외화벌이를 할 수 있는 아주 좋은 환경을 만들 수 있었습니다. 여러분은 최선을 다하고 모국에 감사해야 합니다. 그리고 외국인 내국인 할 것 없이 우리는 한민족입니다. 서로 사랑하며 살아갑시다. 먼 이국땅에 와서 교포끼리 서

로 의지합시다. 그리고 고국 땅에 오신것을 환영합니다."

침묵의 대화 속에 서로의 마음은 무엇인지 모르게 뭉클하며 찡하게 격동한다. 이렇게 침묵 속에서 마음과 마음은 더욱 깊은 대화를 나눈다. 침묵이란 서로가 서로를 이해하며 무언의 대화 속에 마음을 녹일 수 있는 아름다운 이야기가 아닌가 싶다.

고요한 대화법

누군가가 귓속말을 속삭인다. 이야기를 나누는 상대방이 서로 귓속말을 주고받는다면, 혹시 내 이야기를 하고 있는 건 아닌지 하는 생각을 하게 된다. 사람을 앞에 두고 서로 속삭이는 행위는 매우 조심스럽고 배타적으로 보인다. 무엇인가 비밀스런 이야기가 오가는 것 같기도 하고 누군가를 흉보는 것처럼 여겨지기도 하기 때문이다. 이런 경우 귓속말은 본래

의도와 상관없이 사람의 마음에 상처를 주기도 한다.

말을 많이 하는 사람보다 말수가 적은 사람의 이미지가 더 좋게 느껴진다고 한다. 나지막한 목소리로 조용하게 말하는 사람이 더 믿음직스럽다고 느끼는 것이다. 간혹 식당이나 공공장소에서 주위를 의식하지 않고 마구 떠드는 광경을 볼 수 있다. 이런 경우를 벌이는 사람들의 대부분은 피해의식에 휩싸여 있다.

눈을 마주보며 고요하고 편한 모습으로 상대를 배려하며 나누는 조용한 대화는 서로의 마음을 편하게 해준다. 아무리 자기만의 표현이 중요한 시대이지만 공공장소에서는 입 속의 조용한 대화법으로 공공장소의 즐거움을 실천해 보자.

우리는 간혹 주변사람들과의 관계에서 상대방이 '힘들다'라고 표현할 때 전혀 이해하지 못할 때가 있다. 또는 무심코 건넨 상대방의 말 한마디로 인해 마음에 심한 상처를 받기도 한다. 의도와 상관없이 말이다.

인간이기에 누구나 언어사용에 실수를 할 수 있다. 하지만 그것을 깨달았을 때는 빨리 원위치 시키는 노력을 해야 한다. 남의 몸을 상하게 했을 경우 소독을 하고 봉합하여 상처가 아물도록 도와주듯이, 인간의 마음에 남긴 상처도 똑같은 방법의 절차를 필요로 한다. 상대에게 준 상처를 대화를 나누어 서로 상호소통하고, 사과할 것은 사과하며 인간관계의 개선을 위해 서로가 합의점을 찾기 위해 노력해야 한다. 그렇게 해야만 다시 서로에게 신뢰를 쌓을 수 있는 것이다. 이것은 가족관계나 사회생활에서의 인간관계 또는 부부간의 관계에서 꼭 필요하며 실천해야 되는 일이다.

말로 상처를 받거나 주는 사람은 먼 곳에 있는 다른 사람이 아니다. 오히려 가깝게 있는 가족 또는 친구, 동료 사이에서 발생한다. 서로가 가깝기 때문에 필연적으로 실수도 하게 되는 것이다. 말 한마디가 천냥 빚 갚는다는 속담이 있듯 말 한마디가 나의 인생을 바꿀 수 있음을 명심해야 한다. 필자 또한 이성적으로는 아는데 생활에서의 실천은 생각보다 쉽지 않다. 하지만 살아가는 과정에서 연륜을 쌓아가며 약간씩은 변해가는 것을 느낀다.

가장 아름다운 인간관계는 서로가 서로에게 양파 같은 관계라고 표현하고 싶다. 까면 깔수록 새로움을 보이는 그러한 매력이라 할까? 누군가 말하기를 "가장 사랑하는 사람에게는 원초적인 모습을 보여야 서로의 애정이 돈독해진다."라고 했다. 하지만 너무 가까이 하기엔 너무 먼 당신이라는 것을 명심해야 할 것이다. 연인이란 그만큼 정성을 들여 서로가 서로를 아름답게 가꿔야만 관계를 지속할 수 있다. 예전에는 남녀가 결혼을 하면 백년해로해야 한다고 했다. 흔한 말로 검은 머리가 파뿌리처럼 희게 될 때까지 부부가 화락하게 함께 늙는다는 의미다. 하지만 이러한 미덕을 실행하는 것은 현대를 살아가며 쉽지 않은 일이 되어버렸다. 개성이 강한 남녀가 한 지붕아래에서 살아가며 서로에 대한 사랑과 이해와 용서와 인내를 매번 실천하기란 쉬운 일이 아니기 때문이다. 이제 의학의 발달과 발맞추어 인간의 수명이 연장됨으로써 결혼은 2번, 필수 직업은 5번 이상 바꿀 수 있는 시대가 열렸다고 한다. 시대와 환경의 변화에 따라 새로운 직업이 계속해서 만들어지고 과거의 직종들은 흔적도 없이 사라져가는 시대다. 물 흐르듯이 변화가 빠른 이 시대를 살아가는 우리들은 매우 고된 시간과의 전쟁을 치른다. 경제 전쟁이라 할까?

과거는 이념전쟁을 치렀으나 오늘날 세계는 경제전쟁의 문턱에서 서로 각자의 이익을 위해 저개발 도상국가를 향해 외부적으로는 봉사 또는 경제지원을 아끼지 않으며, 보이지 않는 경제전쟁을 치르고 있다. 국내에서의 경쟁이 세계국가의 경쟁시대로 확산된 것이다. 얼마나 많은 지식과 문화, 언어를 필요로 하는 시대인가? 죽음을 맞을때까지 배워야하며 새로운 상품을 구입하기 위해 죽음의 문턱 직전까지 신용카드 청구서를 받아야하는 시대에 이르렀다. 외부의 팽배한 수많은 스트레스에 시달리는 현대인들의 신음소리는 자연히 커질 수밖에 없는 것이다. 그러나 이제라도 마음의 정화를 위한 자기만의 성찰의 시간을 가져보자. 그러면 나의 목소리는 편안하고 나지막한 아름다운 소리샘으로 변해갈 것이다.

현실적인 삶의 눈높이

| 대한민국 지식경영 수상식

돈은 벌어도 벌어들여도 모자라고, 소비해야 할 것은 날마다 늘어만 간다. 새롭게 속속들이 등장하는 부족함에 현대인들은 갈등하고 있다. 문화생활의 즐거움을 물질로 풀어보려니 금전소비는 날로 부담스럽기만 하다. 대관절 무엇이 현대를 살아가는 우리들에게 그토록 많은 것을 요구하고 심신을 지치게 하는가? 법정스님의 무소유가 퍼뜩 떠오른다.

오늘날 경제, 문화, 교육은 많은 것을 우리들에게 요구한다. 소비에만 치우쳐진 지금의 현실 앞에, 재외동포들이 한국생활에서 적은 수입으로 짜임새와 균형 있는 살림살이를 해나가는 것을 볼 때면 감탄사가 절로 흘러나온다. 월 평균 140~150만원 월급으로 본국에 두고 온 가족에게 50만원 송금하고 현재 본인 생활에 40~50만원을 소비하고, 나머지 40~50만원은 매달 저축을 한다고 한다.

이들이 1년에 평균 500만원씩 저축한다고 이야기 할 때 나는 깜짝 놀랐다. 산다는 것이 생각하기 나름이고 생활이란 적응하기 나름이다. 이들이 같은 대한민족 땅위에 소박한 꿈을 갖고 적은 봉급으로 알찬 계획을 하며 꿈을 꾸는 모습을 보고 현실적인 삶의 눈높이를 나부터 고쳐야겠다는 생각을 했다. 99섬에서 한 섬을 마저 채우려하기보다 한 섬 한 섬 비워낸다 생각하며 사는 것이 오히려 행복한 길은 아닐까. 일에 허덕이는 현대인의 일 욕심 또한 경제적 욕심일 뿐이다. 젊어서 많은 경제의 성문을 쌓고 싶다고 할까? 꿈, 욕망, 성취 지난 나의 과거, 현재, 미래를 머리 속으로 되새겨본다. 참 열심히 살아왔다. 우직하게 앞만 보고 마치 마라톤 경주에 임하는 선수같이 속도를 내어 살아왔지만, 그간 옆 사람을 볼 수 없는 좁은 시야 속에 살아왔던 것 같다. 우리는 어디에서 왔는가? 우리는 누구인가? 우리는 어디로 가는가를 생각해보자. 한 번뿐인 인생은 누구에게나 소중하다. 제각기 인생은 나름대로의 드라마틱한 삶을 살아간다. 그동안 누군가를 죽도록 그리워하거나 누군가를 미워하며 또한 열정으로 누구를 사랑해 보았는가! 여자나이 쉰이 넘으니까 왠지 모르게 감정의 교차가 매우 심해진다. 그간 잃어버리고 살았던 사람들을 그리워하며 과거의 흔적으로 돌이켜본다. 무엇때문에 오늘의 내가 이렇게 힘겨운지 모르겠다. 일에 열정을 품고 열심히 임해도 쉽사리 갈증이 가시지 않는다. 끝없이 쌓인 업무와 사회에서 요구하는 기대치 때문일까?

요즘은 명함을 주고받을 때 경제학 박사, 의학 박사, 문학 박사 등 누구나 자기나름대로의 특출한 부분을 어필한다. 미술석사인 나 역시도 박사학위 과정을 밟느라 매우 분주한 시간을 보내고 있다. 사회가 요구하는 역량에 의해 자기개발을 해야하는 현대인은 시간과 마음에 여유가 별로 없다. 업무에 찌들고 본인의 스펙을 쌓기 위한 노력까지 소화하느라 그저 지치고 고달프기만 하다. 시간에 지배되어 열심히 쫓기는 생활에서 벗어나 이제 조금은 느림에 여유를 누릴 필요가 있다. 무엇을 위해 끝이 없는 경제사회에 뛰어들어 투쟁을 계속 해야 하나 하는 회의가 들 때마다, 법구경에 새겨진 "잠 못드는 이에게 밤은 길어라. 피곤한 나그네에게 길은 길어라. 진리를 모르는 이에게 윤회의 밤길은 길고도 멀어라."라는 경구의 의미를 되새겨보자.

누구나 행복하기

"그만하기를 다행이야"

"불행 중 다행이지"

"이젠 괜찮아지겠지"

많은 사람들이 어떠한 일을 당할 때 이런 식으로 일상적인 위로의 말을 전한다. 인간은 누구나 행복하기를 바란다. 불행이 닥칠 때, 다른 사람이 아니고 하필이면 내가 당해야 하나 하며 원망과 분노로 가득차 있는 경우도 있다. 내 안에 마음을 호수같이 잔잔함으로 끌어내는 연습을 한번 해보자. 이것만이 스스로의 인생을 긍정하고 행복해질 수 있는 길이다.내 자신이 부족하면 부족한대로, 넘치면 넘치는 대로 스스로를 달래며 내안에 그림을 그리자 내가 나를 거울에 비추며 위로하자. '나는 이세상에 하나밖에 없는 제일 잘난 사람이야' , '나는 무엇이든지 잘할수 있어' , '나는 프로야' , '나는 행복의 극치야' , '이 행복은 영원할거야' 하며 지난날의 좋은 일만 기억해 보자. 그리고 소리를 질러보자. "나는 행복하다!"라고 그러면 조금씩 마음이 정화됨을 느끼며 사람을 바로 볼 수 있는 마음의 여유가 생길 것이다. 있는 그대로 보는 것, 편견없는 마음으로 이해하고 판단하는 것, 그러면서 상대에게 사랑스러워 보이는 것. 그로 인해 나의 즐거운 생활은 그야말로 통통 뛸 것이다.

행복이란 가치는 내 마음 안에 존재한다. 모든 집착을 버리면 세상살이가 그리 고달프지만은 않을 것이다. 모든 불행의 씨앗은 인간의 집착으로부터 온다. 물고기는 밤에도 눈을 뜨고 잠을 잔다고 한다. 눈을 뜨고도 보는 시야가 잠자는 물고기와 같다면, 우리 눈은 그저 떠 있을뿐 한 치

앞도 보지 못하는 것이다. 이 얼마나 안타까운 일인가?지혜로운 삶의 실
천을 위해, 우리들은 많은 생각을 하며 징검다리를 건너듯 스스로에게
신중해지자. 누구 탓이다 핑계대지 말고 '모든일은 내탓이야', '내가덕
이 부족하다'라고 생각하면 모든일을 처리할 때 책임감을 갖게 될 것이
다. 책임을 다 한다는 것은 매우 중요한 일이다. 사회에 굴종하며 끌려 다
니는 것이 아닌 주도적이고 멋진인생으로 살수있게 하는 원동력이 되어
줄 것이다.

　과거 세대의 사람들은 유아기부터 성인이 될 때까지 가족과의 많은 접
촉을 거치며 성장해왔다. 조부모님과 부모사이에 여러명의 형제들과 부
딪치며 살아온 세대인 것이다. 사회성을 누가 가르쳐주지 않아도 어른과
아이 서열을 인지하며, 많은 가족 간의 대화로 성장기를 보냈다. 이와 대
조적으로 오늘날 가정의 구성은 한 자녀 또는 두 자녀 가정으로 독방과
컴퓨터가 부모이자 스승이자 친구, 형제로 자리하고 있다. 가족끼리 나
누는 대화보다는 기계 한 대에 의존해 많은 시간과 세월에 의해 성장하
는 것이다. 이들이 군대라는 곳에 입대하여 여러 사람들과의 생활을 하루
아침에 적응하기란 매우 쉽지 않을 것이다. 현재 군대에서 벌어지는 각종
인권침해 사건들이 이를 뒷받침한다.

　행복한 생활을 위해 지식을 많이 쌓는 것도 중요하지만, 그보다 우선
해야만 하는것이 인성교육이다. 때문에 기초교육과정 즉, 유치원이나 초
중등 교사의 교육수준과 의식이 더욱 성숙해져야 한다. 대학 같은 고등교
육기관에서의 배움은 전문 지식의 전달의 측면이 강하다. 인성교육의 시
기는 출생과 동시에 유아기를 거쳐 초중등 교육과 각 가정에서의 교육으
로 형성된다고 할수 있다. 때문에 현직 교사와 사회 강사들의 협력을 통

해 아이들이 저학년 시기일 때 인성교육에 필요한 모든 부분을 아낌없이 지원해야 한다고 생각한다.

필자가 생각하는 가장 좋은 교육방법은 전통놀이 문화와 자연의 생태교육을 통한 새로운 교육방법에 있다. 공부를 위한 공부가 아니라, 새로운 교육방법으로 인간과 인간의 소통을 위한 놀이교육을 통해 행복을 위한 공부를 하도록 해야 한다. 잘 노는 방법도 교육이 필요하다. 잘 노는 아이는 육체적으로 건강하고 정신적으로 건전한 생활을 실천할 것이다. 이 아이들이 성인이 되면 본인 스스로 어른을 공경하는 기본예의는 갖추어 생활할 것이다. 오늘날 우리의 교육이 가진 문제는 무엇인가? 모두가 심각하게 생각해 볼 일이다. 누구의 책임이냐를 따지기 보다는 시대가 바뀌어가는 과정에서의 우리들이 풀어가야할 영원한 과제이다. 이 문제의 해답을 위해 사회 모든 전문구성원이 함께 공유할 방법을 찾아나서야 할 시기이다.

홀로서기 삶의 고독함과 비즈니스

흔히 '결혼'이라고 하면 일반적인 상식으로 '둘이 비둘기처럼 살아가는 삶'이라 생각한다. 하지만 한 집안에 두 사람이 각기 다른 생각을 하며 개념과 가치관이 달라서 결국 홀로서기를 갈망하는 커플들이 꽤 많다.

'남편이라는 말은 남의 편의 줄임말'이라는 농담조차 가볍게 웃고 지나치지 못한다. 애초부터 인간은 객체다. 어쩔수 없이 홀로서기의 삶에 익숙해야하며 가족 간의 관계에도 공동체의식을 가지고 자기 위치를 찾아야 한다. '나는 객체이며, 홀로서기를 받아들이고 가족과 공생한다' 고 생각하면 충분한 것이다.

인간은 누구나 삶 속에서 수많은 사람들과의 만남과 헤어짐으로 점철된 연속된 드라마 속의 주인공으로 살아간다. 그중에 어떤 이는 아름다운 추억속의 사람으로 남고, 어떤 이는 지우개로 송두리째 지워버리고 싶은 사람으로 남는다. 실로 다양한 인간사를 스치며 바람같이 흘려가는 것이 인생인 것이다. 우리의 두뇌구조에 다행히 망각이란 것이 존재하기에 지난 세월은 용서가 가능하고 비로소 살아갈 수 있다. 망각조차 할 수 없다면 우리의 두뇌는 항상 괴로움에서 벗어나지 못한 채로 살아갈 것이다.

군중 속에 고독이라 했는가? 수많은 인파 속에 섞여 있으면서도 왠지 외로움을 느낄 때 또는 왠지 서러움을 느낄 때가 있었을 것이다. 그때 누군가와 한 잔의 따뜻한 커피 또는 시원한 맥주로 가슴의 외로움을 달래고픈 순간이 있다. 술을 마시고 싶을 때는 술 맛 나는 사람과 마주 앉아서 잔을 주고받아야 기분이 좋다. 비즈니스를 하다보면 술로 이루어지는 경우가 종종 있다. 한국문화의 대표적 비즈니스 하면 골프, 술, 노래방을 빼놓을 수가 없다. 하지만 이 굴레에서 자유로워질 수도 있다.

모기업의 어느 직원은 술 한 모금 안마시고도 술좌석의 분위기 메이커가 되고, 술좌석이 끝나면 동료들의 뒤처리를 귀신같이 깨끗이 마무리를 해서 사내 인기맨의 1위에 뽑혔다고 한다. 얼마나 지혜로운가? 술을 한 모금 안마시고도 비즈니스가 가능하다는 이야기다.

요즘 TV를 보면 이덕화 씨가 진행하는 댄스프로가 인기라고 한다. 필자도 그 프로를 보고 춤에 대한 인식이 매우 좋아졌다. 나도 좀 배워볼까 하는 마음까지 생겨났다. 간혹 소모임을 할 때 중국동포들처럼 춤 문화

로 즐겨보는 것도 매우 좋겠다는 생각이 든다. 언젠가 교포사회모임에 초
대되어 참석할 기회가 있었다. 만찬과 30° 술과 함께 60년대 모택동시대에
유행한 춤을 서로가 아름답게 추며 노는 모습에 참 분위기가 좋다는 느낌
을 받은적이 있었다. 사회주의에서는 혁명이란 이름으로, 사상교육의 일
환으로 춤으로 가르쳤다고 한다. 그것이 문화로 발전하여 사회생활에서
의 사교 수단으로 자리 잡았다.

무엇인가 열정을 보이며 몸과 마음으로 소통을 하며 살아간다면 매우
아름다운 삶이 될 것이라 생각한다. 세월이 흘러 먼 훗날 우리가 이 세상
을 떠날 때 누군가가 '그 사람 참 아깝다' 라고 회자한다면, 그 말 한마디
에 '잘 살다 간다'고 생각할 것이다.

어느 날 칠십 대 중반의 나이에 있는 나의 지인에게 이런 말을 한 적이
있다.

"우리가 젊어서는 많은 일에 욕심을 내지만 나이가 들면 자연히 모든
마음을 비우게 되지 않을까요? 그때 비로소 인간은 행복을 누릴 수 있을
것 같아요."

그분은 필자의 말에 허허 웃으시며 이렇게 답해 주셨다.

"이 사람아! 나는 그렇게 생각하지 않아. 사람이 욕심이 없다는 것은
그 사람은 인생 다 살아버린 사람이야. 그 사람의 열정은 다 끝나버린 거
라고!" 그 말을 듣고 나는 다시 한 번 생각해보았다. 사람이 산다는 것, 일
을 좋아한다는 것, 열정에 대해서. 그리고 내 안에서 우러나는 작은 답을
얻었다. 나는 오늘도 그 답을 홀로 나지막이 읊조려 본다.

"내가 좋아서 하는 일이라면 우리의 인생은 정년이 없는 거야. 내 삶
은 축복 받은 거라고"

정 다 겸

행복은 언제나 님 곁에

약   력 | 현) 다겸웃음심리연구소 소장, 현) 성공사관학교 교수
현) 한국웃음포스트협회 교육이사, 현) NMB명강사
현) 품성계발, 부모교육 전문지도자, 전) 다겸언어교육원장
전) 수원여대 사회복지과 외래교수
전) 용인 여성회관 청소년전문상담원
이 메 일 | jeja7777@naver.com   휴 대 폰 | 010·7549·3652

웃어요, 웃어 봐요

유리상자의 노래 '웃어요'에 나오는 노랫말처럼, 세상 사람들은 언제나 "삶은 힘들다"라고 말한다. 도대체 얼마나 힘들어서 그런가 궁금해 삶의 무게를 달아 보았더니 놀라운 수치가 나왔다고 한다. 천근만근. 이를 수학적 수치로 환산하니 천근은 $600g \times 1,000$ 만근은 $600g \times 10,000$으로 모두 합쳐 6,600kg이나 되는 엄청난 무게라는 것을 알아냈다. 6.6T 정도로 무거운 삶의 무게가 세상을 살아가는 사람들의 어깨위로 내려앉는 것이다.

물론 이는 사람들이 삶에 대해 이야기할 때 자주 언급하는 말들을 인용한 우스갯소리다. 하지만 이러한 비유가 그저 농담으로만 여겨지진 않는다. 거짓말이 아니라 정말 살아가는 과정이 무겁게만 느껴질 때가 있기 때문이다. 어떤 이들은 몸의 무게뿐만 아니라 마음의 무게마저도 이처럼 무거워 사랑이 떠나가고 웃음까지도 자신의 곁을 지켜주지 않는다고 하소연 한다. 그때마다 나는 항상 이렇게 대답해준다.

"항상 힘든 것만은 아니죠. 가끔 좋은 일도 있잖아요."
"모든 일 잊고서 웃어요. 웃어 봐요. 좋은 게 좋은 거죠."

이 말을 듣는 사람들은, 처음엔 하나같이 왜 하나마나한 소리를 하느냐 하다가도 천천히 마음의 여유를 찾고, 이 말에 담긴 온기를 느끼며 변하기 시작한다. 그러다가 그 말을 자꾸 생각하고 믿게 되면서 결국 웃음을 터트린다. 삶의 무게는 천근만근이다. 하지만 사랑이라는 에너지를 가득 채우고 세상을 향해 활짝 웃게 되면 가슴의 무게는 '두근두근'으로 가벼워지고, 마음의 무게는 '따끈따끈' (닷근닷근)으로 뿌듯해진다.

당신의 삶의 무게를 덜어줄 수 있는 몇 가지 주문을 여기 옮겨본다.

아침에 일어나자마자 웃어요.
하루 중 많은 시간 웃는 일만 생기게 된다.

거울을 보면서 웃어요.
거울 속의 또 다른 내가 나를 웃게 해준다. 거울은 절대로 먼저 웃지 않는다. 내가 먼저 '씽긋' 웃어줄 때 그제야 거울 속의 나도 나를 보며 '씽긋' 웃어준다.

세수하면서, 이 닦으면서 미소를 지어요.
더욱 아름다운 얼굴과 하얗게 빛나는 튼튼한 이를 갖게 된다.

식사 전에는 웃음이 꼭 필요해요.
기분 좋은 마음으로 식사를 하게 되고 소화를 도와주어 노란 바나나 같은 황금 변을 보게 되고, 장이 튼튼해져요. 필자의 철칙이 있다면, 식사 전이나 식사 중에는 자녀들을 꾸중하지 않는 다는 것이다. 훈계를 듣게 되면, 마음뿐만 아니라 몸도 부정적 반응을 하게 되고, 스트레스 호르몬이 생성되어 몸의 균형을 깨뜨리기 때문에 건강의 적이 될 수 있다.

서로 만나고 헤어질 때 웃어요.
처음 만날 때의 웃음은 기분 좋은 만남을 만들어주고, 헤어질 때 웃음 또한 행복한 여운을 남겨준다. 타 민족보다 웃음이 적다는 우리나라 사람들. 친분이 있는 사람들 간의 만남은 시끌벅적 하지만, 처음 만남에서는 차가운 한랭전선이 흐르는 것이 보통이다. 아파트생활이 보편화 된 현대에는 엘리베이터 사용을 하루 최소 2회 정도는 하게 되는데 서로 안부인사는 커녕 눈인사조차 나누지 않는 경우가 다반사다. 서로가 서로를 안면몰수로 대하는 사회에서 가까운 이웃은 점차 자신과 상관없는 이웃이 되어가고 있다. 이웃과 마주칠 때 내가 먼저 인사를 해보자. 언젠가 그들은 어려울 때 나를 돕고, 힘들일을 나눌 수 있는 가족 같은 이웃이 될 것이다.

자, 스스로 주문을 되뇌어보자!

웃음은 당신의 날개가 되어하늘을 날게 할 것이다.

활짝 웃다보니

– 서희 "웃다보니" 가사 중

서희의 '웃다보니'를 즐겨 부르며 살고 있다. 이 노래의 가사처럼 웃다보면 우울하다가도 우울함이 싹 가시는 햇살을 만나게 된다.

무엇을 생각하는가? 그 생각이 곧 결과물로 이어진다.
무엇을 꿈꾸는가? 꿈은 현실이 되어간다.
어제가 경험이었다면 내일은 희망이라고 한다. 그럼 오늘은 무엇인가?
오늘은 경험을 희망으로 옮기기 위해 최선을 다하는 순간인 것이다.

자주 넘어지는 한 학생이 있었다.
"또 넘어질텐데 왜 일어나야 하나요? 그냥 넘어져 있을래요."
계속해서 그냥 넘어져 있다면 이 학생의 미래는 없는 것이다. '왜 넘어졌을까?', '내일은 넘어지지 말아야지!', '조심해야지', '주위를 살피면서 가야지' 이런 식으로 매순간 최선을 다하다보면 넘어지는 횟수는 줄어들고, 결국은 희망의 내일과 만나게 된다.

필자의 남편은 입꼬리가 다른 사람들에 비해 쳐져있다. 웃지 않으면 화가 나있고, 뭔가 불만에 가득 차 있는 사람처럼 보인다. 그러나 웃을 때면 천진난만해보이고, 선하고 착한 사람으로 호감 가는 인상이 된다. 타고난 쳐진 입꼬리가 웃는 입꼬리로 변할 수 있을까? 물론 변할 수 있다.

필자는 남편에게 거울을 볼 때마다 입꼬리를 올리도록 하고 가족과 얼굴을 대면할 때 입꼬리를 의식적으로 올려보도록 시켰다. 그 결과 차츰차츰 입꼬리의 모양새가 달라지더니 이제는 예전보다 훨씬 많이 입 꼬리가 올라가 있다. 양쪽의 입꼬리가 올라가니 인상은 물론 더 젊고 매력적으로 보인다.

옛날 어른들은 입을 가리켜 복을 담는 그릇이라고 했다. 입을 벌려야 복이 들어올 수 있다 믿었기 때문이다. 그래서 입 큰 사람이 잘 산다는 말이 생기기도 했다. 입이 크니 더 큰 복이 들어온다는 것이다. 복은 복을 불러들인다. 웃음 또한 웃음을 불러들인다. 크게 웃으면 입이 활짝 열리고, 이를 통해 복이 들어온다. 혹시 조상들은 웃음과 행복의 연장선에서 입을 복을 담는 그릇이라 생각한 것은 아닐까?

웃음은 복이다. '웃음소리가 나는 집에는 행복이 들여다보고 고함소리가 나는 집에는 불행이 들여다본다.'는 말이 있듯이 웃음으로 인해 건강해지고, 예뻐지고, 날씬해지는 등 만사형통의 복을 얻게 된다. 반대로, 그릇이 엎어져있다면 그 무엇도 담을 수가 없다. 아래로 쳐진 입꼬리는 엎어져 있는 그릇과도 같다. 복이 그냥 흘러내리게 된다. 우리의 신체는 해를 거듭할수록 땅과 친하고자 하는 성질이 있다.

눈꼬리, 입꼬리가 쳐져 피부의 탄력도 점점 사라지면서 아래도 쳐지게 된다. 필자는 다른 사람들에 비해 키가 작은 편인데, 나이가 들어감에 따라 신장이 몇 Cm나 더 줄어버렸다. 속상한 일이 아닐 수 없다. 더욱 마음 아픈 것은 필자보다 컸던 엄마의 키가 날이 갈수록 작아지고 있다는 것이다. 이렇듯 인간은 질주하는 시간과 함께 아래를 향해 달려간다.

'입꼬리를 올려라. 그리고 위를 향해라'
젊어지는 복이 들어온다. 운이 트이는 삶을 살게 된다.

행복해요

오래된 책갈피 속에, 또 지갑 속에 네잎 클로버가 끼워져 있다. 행운이라 불리는 네 잎 클로버! 그 꽃말을 쫓아 땅을 더듬어 그 행운을 뽑아내기까지에도 무수히 많은 세 잎 클로버들의 희생이 있다.

누구나 네 잎 클로버를 찾기 위해 풀밭에 앉아본적이 있을 것이다. 필자 역시 네 잎 클로버를 찾기 위해, 길을 가다가도 문득 발걸음을 멈추었고, 수학여행가서도, 야외나들이 가서도 네 잎을 찾으려 두 눈을 크게 뜨고 집중을 했던 기억이 난다. 참으로 많은 세 잎 클로버가 있었지만, 세 잎 클로버는 눈에 들어오지 않았다. 아예 볼 생각조차 하지 않았고, 관심조차 없었다. 어쩌다 네 잎 달린 클로버를 찾아내면 펄쩍펄쩍 뛰며 좋아하기도 했고, 행운의 주인공이 된 기분에 설레임을 느끼며 두근거리는 가슴을 진정시키기도 했다. 네 잎 클로버에 모든 초점을 맞추고 있던 그 때에는 세 잎 클로버들이 신발에 밟히고 있는지 알지 못했다. 하나의 행운을

| 이천 송곡리 장수마을 웃음치료 중

얻기 위해 아주 많은 클로버들의 운명이 땅에 짓밟혔고, 버려졌다는 것을 이제야 깨닫게 되었다.

맹목적인 큰 행복이나 행운을 얻기 위해 안달이 나있을 때, 소소한 작은 행복들은 신음하고 아파하고 고통스러워한다. 스스로에게 물어보자. 과연 나는 작은 행복을 돌아보고 살펴보는 여유가 있었는지, 그리고 관심이 있었는지. 세 잎 클로버 꽃말은 행복이다. 행운은 행복 속에서 피어난다, 그 어떤 네 잎 클로버도 홀로 자라나지 않는다. 우리는 행복을 도외시하고 오로지 행운만을 쫓고 있지 않는가?

행복은 우리가까이 있다. 자신의 몸을 보라.
숨 쉬고 있는가? 숨 쉬는 여러분은 행복하다.
햇살에 눈이 부시는가?

들에 피어난 한들한들 코스모스가 눈에 들어오는가?

파아란 하늘에 뭉게구름이 한가롭게 노닐고 있는 것이 보이는가?

아름다운 가을을 느끼고 있는 님들은 행복하다.

'다겸아!' 부르는 소리가 들리는가?

누군가 자신의 이름을 부르는 소리에 행복하다.

누군가 대화를 하고 노래를 함께 부르고 맛있는 점심시간을 기다리는 우리들은 행복하다.

오늘은 어제 죽은 이가 그토록 바라던 내일이 아니던가?

살아있어 행복하다.

남편은 말한다. '너희들이 있어 행복하다.'고 밥이 목구멍 속으로 넘어가는 소리만 들어도 행복하고, 책 읽는 소리에 마냥 행복하고, 큰 아들 기타연주소리에 콧노래 흥얼거리면서 행복하고, 잘 먹고 잘 커주니 행복하다고 말이다.

"타오르는 태양도, 날아가는 저 새도 다 모두 다 사랑하리"라는 노랫말이 흘러나온다. 사람을 사랑하고 음악을 사랑하고 자연을 사랑하고 동물을 사랑하고 우주 만물 모두를 사랑하는 사람은 행복하다.

'웃자'는 최고의 스승

필자는 만인아사(萬人我師) 만물아사(萬物我師)라는 말을 늘 가슴 깊이 새겨두고 실천하려 노력하고 있다. 이 말은 '모든 사람과 모든 만물을 나의 스승으로 섬기며 배우자.'는 뜻을 가지고 있다.

우리들은 공자에게 '인(仁)'을, 노자에게 '도(道)'를 맹자에게 '인의(仁義)'를 배웠다. '예가 아니면 보지 말고, 듣지 말고, 말하지 말고, 움직이지 말라'는 공자의 가르침을 배웠으며, '세계는 도(道)로부터 나와 도(道)에 의하여 생성'된다는 노자의 道에 집중했으며, 공자의 인(仁)에 의(義)를 덧붙여 '仁義'를 강조하고 '人은 사람이 거해야 할 편안한 집이고 義는 사람이 걸어야 할 바른 길'이라 했던 맹자의 '인의(仁義)'의 교훈도 마음에 새겼다.

그런데 이들을 잇는 훌륭한 스승이 한 분 더 있다는 사실을 아는가? 그분의 가르침을 따른다면 당장 따뜻한 사랑의 마음과 행복감을 맛볼 수 있으며, 누구와도 화목하게 지낼 수 있는 법을 터득할 수 있다. 그 분의 이름은 공자도 노자도 맹자도 아닌, 바로 '웃자'이다.

'웃자'는 지금 바로 현재의 중요성을 강조한다. '웃자'는 말한다. 언제? 지금 바로 이 순간! 행복하고자 하는 사람 누구나! 하하하 헤헤헤 호호호 라고. '웃자'의 뜻에 따라 웃음을 터트리다보면 정신적 건강은 물론 신체적 건강까지 증대되는 효능을 볼 수 있다. 이는 웃음이 가진 대표적인 장점이다.

웃음심리치료사인 필자는 매주 수요일마다 수원기독호스피스병원을 찾는다. 호스피스(죽음이 가까운 환자를 입원시켜 위안과 안락을 얻을 수 있도록 하는 특수 병원. 부자연스러운 연명 의료를 하지 않고 육체적 고통을 덜어 주기 위한 치료를 하며, 심리적으로나 종교적으로 도움을 주어 인간적인 마지막 삶을 누릴 수 있도록 한다.)라는 단어 그대로 그곳에는

죽음을 목전에 앞둔 암 환우님들이 입원하여 보살핌을 받고 있다. 대부분의 경우 온 몸에 암이 전이되어 심한 통증과 괴로움을 호소한다. 환자들은 이 고통을 견디기 위해 매일같이 모르핀 주사를 맞는다. 알다시피 모르핀 주사는 극약처방의 끝에 있는 위험한 약품이다. 마약류로 분류되어 철저한 관리되는 것은 기본이며, 여러 가지 부작용의 여지 때문에 어지간해서는 처방하지 않는 약인 것이다.

그런데 사실 우리들의 뇌 속에는 이런 모르핀 보다 200배나 강한 아주 강력한 마취제가 있다고 한다. 바로 엔도르핀(endorphin)이란 호르몬이 그 주인공이다. 이 엔드로핀은 스카이다이빙을 한다거나 번지점프를 하는 것과 같은 극한 스트레스에 놓일 때 폭발적으로 분비되며, 신체와 정신적 고통을 덜어주는 효과를 가지고 있다.

필자는 죽음에 대한 공포, 그에 대한 극심한 스트레스와 암울함에 빠진 암 병동의 환우들에게 이 엔도르핀을 전달하기 위해 노력하고 있다.

언제나 병실의 분위기는 우울하고 어두운데, 웃음치료가 있는 날이면 병실에서 환자와 가족, 봉사자, 요양보호사가 함께 모여 웃음꽃을 피운다. 웃음치료를 할 때는 특히 라포(상담이나 교육을 위한 전제로 신뢰와 친근감으로 이루어진 인간관계)형성이 중요하며 환자의 상태에 따라 적절하게 조절하면서 무리가 가지 않게 해야 한다. 그러다보면 처음에는 소극적으로 참여하던 가족들도 시간이 흐를수록 자리에서 일어서는 등 적극적인 행동을 취하며 웃음소리도 더욱 커져간다. 그렇게 정신없이 웃다보면, 어느새 땀을 닦아내야 할 정도로 병실의 열기가 후끈후끈 달아오른다. 시작과 달리 모두들 한결 밝은 얼굴, 조금 살 것 같은 표정을 하고 서로를 향해 웃는 얼굴을 보인다. 그 얼굴을 보는 것이 필자의 보람이자 자부심이기에 더욱 열심히 강의를 펼친다.

환자를 찾아오는 가족에게 당부하고 싶은 말이 있다. 병실에 올 때는 무겁고 어두운 마음과 축 쳐진 몸, 기운 없는 목소리보다는 밝고 환한 미소와 웃음, 맑고 고운 목소리를 가져와달라는 것이다. 병실의 분위기도 좋아지고 환자의 마음도 더욱 가볍고 행복한 메시지를 주고받게 될 수 있다. 웃어 줄 수 있는 사람이 웃어야 한다. 환자에게 맞는 유머 한두 개 정도 외워온다면 고통을 잊은 채 잠시 폭소를 자아낼 수도 있을 것이다.

'웃자'는 고통과 싸우고 있는 환우들에게 최고의 스승이며, 엔도르핀의 분비를 촉진시키는 '웃자'의 철학 웃음은 고통에 힘겨워하는 환우들에게 좋은 벗이자 고마운 친구이다. 통증이 올수록 더욱 '웃자'를 떠올리고, 힘들고 어려울수록 '웃자'의 가르침을 실천해보자.

웃는 당신! 행복한 당신!

모든 인간관계에선 서로 간에 친밀감을 형성하는 일은 매우 중요하다. 그중에서도 특히 중요한 것은 가정 구성원들끼리 맺는 친밀감이다. 예로부터 우리 선조들이 지켜온 강령인 부자유친(父子有親)이라는 말을 다시 되새겨보자. 현재 우리아이들은 아버지와 친밀감을 느끼며 살고 있는가?

자녀교육은 예로부터 지금까지 어머니들의 몫으로 인식되어 왔다. 실제 학교에서 행해지는 각종 행사의 참여율을 보더라도 아버지들의 모습은 찾아보기 힘들다. 자녀들과의 대화에 있어서도 아버지와는 하루에 한 마디도 못하고 지나는 일이 많다. 심한 경우에는 일찍 출근하고 늦게 집에 귀가하는 아버지의 일정 때문에 자식이 아버지의 얼굴조차 잊어버리는 웃지 못할 사례도 있다.

가정에서 아버지의 존재가 점차 희미해져가는 것은 환경의 영향이 크다. 우리나라는 특히 저녁 퇴근 후에 1차 식사, 2차 술집, 3차 노래방으로 이어지는 회식 및 뒤풀이 문화가 자리잡고 있어 자정이 넘은 시간에도 번쩍거리는 거리, 붐비는 사람들로 북새통을 이루는 거리를 쉽게 볼 수 있다. 우리시대의 아버지들은 대부분 그곳에서 발을 빼지 못하고 항상 바쁘다. 아이들에게 있어 바쁜 아버지는 나쁜 아버지와 동의어다. 바쁜 아버지는 물리적인 시간이 없어 관계의 여지조차 남기지 않기 때문이다. 이 지점에서 아이들은 아버지를 낯설어하게 되고 멀리하게 된다.

이러한 사회현상이 극단적으로 이어지면서 아버지들도 나름의 노력을 시작하고 있다. 그동안 볼 수 없었던 '아버지학교', '부자유친캠프' 등은 이러한 활발한 활동의 일환이다. 아버지와 아이들의 관계가 중요하듯이, 선생님과 아이들의 관계 또한 중요하다. 스승은 아버지가 해줄 수 없는 영역에서 아이들을 가르치고 이끈다. 군사부일체(君師父一體)라는 말이 그냥 생긴 것이 아니다.

아버지와 아들 사이에 친함이 있어야 하고, 스승과 제자사이에도 친함이 있어야 한다. 이 점은 누구나 알고 있는 사실이며, 모두가 당연하다 생각하고 있다. 하지만 현실은 어떠한가?

지금 아이들이 다니는 학교의 모습을 잠시 들여다보자. 전부는 아니지만, 일부 선생님에게 맞짱을 뜨자는 학생, 선생님이 무엇을 시키면 "그걸 제가 왜 해야 하는 데요?" 하면서 눈을 부릅뜨는 학생들이 부지기수다. 교권이 땅에 떨어지다 못해 증발해버린 현실이다. 학업을 위한 교실이 아닌 시장터 같은 교실이 연출되고 있는 현실 속에서 학생과 교사들과의 괴리는 커져만 가고 있다.

선생님이 좋으면 당연 선생님이 맡은 과목의 성적도 향상된다. 선생님께 잘 보이기 위해서라도 더 열심히 공부하고, 기대에 부응하기 위하여 최선을 다하는 모습으로 변화하기 때문이다. 서로 사제 간에 친함이 존재함으로 인해 서로 배려하게 되고 관심을 갖는다. 그러는 중에 신뢰감이 형성되고 인격적으로 상대를 대하게 되는 것이다. 그렇다보면 서로 선생님이 원하는 것은 무엇이고, 학생이 원하고 바라는 것이 무엇인지 알게 되며, 충족하게 된다.

세상에서 제일 멋진 신은 '당신' 이라고 하지 않던가!
아이가 바라보는 제일 멋진 부모 '아버지와 어머니'
아버지와 어머니가 바라보는 제일 멋진 아이 '우리 딸, 아들'
세상에서 제일 멋진 우리 선생님, 우리 학생들이 되자.
가정에서, 학교에서 세상에서 가장 예쁜 꽃인 웃음꽃이 피어나고,
가장 듣기 좋고 아름다운 소리인 웃음소리가 들리고,
언제 봐도 행복한 웃는 모습이 보이는 행복한 가정, 행복한 학교가 될 때
진정한 웃음 속에 진정한 행복이 피어날 것이다.

행복은 언제나 님곁에

사람들의 웃음소리를 유심히 들어보면 크게 3가지 형태의 웃음소리가 있다는 것을 알 수 있다. 웃음소리의 유형은 다음과 같다.

하하하, 헤헤헤(해해해), 호호호

여기서 가장 대표적인 웃음소리가 '하' 이다. 필자는 이 웃음소리를 듣고 아래 하(下)를 떠올렸다. 사람은 언제 웃을 수 있는가? 나의 권위의 옷

을 벗어던질 때, 내가 그 누군가의 위에 있다고 생각한다면 쉽게 웃음이 만들어지지 않는다. 팔짱을 끼고 관망하고 지켜보게 될 것이다. 얼마나 잘하나 보자! 하고 말이다

이해란 단어도 함께 생각해보자. understanding '아래에 서있다.'의 뜻을 담고 있다. 5(오해)-3= 2(이해) 여기서 3에 해당되는 단어는 무엇이 있을까?

세 번 호흡을 하고, 세 번 생각을 하고, 세 발 뒤로 물러선 후 상대를 바라보게 되면 오해가 풀리어 이해하기에 이른다는 것이다. 이렇듯, 아무리 어려운 상황에서도 자신을 내려놓을 때 웃음을 지을 수 있다는 사실을 반드시 기억해야 한다.

헤헤헤(해해해)는 하늘에 떠오른 밝은 해를 상징하는 것 같다. 낮을 환하게 밝혀주는 해는 기분을 좋게 해주는 힘이 있다. 아내를 '안의 해'라고 하지 않는가? 그 존재감이 집안의 햇살과도 같다는 말이다. 우리 마음 안에 행복의 해, 기쁨의 해, 감사의 해, 만족의 해가 머무르고 있다면 그 행복은 언제나 우리 곁을 지켜 줄 것이다.

호호호는 한자 좋을 호(好)가 연상된다. 여성과 남성이 만나 좋을 호가 되니 절로 호호호 하는 웃음소리가 터져나온다. 웃음은 좋은 것을 나에게로 끄는 마력이 있다.

좋은 사람을 끌어당기는 힘이 있으며, 좋은 에너지를 끌어당기고, 긍정적인 파동을 일으킨다. 웃음소리는 나는 물론 주변인들 까지 즐거운 기분으로 인도한다. 힘이 없을 때는 기운을 불러일으키고, 아픔을 가시게

하고 더 나은 것을 생각하게 만든다.

'웃는 얼굴에 침 뱉으랴'라는 속담처럼 웃음은 화를 잠재우고, 분노를 멀어지게도 한다. 이 모든 것을 알고 있다면, 남은 것은 실천뿐이다. 누구도 의식하지 말고 오늘 한번 크게 하하하 헤헤헤 호호호 하며 웃어보자.

맺으며

요즘은 형님을 맛깔스럽고 구수하게 '행님'이라고도 많이 부른다. 행님아! 라는 말은 형님보다 한 결 더 친숙하고 정감이 가는 말이다. 유명한 코미디언들이 유행시킨 행님아~를 따라서 발음하다보면 절로 웃음이 지어진다.

필자는 이 행님이란 말의 의미를 혼자 정의해 보았다.

행(행복은 언제나) 님(님곁에)

누구에게나 행님 대우를 해주고, 존중해주고, 높여줄 때 자신도 높임을 받게 됨은 물론 관계가 회복될 것이다. 말 그대로 행복은 님 곁에 머물게 되는 것이다.

웃자! 웃다보니! 행복하고, 웃는 너와 나 우리는 행복 속으로 시간여행을 하고 있다. 언제나 님, 그리고 웃음과 함께 행복한 삶을 누려보자.

좋은 일이 있으리라, 크게 있으리라

금 채

약 력 | 편&행복에너지 연구원장, 한국강사은행 부총재, 교수
강남리더십웃음전문센타대표강사
웃음&행복디자이너(웃음치료사)
한국 행복 컨설턴트협회 전임강사
송파 평생 교육 아카데미 전임 강사
여성 개발 센타 책임 강사, 노인대학 전임 강사
디톡스 다이어트 전문가, 대체의학 연구가
저 서 | 〈행복에너지 팡팡팡〉 도서출판 행복에너지
이메일 | soonhi1242@hanmail.net   휴대폰 | 010·5144·1242

성공하셨습니까? 그럼 겸손하십시오

꿈, 사랑, 진실, 부지런함, 겸손이랑 친하십니까? 저는 겸손과 친해지기 위해 항상 노력하고 있습니다. 지난 삶을 돌아보면 참 감사함을 느낍니다. 저는 책을 좋아해 독서를 즐기는 한편 한 명의 청중으로서 다양한 강의도 즐겨 듣는 편입니다. 많은 양서를 읽고, 명강의를 듣다 보니 대체로 꿈과 사랑, 진실, 부지런함, 겸손 등이 많이 언급된다는 사실을 알 수 있었습니다.

좋은 책과 좋은 강의는 사람이 나태해지는 것을 막고, 더욱 나아지기 위한 학습에 많은 노력과 시간을 투자하도록 만듭니다. 훌륭한 명사들이 공통적으로 강조하는 '꿈, 사랑, 진실, 부지런함, 겸손'의 중요성을 깨달은 저는 그것들을 이루기 위해 끊임없이 노력하고 훈련하고 있습니다. 가끔은 나 자신이 아닌 책에서 말한 것처럼 그리고 강의내용에서 들은 것처럼 살아가고 있음에 문득문득 깜짝 놀랄 정도로 말입니다.

이미 많은 분들이 저처럼, 아니 저보다 더욱 깊은 성찰과 함께 노력하며 살아가고 있습니다. 발전지향적인 삶은 누가 시켜서가 아니라 오로지 나의 필요에 의해서 시작되는 것입니다. 꿈과 사랑, 진실, 부지런함, 겸손은 우리들이 살아가면서 지향해야 하는 다섯 가지 덕목 입니다. 이는 다른 누구도 아닌 바로 자신의 행복을 위해 필요한 것들입니다.

사람은 꿈을 품을 때 낙심하지 않아야 합니다. 지금 당장은 외롭고 힘들더라도 사랑받기 위해 태어난 존재이기에, 때가 되면 사랑은 넘쳐날 것입니다. 손해를 보는 것 같아도 항상 진실함을 잃지 않아야 함은 물론입니다. 진실함은 언제나 거짓에 승리하기에 신뢰를 얻을 수 있습니다. 그

| 동국대 app과정 신입생 환영회 강의 모습

리고 성실하고 부지런하게 매진한다면 힘겨움도 기쁨과 보람으로 되돌아올 것입니다. 그리고 이 모든 것이 갖춰진 후에 겸손과 단짝이 된다면, 공들여 쌓은 탑은 절대 무너지지 않는 견고한 아성으로 남을 것입니다.

성공하셨습니까? 그럼 겸손하십시오. 겸손만이 나의 성공을 오래도록 지켜줄 수 있습니다. 그리고 그 겸손을 미덕 삼아 꿈, 사랑, 진실, 부지런함까지 실천한다면 바라고 원하시는 일들이 속히 앞당겨져서 기쁨으로 승화되는 나날이 찾아올 것입니다. 모든 분들을 사랑하며, 축복, 존경합니다.

사랑할 줄 아는 사람은 아름답다.

오늘 길을 걷다 우연히 노란 호박꽃 한 송이가 피어 있는 것을 보았습니다. 꽃답지 않게 무척 소박한 것이 참 아름답습니다. 못생긴 호박을 만드는 것이 이처럼 아리따운 꽃이라는 사실이 믿기지 않을 정도입니다.

색안경을 끼고 사물을 바라보면 내가 낀 색안경의 색깔 그대로 비치기 나름입니다. 불필요한 색안경을 확실히 벗어 던지고, 있는 그대로 사물을 바라보는 노력을 해야 합니다. 예쁘면 예쁘다고 생각 그대로 말하고, 나더러 예쁘다 칭찬해주면 거절하지 않고 칭찬에 감사인사를 하면 됩니다. 나 자신에게 좀 더 관대해져 보십시오. 칭찬받는 일에 거절로 답하는 것은 더는 미덕이 아니며, 이는 나 자신을 사랑하지 않는 것과 마찬가지입니다.

사랑을 받은 세포는 건강하다고 합니다. 내가 나 자신에게 칭찬을 하고 아낌없는 애정을 쏟는다면 나의 세포들도 건강해져 건강과 수명을 모두 챙길 수 있을 것입니다. 설령 내가 좀 미안하게 생겼다 하더라도 자신에게 자꾸 최면을 걸어보십시오. 나는 예쁘다. 정말 예쁘다. 난 원래 예쁘다 라고요. 그럼 말의 권세가 적용되어 정말 예쁘게 변해가는 것을 느끼게 될 것입니다. 밑지더라도 손해가 아니니 꼭 한번 해보시길 바랍니다.

색안경을 끼면 모든 것이 어둡게 보이는 것과 반대로, 모든 사물들이 아름답게 보인다는 것은 그만큼 자신의 내면이 아름답다는 이야기입니다. 만물을 아름답게 볼 수 있는 '특수 안경'은 바로 내면에 있습니다. 그리고 그 첫 시작은 나는 예쁘고 사랑스럽다는 자기애(自己愛)에서 비롯됩니다. 최면을 걸면서 점점 더 아름다워질 자신의 변화를 상상하며 기대에 찬, 그리고 희망에 찬 기분 좋은 나날을 보내시길 바랍니다.

더불어 활짝 웃어 봐요

우리들은 모두 더불어 사는 사회에서 살아가고 있습니다. 저마다 서로가 서로에게 영향을 끼치며, 인생을 이끌어 가는 것이지요. 이러한 우리 인간의 속성을 두고 사회적 동물이라 부르기도 합니다. 물론 이렇게 서로 유기적인 위치에서 살아가야 하는 공동체 사회에 대해 회의를 느끼는 경우도 많습니다. 소위 인간에게 질려버린다는 말이 있듯, 사람들과의 만남에 지쳐버리는 것입니다.

아무도 없는 한적한 무인도에서 아름다운 바다와 함께 혼자 지낸다면 며칠은 조용하고 차분하여 좋을 것입니다. 하지만 사랑과 관심의 구속이 사라지고 없다는 것이 느껴지면 왠지 모를 고독이 몰려올 것입니다. 그리고 그 순간부터 자유는 외로움과 두려움으로 변모하게 됩니다. 인간은 자유와 구속 양쪽에서 자유롭지 못합니다. 자유를 갈구하지만, 혼자라는 사실을 감당하지 못하고, 구속을 너무 받다 보면 차라리 혼자가 되고 싶어집니다. 관건은 바로 자유와 구속의 적절한 조율에 있습니다.

함께 행복을 나누는 삶은 자유와 구속의 가장 훌륭한 배합에 해당됩니다. 서로는 서로에게 기뻐하고, 칭찬하고 성공하며 그것을 나누며 축복을 키웁니다. 함께하는 것은 재미도 있고, 유쾌한 결과물들도 만들어 냅니다. 함께하기에 행복한 삶을 누리는 모두가 되길 소망합니다.

콘크리트 냄새가 팍팍 나고, 북적북적 사람들이 많은 도시생활을 좋아하는 경우도 있습니다. 바로 제가 그런 경우입니다. 이런 강한 적응력 때문인지, 원체 면역이 강한 것인지 우울증에 걸릴 시간도 없이, 혼자 방황할 틈도 없이 늘 주변 사람들과 함께 웃고 떠들기 바쁩니다. 언제나 하하하하하! 시원하게 웃는 저이지만 혼자였다면 이렇게 웃지 못했을 것입니다. 성공을 하겠다는 일념으로 인맥을 다 끊고 고립되어 일에 매진해서 성공했다고 칩시다. 그러한 성공이 과연 성공일까요? 그동안 수고한 결과에 격려와 인정, 그리고 축하를 해줄 가족과 이웃들이 없다면 그 성공이 행복으로 이어질 수 있을까요?

성공만 바라보고 오직 앞으로만 가시는 분들에게 이제 위도 아래도 옆도 모두 두루두루 살필 줄 아는 여유를 가질 필요가 있습니다. 당신의 성공을 함께 축복해 주며 함께 기뻐해 줄 지인이 많을수록 결과의 행복은 배가 될 것입니다. 소중한 인맥 쌓기에 심혈을 기울이는 모두가 되길 소망해봅니다.

언제나 좋은 일이 있으리라, 크게 있으리라

우리들의 몸은 작게는 부모님이 내어주신 값진 옥체(玉體)이자 하나님이 주신 성전입니다. 웅장하고 아름다운 성전에 격 떨어지게 불을 지르듯 화만 내고 다닌다면 고귀함과 고급스러움이 사라지게 됩니다.

화(火)를 무조건 참으면 속을 새까맣게 태워 병을 만듭니다. 하지만, 너무 많이 낸다면 바깥의 가족과 지인들에게 견디기 힘든 상처를 남기게 됩니다. 답답하고 신경질이 많이 나는 현대 사회에서 사는 만큼 우리 모두는 화를 다스리는 요령을 배워야 할 필요가 있습니다.

확! 불을 질러 해결이 되는 문제는 길게 생각하지 말고 확 질러버리는 것도 답입니다. 그러나 대부분은 화를 내버린다고 해서 해결될 문제가 아닌 경우가 많습니다. 그럴 때는 충분히 생각하고 인내하여 참아보는 것이 도움이 됩니다. 참을 인자가 세 번이면 살인도 면한다고 했습니다. 순간의 화를 참지 못하고 여러 사람들에게 고통을 준다면 본인 또한 발 뻗고 잠들지 못할 것입니다. 내외적으로 화는 한 번쯤 참아볼 가치가 있습니다. 따지고 보면, 그리고 서로의 입장에서 생각해보면 서로 화날 일이 뭐가 있고 다툴 일이 뭐가 있겠습니까? 그저 내 탓이요 하면 모두 잘 해결될 일이 가득합니다. 작은 화에 휩쓸리는 것을 경계하며 우리는 자신의 뇌를 속여야 합니다. 생각보다 단순한 것이 우리의 뇌입니다. 우울해도, 화가 나도 나는 행복하다. 행복해진다고 생각하고 그것을 믿으면 우리의 뇌는 자연적으로 긍정적인 생각을 하는 방향으로 길들여집니다. 그렇게 잘 길들여진 뇌는 우리를 보다 나은 방향으로 이끌 것입니다. 그러한 좋음을 기대하며 살아보도록 노력해봅시다. 언제나 좋은 일이 있으리라 크게 있으리라. 이렇게 말하면서, 하하하하하! 크게 웃으며 하루를 시작해봅시다.

존경과 기쁨의 대상은 바로 '나'

소금이 그 맛을 잃으면 무엇으로 짜게 하리오. 빛과 소금은 다른 것으로 절대 대체할 수 없는 고유한 것이며, 사람이 살아가는 데 반드시 필요한 요소들입니다. 그래서인지 이 '빛과 소금'이라는 말은 사람과 사람의 만남을 표현하는 최고의 수식어로 자주 쓰이고 있습니다. 빛과 소금 같은 만남. 듣기만 해도 참 고귀하고 근사한 만남 같습니다. 요즘 같은 각박한 사회에서 상대에게 먹고 먹히는 만남이 아닌 서로에게 유익을 주는 만남은, 누구나 원하고 추구하는 만남일 것입니다.

저는 하얀 빛을 발하는 깨끗한 소금 같은 삶을 살고 싶습니다. 그리하면 찬란하고 맑은 샘물이 저의 친구가 되어줄 것입니다. 새하얀 소금과 맑은 샘물이 서로 합쳐져 깨끗함과 맑음을 이뤄나가는 장면을 상상해봅니다. 맑고 투명한 그 모습은 마치 이 세상의 모든 것을 더불어 밝힐 것만 같습니다. 그 깨끗함에 웃음을 첨가해 봅시다. 금상첨화일 것입니다. 세상이 다 내 것인 것 마냥 깨끗함과 기쁨의 조화로 행복이 가득한 삶이 연출될 것입니다.

중언부언이 돼버린듯하지만 세상에는 빛과 소금의 역할이 꼭 필요합니다. 바로 그 필요한 사람이 되어보십시오. 그리고 빛과 소금이 되고자 노력해보십시오. 누구에게나 유익을 주며 꼭 필요한 사람으로 자리 매김하는 당신이 존경의 대상이 되고 기쁨의 대상이 될 것입니다. 모두 존경받고 사랑받는 사람이 되길 바라며 저 금채는 오늘도 하하하하하! 웃어봅니다.

때로는 해맑은 아이가 되어보자

때 묻지 않은 어린아이와 같은 순수함을 가진 사람들이 있습니다. 하나님도 그런 사람들을 알아보시고 사랑으로 안아주십니다. 각박한 세상사, 때로는 아이가 되어 보시다. 모두가 아이처럼 해맑다면 세상에는 온통 사랑과 기쁨만이 넘쳐날 것입니다. 그러한 전체적인 분위기가 조성된다면 우리들의 사고도 유연해져 뛰어난 발상과 좋은 아이디어를 떠오르게 할 것입니다. 또한, 아이처럼 순수한 열정과 호기심으로 꿈을 향해 전진한다면, 걱정과 두려움에 발목 잡히지 않아 그 꿈에 이르는 시기 또한 앞당길 수 있을 것입니다.

천진한 아이들처럼, 그리고 자연에서 뛰노는 어린 소년들처럼 때로는 하늘도 보며, 강물도 보며, 푸르른 신록도 보며, 땡볕에 열심히 양식을 나르는 개미도 보며 여유로움도 가끔은 즐겨 봅시다. 오색찬란한 내일이 우리를 두 팔 벌려 안아 줄 것입니다. 오직 성공만을 꿈꾸며 살아온 삶이셨나요? 한 번쯤이라도 순수한 동심으로 돌아가 천진난만한 꿈을 꾸며 그곳에 살포시 안겨보십시오. 여러분들이 원하시는 성공과 행복, 기쁨, 사랑, 겸손들 모두가 그 안에 있음을 깨달을 수 있을 것입니다.

생각하는 데로 되는 세상

요 몇 달 사이 정신없이 바빠서 미처 몸을 챙기지 못하고 있었습니다. 각종 강의 일정에 더불어 저의 책「금채의 행복에너지 팡팡팡!」의 원고를 정리하고 출간하는 것은 쉽지만은 않았습니다. 그래서 생전 찾지 않던 한약을 먹게 되었습니다. 그냥 한약 자체를 덥혀 마시는 것이 아니라 따뜻한 물 한 잔에 한약을 희석해서 마시고 있습니다.

오늘 아침에는 인디안 핑크빛의 밝은 색상의 옷을 입고 집을 나서기 전, 향수를 뿌리다가 그만 옷 한쪽에 향수뿌린 자국이 얼룩으로 그대로 남아버렸습니다. 찜찜한 느낌과 함께 한약을 마시려 하는데 갑자기 마음속에 괜한 염려가 생겨났습니다. '이걸 쏟으면 어쩌지?' 하는 걱정이었습니다. 그런데 그런 생각이 끝나기가 무섭게 거짓말처럼 컵이 손에서 미끄러졌고, 상의의 절반이 온통 한약으로 젖어 버렸습니다.

평소에는 아무렇지도 않았던 행동들을 걱정하는 통에 의식하게 되면서, 사고를 치고 만 것입니다. 생각이란 참 이상한 힘을 가지고 있습니다. 예컨대 아주 자연스럽던 '숨쉬기'도 의식을 하면 호흡이 엉키는 것처럼 무언가를 의식하면 자연스러웠던 일도 부자연스럽게 만들어 버립니다.

저는 왜 괜히 쓸데없는 생각을 해서 상의, 바지, 방석까지 몽땅 젖는 일을 만들었는지 곧 바로 후회를 했습니다. 하지만 행복&웃음 디자이너라는 이름을 가지고 있는 저는 곧바로 긍정의 힘을 발휘했습니다.

'그래! 오늘 한약을 쏟은 덕분에 방석도 빠는 거지 뭐!'

저의 경우처럼 쓸데없는 걱정에 빠져서 시간 죽이거나 실수를 하거나 좌절하시는 사람들이 있을까 걱정이 됩니다. 저는 고작 옷 한 벌과 방석을 망쳤을 뿐이지만, 부정적인 생각이 커지면 인생 자체를 망칠 수도 있습니다. 좋은 생각, 행복한 생각을 하기에도 바쁜 세상사를 살면서 불필요한 생각들일랑은 하지 않는 것이 낫습니다.

나쁜 생각은 조그만 기회라도 생기면 금세 틈을 타고 들어와 무한정 증식하는 성질을 지녔습니다. 비 오는 나날 속에 비가 옴을 투정하기보다는 행여 비 피해로 인해 고통받는 사람들이 없길 기도하며, 그들을 위해 위로와 평안을 빌어주는 시간을 갖는다면, 더욱 따스하며 포근함이 물씬

풍기는 세상이 만들어질 것입니다. 걱정은 실수를 만들고, 실수는 짜증을 불러일으키고, 짜증은 부정적인 인식으로 발전해 어느새 자신을 좀먹게 만듭니다. 사소한 걱정을 긍정으로 풀어나가는 긍정적인 생각으로 세상에 빛을 더해 주시길 저 금채가 간절히 요청합니다.

빨간 목도리 걸치신 섬마을 혹 할머니

목에 얼굴보다 커다란 혹을 30년째 달고 생활하신 연세 지긋하신 할머니 한 분이 계십니다. 할아버지는 일찍 하늘나라로 가신 바람에 아이들 양육하시느라 목이 불편해도 병원에 가는 건 엄두도 못 냈다고 하시는 할머니. 한 명의 자녀라도 제대로 키워야 하는 판국에 여러 남매를 거느린 할머니는 옛날부터 지금까지, 70이 넘은 나이인데도 불구하고 아직도 섬에서 손놀림을 멈추지 않고 있습니다. 가만히 있어도 찾아드는 통증과 혹의 무게에 힘겨운 할머니는 아픔을 잊기 위해 항상 우스갯소리와 노래로 일하는 내내 흥을 내며, 인기를 독차지하는 분이십니다. 웃고 떠들며 흥겹게 일하는 것으로 고통을 잊을 수 있었다고 할머니는 말합니다.

참으로 본받을만한 말씀이었습니다. 우리네는 건강한 가운데서도 그것에 감사해 하지 않고, 온통 탓할 것만을 찾아 두리번거리기 일쑤입니다. 고통 속에서 살아가면서 그 와중에도 즐길 줄 아시는 혹 할머니야말로 진정한 '긍정의 여신'이 아닐까 싶습니다. 저는 웃음&행복디자이너로서 할머니의 긍정적인 생각이 남의 일 같지 않았습니다. 아픔을 즐김으로 견뎌나가는 일은 그 누구도 쉽게 따라 하지 못하는 일이기에 새삼 존경심

| 공무원 노동 조합원 워크샵 강의 모습

이 든 것입니다.

　건강한 여러분들에게 우리도 매사를 즐기며 일하자는 말을 드리고 싶습니다. 나 한 사람부터 웃다 보면 도미노현상처럼 줄을 이어 연결된 웃음이 생겨나, 우리가 만들어가는 대한민국이 건강한 나라 행복한 나라로 급부상하지 않을까 생각합니다.

세 마리 생쥐의 팔자소관

　세 마리의 생쥐가 있었습니다. 그중 한 마리는 시궁창에 달라붙어 언제 떨어져 나올지 모르는 밥풀이며 사람들이 먹다 남은 음식 찌꺼기로 근근이 끼니를 이어가는 삶을 살았습니다. 그 쥐는 그곳을 떠나면 굶어 죽을세라 시궁창에 바짝 달라붙어 음식물이 내려오기만을 기다릴 뿐이었습니다. 그 쥐는 추운 겨울이 되어서도 음식만 눈 빠지게 기다리다가 자기

털이 시궁창 바닥에 얼어붙는지도 모르고 있다가 그만 얼어 죽고 말았습니다. 두 번째 생쥐는 똥통에 빠졌습니다. 그곳에서 먹을거리를 충당하면서 냄새가 진동하는 곳에서 두문불출하며, 그곳을 떠나면 큰일이 나는 줄 알고 영원히 머물렀습니다. 마지막 세 번째 생쥐는 쌀가마니가 그득한 곳간에 자리를 잡았습니다. 생쥐는 그곳에 가득하게 쌓여 있는 새하얀 쌀을 실컷 먹었고, 먹다 졸리면 새하얀 쌀을 침대 삼아 새근새근 잠도 자면서 마음 편하게 살았습니다. 혹시 오로지 시궁창과 똥통이 삶의 전부 인양 그것을 떠나지 못하는 생쥐처럼 살고 있지는 않습니까? 여기저기 둘러보면 할 수 있는 일이 지천인데 되지도 않는 일에 집착하며 스트레스를 받고 있지는 않으십니까?

한 분야에서 7년이란 시간을 온전히 투자한다면 그 분야의 전문가가 될 수 있다고 합니다. 자신이 할 수 있는 일과 할 수 없는 일을 구분 짓지 마십시오. 우리는 모든 것을 시도할 수 있으며, 이룰 수 있습니다. 지금 눈앞에 있는 현실에만 눈을 팔려 한숨짓지 않고 시야를 폭넓게 가진다면 나에게 꼭 맞는 일들은 다양하게 있다는 것을 알 수 있을 것입니다. 시궁창과 똥통에만 미련 두지 말고 새하얀 쌀이 그득한 곳간을 찾아 여행 떠나 봅시다. 안주하는 삶은 재미없고 따분하지 않습니까? 노력과 훈련을 거듭해 모두 좋아하는 일에 매진해 나아가 보다 보람찬 미래와 만나봅시다.

날아가는 큰 새의 똥 벼락을 맞아 보셨나요?

기분 좋은 아침 지인으로부터 들은 이야기를 글로 옮겨봅니다. 갑작스럽게 변한 날씨 탓에 가을 새 단장용 새 옷을 갈아입고 벌개미취, 맥문동 등 신비로운 자연경관을 감상하며 보부도 당당하게 출근을 하고 있었던 지인은 갑자기 축축한 뭔가가 자신에게 튄 느낌을 받았습니다. 갑자기 누가 물을 뿌리나? 하며 뒤로 돌아보려는 찰라 먼 하늘에서 커다란 새 한 마리가 날아가는 것을 보았습니다. 그 새가 새 옷을 입은 것을 시샘이라도 한 것처럼 어깨에 제대로 맞춰 똥을 다량 방사를 했다는 것을 그제야 지인을 깨달을 수 있었습니다. 얼른 손으로 잔해물을 치웠지만, 손에서 엄청나게 고약한 냄새가 풍겨 순간 숨이 멎을 뻔했다고 합니다. 짜증 내며 돌이라도 들어 날아가는 새를 향해 던지며 화를 낼 만도 하건만, 그분은 그저 길을 가다 이렇게 새똥을 맞아 보긴 처음이라며 큰 새가 뿌린 많은 양의 오물이상으로 나에게 복이 임하려나 보다 생각했다고 합니다.

나라면 그런 상황을 접했을 때 어떤 마음이 들었을까 생각해봤습니다. 지인처럼 바로 긍정을 내세워 냄새 나고 불결함에 동조하지 않고 좋은 쪽으로 승화시켰을까? 따라잡을 수도 없는 날아가는 새를 향해 분풀이를 했을까? 아무래도 저의 긍정적인 마인드는 후자를 택하도록 만들었을 것입니다. 살아가다 보면 긍정, 부정적인 생각들로 만감이 교차하는 일들이 부지기수입니다. 어떠한 상황이 처해도 긍정적인 생각이 떠오르도록 연습을 하다 보면 세상을 살아가는 것이 편해집니다. 하지만, 아직도 많은 분들이 좋지 않은 상황들이 닥치면 그 부분에 너무 의미를 두고, 그곳에 머무르며 오만가지 고민에 휩싸입니다. 그런 모습을 바라볼 때마다 참으로 안타까운 마음뿐입니다.

이제 생각을 전환해야 할 때가 되었습니다. 되지 않을 고민에 소비하는 시간은 단 1초도 아깝습니다. 긍정을 습관화하면 감사와 행복이 넘쳐

납니다. 이것은 저의 개인적인 경험에서 우러난 살아있는 지식이기도 합니다. 이러한 부분을 초월하며 긍정적으로 살아가니 까다롭기로 유명했던 저의 나날 또한 언제나 해피데이가 될 수 있었습니다. 긍정적인 삶을 살기 위한 노력을 끝없이 하십시오. 우리 뇌가 긍정으로 무장되는 그 순간 상대를 안아주고 배려해주는 기쁨 가득 주는 자로 탈바꿈할 수 있습니다. 비결은 바로 긍정의 언어와 긍정의 몸짓입니다. 모든 분들의 삶 속에 행복한 긍정이 가득 넘쳐나시길 간절히 기도합니다.

성공을
위한 리허설
Rehersal

김 진 우

열정으로 사명을 회복하라

약 력 | 홍익대학교 건축공학과 졸업, 홍익대학교 대학원 건축학과 석사수료
국제문화대학원대학교 학습코칭전공 석사
국제문화대학원대학교 학습코칭 석사과정 외래교수
국립과천과학관 과학영재캠프 과학리더십 과정 초빙교수
사단법인 국민독서문화진흥회 마포지부장
사단법인 문화컨텐츠개발원 경기지원 이사. 이천시, 구리시, 양주시 자기주
도학습 지도사 과정(학습코칭 전문가 과정) 전담 강사
강 의 | 학습코칭, 진로코칭, 학습코칭 전문가 양성, 인성교육, 감정코칭, 적정기술 등 다수
이메일 | maranata01@gmail.com   휴대폰 | 010 · 2012 · 2481

  어둡고 허름한 어느 넓은 계단 앞 모퉁이. 초점 없는 눈빛으로 힘없이 어깨가 축 늘어진 사람들이 삼삼오오 모여 앉아 어느 한 사람의 이야기를 듣는다. 그 사람은 어깨를 움츠리며 앉아있는 사람들에게 우렁찬 목소리로 "열정!"을 외친다. 그리고 사람들에게 그 열정을 따라 하란 듯이 계속 외친다. 마지못해 한두 명이 팔을 올리며 "열정"이라는 단어를 작은 목소리로 읊조린다. 그 목소리가 마음에 들지 않는 듯 강단에 선 사람은 또 다시 오른팔을 들어 올리며 "열정!"을 거듭 외친다. 한참의 시간이 지나고 점차 사람들의 눈빛이 달라진다. 이제야 비로소 모두 다 자신들의 어깨를 펴고 서있는 사람과 함께 "열정"을 한 목소리로 외친다.

  갑자기 주변이 어두워진다. 그러나 앞서 외치던 "열정"이라는 단어는 계속 메아리로 울린다. 그리고 무슨 일이 일어났는지 어두웠던 공간이 밝아지며 수만 명이 운집한 체육관으로 자리가 옮겨진다. 앞에서 서있던 그 사람이 동일한 모습으로 수만 명의 청중 앞에서 오른 손을 높이 들고 "열정!"을 외친다. 수만 명의 청중들은 입이라도 맞춘 듯이 서있는 사람과 함께 오른 손을 높이 들며 열정을 따라 외친다. 그렇게 큰 공간에서 모두 다 한 목소리로 열정을 힘 있게 외친다. 그 메아리는 점점 더 커져 하늘을 찌를 듯이 높이 울려 퍼진다.

강사로서 산다는 것은 나의 사명이자 소명이다.

어느 여름날 이른 아침 나는 눈물을 흘리며 잠에서 깨어났다. 그냥 눈을 떴는데 베갯잇이 흥건히 젖어 있어 눈물을 흘렸다는 것을 알았다. 꿈인지 생시인지 내 귓가엔 "열정"의 함성이 메아리로 들려왔다. 자신의 꿈을 잃어버리고 방황하는 사람들, 심지어 아무도 자기를 알아주지 않아 존재감조차 없는 사람들, 이 땅에 소망이 없다하며 푸념하는 사람들. 이런 사람들에게 희망이 무엇인지 꿈이 무엇인지 그들의 이 땅의 부르심이 무엇인지를 알게 하고 그들에게 새로운 삶의 변화를 심어주는 것이 나의 유일한 꿈이자 사명이다. 이러한 나의 사명을 그날 생생한 꿈을 통해 다시금 확인하였다. 그리고 지금까지 한걸음 한걸음씩 나아가며, 강의를 통해 그들과 만나며 그들을 변화시키는 작은 씨앗들을 심고 있다. 이러한 사명을 나는 생을 마감하는 날까지 계속할 것이라고 감히 말하고 싶다.

인생의 변화와 성장을 위한 힘찬 발돋움

이른 아침 분주한 서울 도심을 뚫고 도로를 달린다. 지방으로 가는 고속도로를 따라 두어 시간을 달려 지방의 한 강의장에 도착해, 학습코치가 되고자 하는 예비 학습코치들을 양성하는 일을 시작으로 하루를 연다. 훌쩍 지나버린 3시간을 뒤로하고 강의의 열기가 식기 전 다음 강의장인 서울과 분당으로 향한다. 그리고 밤늦게까지 청소년들과 함께 수학공부를 하고 11시에 귀가를 하는 것으로 하루를 마무리한다. 다음 날은 경기도 이천, 양주 그리고 구리. 때로는 제천, 평창 등을 매일 아침 분주히 움직이며 어떻게 하면 자녀들을, 어떻게 하면 자기가 맡은 학생들을 스스로 공부 잘하게 할까 고민하는 학부모와 예비강사들을 교육한다.

나는 학습코칭 전문가다. 요즘 흔히 말하는 자기주도학습지도사, 학습코칭 전문가를 양성하는 전문 강사다. '어떻게 하면 학생들이 스스로 공부를 잘하고 자기의 꿈과 목표를 찾아 인생을 행복하게 만들 수 있을까?'에 대한 주제를 가지고 수도권과 지방을 오가며 학부모, 교사들을 가르치고 있다. 청소년 대상으로는 어떻게 하면 자신의 꿈과 목표를 구체적으로 이룰 수 있을지에 대한 진로교육, 인성교육, 리더십 교육, 독서교육을 하고 있다. 그리고 새 학기가 시작되면 대학원생들을 대상으로 학습코칭에 대한 강의를 시작할 예정이다.

이러한 이력에 대부분의 수강생들과 선생님들은 내가 교육학을 전공했을 것이라 생각하곤 한다. 늦게나마 교육학 석사를 공부했지만, 실제

나의 학문적 태생은 건축공학이다. 과거 나는 설계실에서 도면들과 함께 매일 밤을 새우며 꿈을 그리고 공간을 만들어가는 열정이 가득한 청년이었다. 건축학 석사를 수료하여 대기업에서 건축과 관련된 일을 하며 열정을 태우던 시절이 있었다. 하지만 지금의 내 모습과 비교하면 완전히 다른 삶을 살고 있다. 어떠한 삶의 변화가 나를 전문 강사로 만들었을까?

이 땅에 떨어져 있는 수많은 눈물들

나는 신촌에서 학교를 다니며 오랫동안 자취생활을 했다. 신촌에 위치한 대형교회 청년부를 다니며 자연스럽게 연세대학교, 이화여자대학교, 서강대학교, 홍익대학교와 같은 명문 대학생들을 선후배로 둘 수 있었고 이 청년들과 동고동락하며 꿈을 이야기하며 밤을 지새웠다. 그리고 어느덧 부족한 능력에도 청년 리더가 될 수 있었다. 2003년 무렵 교회 청년부에서 코칭을 본격적으로 도입하기 시작했고, 정진우 박사님(현 아시아코치센터 대표)을 모시고 열심히 코칭을 배워 후배들을 본격적으로 코칭하기 시작했다.

후배들의 고민을 들어주고 함께 꿈을 이야기하는 시간들이 너무나 행복했다. 그러던 중 대학생들의 공통된 고민들을 들을 수 있었다. 연세대학교, 이화여자대학교 등에 다니던 누구나 부러워하는 명문대학을 다니는 학생들이 "졸업을 하면 뭐할까? 나의 인생을 어떻게 살아야 행복할까? 내 삶의 목적은 무엇일까?"하는 인생의 궁극적인 질문에 대한 답을 찾고 있었으며 이러한 근본적인 질문들로 심각하게 고민하는 학생들이 의외로 많다는 것을 알게 되었다. 솔직히 나 또한 그들처럼 건축학과 석사과정에 있으면서도 졸업하면 '무엇을 어떻게 하며 살아야 할까? 직업을 바꾸어야 하나?"는 고민을 많이 했다. 명문대에 다니는 의외로 많은 수의 대학생들이 이러한 심각한 고민들로 삶의 방향을 잃어버리고 심지어 자살을 기도하는 안타까운 상황들을 지켜보면서 내 마음 한 구석에는 강한 심장의 울림과 떨림을 느꼈다. 이들을 위해 내가 무엇을 해야 할까? 내가 어떻게 도와주어야 할까? 나는 그들을 위해 꼭 무엇인가 당장 해야만 할 것 같았다.

그렇게 2-3년이 지나면서 방황을 조금씩 끝낸 나는 취업을 하고 직장 생활을 시작했다. 물론 직장 생활 가운데서도 늘 대학 청년들을 만나며 함께 미래를 고민하고 부둥켜안고 울기도 했다. 계속해서 2-3년 전 처음 느꼈던 내 심장의 강한 울림과 떨림은 늘 나를 따라 다녔다. 수많은 부모들과 학생들이 이렇게 명문대학에 입학하기 위해 열심히 시간과 노력과 돈을 투자하는데, 정작 그렇게 대학에 입학한 대학생들의 고민은 수년전과 동일하게 그들의 삶을 고민가운데 몰아넣는 모습들을 반복해서 보고 있자니 내 심장이 터질 것만 같았다. 이윽고 이대로 살기엔 내가 해야 할 일들이 너무 많을 것 같다는 막연한 사명감까지 들었다. 이들을 어떻게 변화시키고 성장시켜야 할까? 이들의 잃어버린 꿈들 어쩌면 꿈조차 꾸지 못했던 것들을 어떻게 회복시켜줄까?

새로운 삶, 도전의 시작

그렇게 몇 년의 시간을 보내다가, 나는 괴로움을 호소하는 이들의 성장과 변화를 위해 본격적으로 무엇인가 해야겠다는 생각에 잘 다니고 있던 회사를 그만두었다. 그리고 바쁘다는 핑계로 미뤄왔던 독서를 하기로 했다. 손에 잡히는 데로 인문학 서적을 읽기 시작했다. TV 매체나 책들을 통해 인간의 궁극적인 목적과 방향은 결국 인문학을 통해서 답을 찾을 수 있다는 동일한 메시지를 보았기 때문이다.

'대학생들의 꿈과 비전을 다시 회복시키고 인생을 열정적으로 바꿀 수 있는 변화를 위해 나는 무엇을 해야 하고 그들에게 어떻게 알려 주어야 할까?'

이런 사명감이 점점 커져갔기에 공부량이 절로 늘어났다. 어쩌면 그동안 이런 막연한 사명감을 애써 꾹꾹 누르며 참아왔던 것일지도 모른다는 생각도 들었다. 그러다 교육학 석사과정에 입학하여 본격적인 공부를 다시 시작하게 됐다. 내가 늘 가지고 있던 질문에 대한 답을 조금씩 찾을 수 있었다. 이러한 고민은 당사자인 학습자들이 평생 학습을 통해 깨달아야 할 영역이다. 거기에 대한 학습을 구체적으로 도와줄 수 있는 가장 효과적인 방법 중의 하나가 학습코칭 분야임을 알게 되어 학습코칭을 전공으로 석사를 마치고 강의 현장과 연구를 거듭하며 지금 이렇게 학습코칭전문가로 강단에 서게 되었다.

학습코칭 전문가로서의 새로운 삶을 시작함과 동시에 평소 관심을 두었던 대학생들들을 보다 전문적으로 코치하고 가르치기 시작했다. 그러던 어느 날 문득 다음과 같은 생각이 들었다.

'대학생들의 삶의 목적에 대한 고민들은 결국 자신들이 대학입시 때 선택한 전공들이 잘 맞지 않거나 그 전공에 대한 확신이 없어서인데, 이들이 대학에 입학하기 전에 미리 자신의 꿈과 목표를 설계하고 대학에 들어간다면 이러한 고민들이 줄어들지 않을까?'

나는 대학생이던 강의 대상을 청소년에게로 눈을 낮추었다. 중학생, 고등학생들에게 자신의 장점을 살려주고 자기가 관심 있는 분야를 보다 체계적으로 경험시켜주어 자기 자신의 인생의 설계도를 그리게 한다면 그들이 대학입학 때 자신에게 맞는 전공을 선택할 수 있고, 또 그 과정에서 대학공부가 필요하고 나의 성적을 올려야 할 필요를 본인이 느낀다면 그들에게 보다 효과적인 방법을 알려주면 되겠다는 생각을 하게 된 것이다. 그러한 주제를 본격적으로 연구하기 시작했다.

나는 그 연구를 토대로 청소년을 지도할 수 있는 자기주도학습지도사(학습코칭 전문가) 과정을 설계했다. 그리고 이천시를 시작으로 제천시, 구리시, 평창군, 양주시, 서울교대 등에 자기주도학습지도사 과정(학습코칭 전문가 과정)을 개설, 본격적인 성인강의를 시작하며 현재에 이르기까지 수많은 학습코치 전문가를 배출하고 있다.

어떻게 하면 나의 자녀를
자기주도적 학습자로 만들 수 있을까?

장래의 꿈과 목표가 불분명한 수많은 청소년들과 대학생들을 만나 강의를 하며 느낀 점은 그들에게 롤모델과 멘토가 필요하다는 것이었다. 또한 학습코칭 전문가 자격과정을 수강하는 학부모들은 주로 자기 자녀를 공부 잘하게 할 목적으로 나의 강의를 듣고 있는데 자기 자신 즉, 부모가 변해야 자녀가 변한다는 것을 파악할 수 있었다. 방황하는 학생들은 하나같이 그들의 인생을 살아가는 데 있어 딱히 닮고 싶어 하는 사람이 없었다. 설령 있다고 하더라도 곁에서 응원해주는 사람이 마땅히 없었다.

부모는 자녀들의 훌륭한 멘토이자 코치라고 스스로 믿고 있지만 막상 자녀들은 부모를 멘토나 코치는 커녕 늘 나에게 공부하라고 명령하는 사람으로만 느낀다. 청소년들에게 자신의 부모를 멘토나 코치로 여기냐는 설문조사 결과, 자신의 부모를 멘토이자 코치로 생각하는 청소년들은 거의 없었다. 이는 에리히 프롬(Erich Fromm)의 이론을 바탕으로 한 교육유형 검사를 해보면 극명하게 나타난다. 부모와 자녀가 각각 교육적 관점에서 얼마나 사랑하는지에 대한 척도를 '지식', '관심', '존중', '실행'이 네 가지 기준으로 보여주는 검사인데, 부모가 자녀를 얼마나 사랑하는지에 대한 검사를 해보면 대부분 위 네 가지의 척도가 모두 고르고 높게 나온다. 반면 똑같은 상황에서 자녀의 입장에서 검사해보면 자녀가 실제적으로 부모로부터 느끼는 사랑의 정도는 매우 부족하다고 나온다. 종합해보면 부모는 자녀를 매우 사랑하고 있고 심지어는 완벽하게 사랑하고 있다고 느끼고, 반대로 자녀는 부모가 나를 제대로 이해하거나 사랑하고 있지 않다고 느낀다는 것이다.

같은 부모와 자녀가 같은 상황에서 이렇게 극명하게 반대로 생각하고 있다. 이 얼마나 안타까운 일인가? 놀라는 쪽은 부모님이다. 당연하다고 생각했는데, 자녀는 그 반대로 느끼고 있다는 사실에 놀라지 않을 수 없다. 이러한 데이터를 근거로 나는 학생들에게 태도를 바꾸라고 요구하기보다 부모의 태도를 바꾸라고 요구하게 되었다.

내가 강의를 전담하고 있는 자기주도학습지도사 과정(학습코치 전문가 과정)에 오는 사람들의 90% 이상은 내 자녀를 공부 잘 하게 만들 수 있는 구체적인 방법을 배우기 위해 온다. 하지만 나는 위의 결과처럼 자녀를 공부 잘 하는 아이로 만들고 싶으면 부모 스스로 공부하는 모습을 보여주지 않으면, 부모가 자녀를 대하는 태도가 혁신적으로 바뀌지 않으면 안 된다고 자신 있게 말한다. 처음에는 대부분 얼굴을 붉히며 경직된 표정으로 혹은 나는 완벽한데 뭘 바꾸어야 하냐는 듯이 나를 쏘아본다. 그렇게 24회 차의 첫 강의가 시작된다. 굳어있던 그들의 표정은 매회차를 거듭할수록 자녀들의 변화와 성장을 위해 듣던 수업이 자신의 삶의 변화와 성장을 위해 듣는 수업으로 점차 바뀌게 된다. 그리고 3개월, 혹은 5개월간의 강의가 끝나갈 무렵 수업을 듣는 학부모 대부분의 눈물에서는 자신에 대한 성찰의 눈물과 사랑이라는 명목으로 그동안 자녀를 너무나 일방적으로 키워왔음에 대한 반성의 눈물을 흘린다. 바로 내가 그토록 바라던 변화와 성장의 씨앗이 이제 막 시작되는 순간이다. 나는 그 순간 말로 표현할 수 없을 만큼 강렬한 기쁨을 맛본다. 때로는 과정이 진행되는 중 게시판에 남기는 그들의 강의 후기를 통해서, 때로는 수업을 듣는 태도에서 보이는 눈빛을 통해 이를 느낀다. 바로 역지사지! 자녀를 진심으로 이해하고 나를 이해하는 순간 우리 자녀들은 그들 스스로 자기 인생을 살아갈 준비를 시작하는 것이다.

자녀의 인생이 아닌 나의 인생을 살아가라 – 주도권 이양식

"자녀를 어떻게 공부 잘하게 만들 수 있는가"에 대한 답변으로 엉뚱하게 들릴 수 있지만 나는 항상 매 과정이 시작되는 강의에서 이렇게 말한다. "자녀를 공부 잘 시키고 싶으시지요? 그럼 먼저 자녀에 모든 관심을 다 접고 여러분 인생을 되찾으세요!". 이게 무슨 소리야 하며 사람들은 어안이 벙벙한 표정을 짓는다. 나는 그들에게 연이어 이렇게 질문한다. "여러분, 여러분 인생의 주도권은 지금 누가 쥐고 있습니까?" 곰곰이 생각한 수강생들은 조심스레 "우리 자녀들이요~!" 라고 볼멘소리로 말을 이어간다. 또 다시, "그럼, 여러분의 자녀들이 여러분의 주도권을 빼앗아 가기라도 했습니까? 왜 여러분의 주도권을 자녀들이 가지고 있나요?" 이제야 수강생들은 자녀가 원치도 않았는데 자기 자신의 주도권을 자녀에게 빼앗기고 말았음을 이해하기 시작한다. 즉 모든 인생의 초점이 자녀에게 특히 공부라는 영역에 맞춰져 있다보니 모든 일상생활에서의 선택은 모두 자녀의 공부위주로 이루어지고 있음을 스스로 시인하게 되는 것이다. 한참 동안의 정적이 흐른 후 나는 또 다시 이렇게 질문한다. "자, 그럼 또 하나 질문 드릴께요. 여러분, 여러분 자녀의 주도권은 누가 가지고 있나요?" 그러면 백이면 백, 줄어드는 목소리로 "저희들이요!"라고 답을 이어간다. 마치 이 순간을 오래전부터 기다린 듯 나는 "어허~ 참 이상하네요. 여러분은 여러분의 자녀가 원치도 않았는데, 여러분 스스로 여러분 삶의 주도권을 자녀에게 내어주고, 정작 자녀의 주도권은 여러분 마음대로 빼앗으셨네요."

자기주도학습 지도사 곧 학습코칭 전문가의 진정한 목적은 학생, 혹은 자녀들이 공부를 잘 하는데 있지 않고, 그들이 인생을 어떻게 스스로 계획하고 결정하는 지, 인생 전반에 대하여 자기 주도적으로 삶을 살아가도록 도와주는 데 있다. 따라서 매 과정 초기의 강의에는 위처럼 조금은 살벌한 질문들이 오갈 수밖에 없다.

이어서 나는 "주도권 이양식"에 대한 설명을 한다. 1997년 7월 1일 전 세계는 홍콩의 주권 이양식을 생중계로 지켜보았다. 중국의 영토였지만 아편전쟁으로 잠시 영국의 주권에 편입된 홍콩의 주권을 중국으로 되돌리는 주도권 이양식을 모두 다 관심 있게 지켜보았다. 이것과 마찬가지로 수강생들의 가정에서 자녀와 부모간의 주도권 이양식을 아주 거창하게 할 것을 매번 제안한다. 케이크에 촛불도 붙이고 주도권 이양식 선언서도 낭독하면서 서로에게 빼앗기고 빼앗았던 삶의 주도권을 되돌리는 일이야말로 우리 자녀를 공부 잘 시키게 하기 위해 가장 먼저 해야 할 일이다.

명강사가 되기 위한 나만의 노하우

철저히 낮아져라

어느 여름날, 해가 뉘엿뉘엿 저물어 갈 무렵 외출을 위해 아파트 지하주차장에서 전조등을 켜고 단지를 나가는 길이었다. 저 멀리서 아이의 아버지로 보이는 남자가 자기 자녀를 태운 유모차를 끌고 한 손엔 부채를 들고 내가 가는 방향으로 마주오고 있었다. 지나치는 순간 그 아버지를 물끄러미 쳐다본 나는 소름끼치게 놀라는 일을 경험했다. 어쩌면 남들이 보기엔 대수롭지 않겠지만 필자에게는 아주 큰 충격이었다. 지나치는 순간 나는 아이의 아버지가 쥐고 있던 부채로 유모차에 앉아 있는 아이의 얼굴을 가리는 모습을 볼 수 있었다. 대체 왜 아이 아버지는 아이의 얼굴을 부채로 가린 걸까? 순간 생각해보니 저 멀리서부터 언제부터인가 부채로 아이 얼굴을 가리고 걸어오고 있었던 것이다. 이유인 즉, 내 차의 전조등 불빛의 방향과 높이가 유모차에 앉아 있는 아이의 시선과 동일하기에 아이의 눈에는 전조등의 빛이 해로울 수 있어 차가 멀리서 오는 순간부터 아이의 눈을 가린 것이다.

성인들은 일상생활에서 전조등의 불빛을 보면 약간 눈이 부실 뿐이지 그렇게 치명적이진 않다. 성인들의 시선과 전조등의 빛의 방향은 다르기 때문이다. 아이의 아버지는 어떻게 아이의 시선을 그렇게 보호 하였을까? 아마도 아이의 시선에서 직접 전조등을 바라본 경험이 있거나 늘 아이의 시선으로 사물을 바라보는 연습을 하지 않았을까. 그 아버지는 철저히 아이의 시선을 알고 있었다.

강사도 마찬가지다. 철저히 수강생의 시선으로 내 강의를 그들이 어떻게 이해할것인가를 늘 점검해야한다. 아니 점검을 떠나 강의 내용이나 강의를 전달하는 말투 등의 모든 방법 자체를 수강생의 시선으로 강의를 해야 한다. 이런 철저한 나의 낮춤을 통해 상대인 수강생(청중)을 보다 쉽게 소통할 수 있다. 수강생(청중)과 정확히 이해하는 것으로 강의의 첫 준비를 시작해야한다. 그러니 철저히 낮아져라!

철저히 정직하라

강사로 시작할 무렵, 나는 매 강연 때마다 수강생들에게 강사로서의 전문성을 보여주고 싶어 '몰라도 아는 척' 하고 싶은 충동을 느꼈다. 어떤 사람이건 완벽하기는 어렵다. 따라서 모르는 부분이나 순간 생각나지 않는 내용이 생기곤 한다. 이런 경우를 겨냥하여 어떤 명강사는 책에 '수강생으로부터 모르는 질문을 받으면 의연하게 아는 척하고 슬쩍 넘어가라'고 적어두기도 했다. 하지만 이는 철저히 자기 자신을 속이는 짓이다. 자신을 속이는 사람은 다른 이를 가르칠 수 없다. 모르면 정중하게 그 부분은 모르니 좀 더 연구해서 다음에 꼭 알려주겠다고 말하는 편이 거짓말을 하는 편보다 훨씬 낫다.

그다음으로 저지르기 쉬운 실수는 자신이 경험하지 않은 일을 마치 자기가 경험한 듯이 말하는 것이다. 이는 특히 경험이 적은 강사에게 흔히 나타닌다. 강사 초기에는 이런 유혹에 쉽게 빠져든다. 강의 경력이 짧다보니 강의 주제에 대한 임상경험이 짧을 것이고 그렇게 되면 수강생들에게 신뢰를 주기 위해 나도 이렇게 해보니 정말 이렇게 되더라는 식으로 말하게 되기 때문이다. 강사는 강사 자기 자신이 확신을 가지고 강의를 해야 수강생들에게 내용을 잘 전달할 수 있다.

수강생들은 강사가 확신이 있는지 없는지 너무나 쉽게 알아챈다. 따라서 내가 직접 경험한 것만 가르치는 것이야 말로 강사의 마음을 수강생들에게 전달하는 유일한 방법이다. 그러기 위해선 나 자신과의 철저한 정직을 최우선으로 삼아야 한다.

철저히 내용으로만 승부하라 퍼포먼스는 그 다음이다.

강의를 하다보면 내용에 날개를 다는 경우가 종종 있다. 이 날개를 어떤 분들은 포장이라고도 말한다. 보다 정확한 발음교정, 세련된 말투, 발성의 높낮이 드라마틱한 내용전개와 같은 퍼포먼스는 물론 유용한 기술이다. 같은 내용일 경우 위와 같은 퍼포먼스가 어우러져 있는 강의를 한다면 청중들은 더 많이 감동하고 또한 강의 내용도 아주 효과적으로 전달되는 것이 사실이다. 내가 말하고자 하는 바는 만약 내가 전달하고자 하는 내용에 대한 전문성이 2% 부족하다면 그 2%를 퍼포먼스로 채울 것이 아니라, 내용을 철저히 채우고 나서 퍼포먼스를 도입하라는 것이다. 사실 2% 부족한 정도의 내용이라면 청중들은 쉽게 알아채지 못한다. 강사의 입장에서는 나머지 2%를 채우는 노력보다 정확한 발음, 손동작, 세련된 말투를 연습하는 것이 보다 편할 것이다. 퍼포먼스를 도입하는 것이 같은 노력대비 성과(청중의 반응)가 좋기 때문이다. 하지만 내 생각은 다르다. 같은 내용의 깊이일 경우 퍼포먼스를 도입하는 것이 더 좋겠지만 내용의 깊이가 얕은 상태에서의 퍼포먼스 도입은 단지 청중 앞에서 천박한 쇼를 하는 것과 같다. 말이 어눌하고 힘이 없더라도 전달하는 내용에 진실성과 철학적 깊이가 있다면 그의 강의는 백번 퍼포먼스를 도입해도 따라 갈 수 없는 강력한 강의가 되기 때문이다.

철저히 어제를 버려라

나는 주로 12주나 20주(주 2회 혹은 1회)의 정기 강의를 주로 한다. 짧게는 3달 길게는 5달을 매주 1-2번씩 수강생들과 만나는 것이다. 성인 대상 강의에서는 10개 기수가 넘게 예비강사(학습코칭 전문가, 자기주도학습 지도사)를 배출했다. 하지만 같은 강의에 대하여 매기수마다 듣는 강의가 모두 다르다. 기본적인 틀과 내용은 유지하면서 활용되는 사례나 참고자료, 워크숍을 위한 워크시트들은 매번 바뀐다. 어떤 강사들은 매번 귀찮게 왜 새롭게 바꾸냐고 핀잔 아닌 핀잔을 주지만 난 이렇게 되묻곤 한다.

"어제의 나와 오늘의 내가 다른 데 어찌 강의 내용이 같을 수 있습니까?"

강사는 철저히 진화해야 한다. 어제의 나를 철저히 버리고 새로운 나로 발전시켜야 한다. 이는 고독한 싸움이며 철저히 자기만의 마라톤 경주다. 이러한 고통을 기꺼이 받아들여야 앞서 말한 진실성이 묻어나게 된다.

강사의 존재 이유는 청중(수강생)들의 삶의 변화

소통을 통한 에너지 충전

전문 강사로의 삶을 시작한 동기가 사람들의 삶의 변화를 만들고 그들에게 희망의 씨앗을 심는 것이라 앞서 말한바 있다. 아마 대다수의 명강사들도 이러한 것을 추구할 것이다. 그렇다면 한번의 강의로 끝나는 것이 아닌 지속적인 소통을 통해 그들의 삶을 구체적으로 변화시켜주는 것도 강사들의 몫이라 생각된다.

나는 홈페이지 게시판을 통해 내 강의를 들었던 사람들과 지속적인 소통을 나눈다. 그 일환으로 내 강의를 들었던 모든 사람들에게 강의후기를 남기는 숙제를 낸다. 100%의 참여율에는 약간 못 미치지만 강의후기에 대한 관심은 매우 높다. 숙제라는 이름으로 요청한 강의후기지만, 사실 이러한 글쓰기를 통해 강의 내용에 대한 당시의 감동을 다시금 스스로 생각해보고 정리하는 시간을 갖게 한다. 본인의 것으로 소화하는 것을 돕는 것이다. 나는 매번 그 다짐에 대하여 일일이 답글을 달며 힘찬 응원을 남긴다.

강의 후기를 통해 상당히 많은 사람들의 삶의 변화를 직접 목격했다. 아이를 공부 잘 시키겠다고 듣게 된 강의였는데, 엉뚱하게 오랫동안 소원했던 남편과의 관계가 개선되는 사람들, 가정의 참 행복을 나이 50이 지나서야 새롭게 알았다는 사람들, 나이 60이 다 되어서야 인생의 진정한 목적을 깨닫게 되었다는 사람들이 수도 없이 늘어난다. 수강생들의 변화를 바라보면서 나는 새롭게 에너지를 충전한다. 결국 나의 존재의 이유를 그분들의 고백을 통해 확인하는 것이기 때문이다.

어두웠던 긴 터널에서 빛을 만나듯 변화하였던 나의 삶처럼 내 강의를 통해 한 사람 한 사람 변화하고 성장하는 것이야 말로 내 인생에 가장 소중하고 가치 있는 것이다. 이런 숭고한 가치의 열매들을 바라보며 나는 오늘도 이렇게 오른팔을 치켜들고 어김없이 외친다.

"열정!"

성공을 위한 리허설
Rehersal

권 선 복

긍정 바이러스 Positive Virus

약 력 | 지에스데이타(주) 대표이사 (www.gsdata.co.kr)
아주대학교 행정대학원 졸업(전자정부과정 행정학 석사)
한국강사은행 부총재, 민주평화통일자문회의 자문위원
법무부 보호관찰소 보호 선도위원, 연세대학교 산학연기술개발센터 자문위원
한국보이스카우트 강서지구 연합회 회장, 서울시 강서구의회 도시건설위원장
서필환 성공사관학교 홍보이사장

수 상 | 중소기업청장상, 중앙대학교 총장 감사패, 특허청장상, 자랑스러운 서울시민상
동국대학교 경영인 금상, 서울대학교 농업생명과학대학원장 감사패
보병 52사단장 이철휘 감사장

이메일 | ksb6133@naver.com   휴대폰 | 010 · 8287 · 6277

긍정 ! 하면 되고, 할 수 있고, 해야 합니다.

오늘날 많은 사람들이 시들어가고 있습니다. 변화하는 시대에 발맞추기 위해, 변화하는 시대를 주도하기 위해, 변화하는 시대를 따라가지 못해 많은 영혼들이 괴로워하는 시국입니다. 그러나 절망적인 상황에 눈을 돌리지 않아야 합니다. 어떠한 상황에서도 자신에게 있는 좋은 부분을 바라보는 마음의 창을 열어야 합니다.

긍정, 어떤 상황에서도 가장 희망적인 생각과 말 행동을 하도록 마음을 품는다는 사전적 의미를 갖고 있는 말입니다. 이 말은 곧 자기 자신의 선택에 의해 충분히 긍정할 수 있다는 것을 뜻합니다.

"나는 할 수 없어"
"나는 해내지 못해"
이렇게 말하거나 생각하는 한, 영원히 그 굴레에서 벗어날 수 없습니다.
우리는 이것을 이렇게 바꿔 생각해야 합니다.
"나는 할 수 있어"
"나는 해낼 수 있어"라고 말입니다.
이 작은 변화는 바로 '긍정'에서 비롯됩니다.

나를 바꾸는 긍정 바이러스

사람들이 내리는 결정 중에 몇 퍼센트가 감정에 의한 것이고, 몇 퍼센트가 논리의 해석에 의한 것일까요? 정답은 놀랍게도, 사람들이 내리는 결정의 90% 모두가 '감정'에 의한 결정이라고 합니다.

인간은 본래 전적으로 감정적인 동물입니다. 감정에 따라 의사를 결정하고 이를 논리로 정당화하는 방식으로 인간들은 살아가는 것입니다. 그런데 이 감정의 90%는 스스로에게 건네는 말에 따라 결정되는 성향이 있습니다. 스스로 긍정적으로 이야기하다 보면 상황도 긍정적으로 변해가기 마련이고, 모두가 자신을 좋아하게 만들 수도 있습니다. 반대로 부정적으로 이야기 하다 보면 상황도 부정적으로 흘러갑니다. 이런 이유로 행복을 추구하는 우리들은 긍정적인 DNA를 키워야 할 필요가 있는 것입니다.

지금으로부터 15년 전, 서울시 강서구의회 의원으로 재임했을 때의 일입니다. 당시 강서구의 재정 상황은 열악했고, 재무구조 또한 난해하여 관리 운영에 허점이 많았습니다. 구의 재정이 늘어나야 주민들의 복지와 행복도가 증진될 수 있었기에 다수의 의원들은 재정현황을 낱낱이 파악해 필요 이상의 예산책정을 지적하고, 과도한 지출을 경계했습니다. 주어진 예산이 한정적이었으니 당연한 생각이었지요. 하지만, 구태의연한 구정 행정으로는 미미한 결과를 가져올 뿐, 결코 해결책은 되지 못했습니다.

그때, 긍정의 힘을 발휘하기로 했습니다. 어딘가에 분명 답이 있을 것이라 생각하고 여러 자료를 모으면서 다른 의원들이 살피지 않은 부분들을 지속적으로 분석하고 탐색해 나갔습니다. 그렇게 얻은 결론을 토대로 저는, 이전에는 찾아볼 수 없던 새로운 행정을 건의했습니다. 아끼는 것에 급급 하는 것보다 세외수입의 증대를 노린, 이른바 발상의 전환을 한 것입니다.

당시 강서구에서는 예산 모두를 구 지정 금고로 되어 있던 은행에 아주 낮은 이율로 예치하고 있었습니다. 물론 이는 모든 국가 기관이 전국적으로 운영하고 있는 아주 당연시되는 일이었습니다. 하지만, 저는 이 당연함을 뒤집었습니다. 타 은행보다 이율이 턱없이 적은데, 굳이 지정은행에만 예산을 묶어둘 필요가 없다는 생각이었습니다. 하여 1995년 9월 제40회 서울시 강서구의회 구정 질문을 통해 이를 건의하였고, 이는 놀라운 결과를 가지고 왔습니다. 만기자금의 운영효율화를 통하여, 높은 이율의 수익을 확보하고 예금을 관리한 결과, 바로 1년 뒤에 세외수입 이자로만 전년대비 20억가량의 차액을 이득 본 것입니다. 이로 말미암아 너무 간단히 예산이 확충되었고 확보된 예산으로 강서구는 시급한 사안들을 수월하게 처리할 수 있었습니다.

놀라운 것은 이러한 행정상의 개선이 강서구에만 그치지 않았다는 것입니다. 예산 확보에 관한 강서구의 선례가 서울의 25개 구청 및 서울시청 운영자금까지 전파되었고, 대한민국 모든 광역단체와 지방자치단체에서는 이러한 선례를 따라 예산확충을 꾀했습니다. 그 결과 서울권에서만 연 700억이라는 세외수입 은행이자가 증가되었습니다. 이는 전국적으로 확산되었고 지금까지 줄곧 이어져오고 있습니다. 단승식이율계산법에 따르면 1996년부터 지금까지 15년간 국가기관들이 이자로만 약 10조 원 이상의 세외수입을 증대할 수 있었습니다. 10조 원 이상의 큰 금액이 단순한 생각의 전환, 긍정적인 변화를 꿈꾸는 것에서 시작하여 국민들을 위하여 사용할 수 있었던 셈입니다.

부정적으로 인식하는 생각을 의지로 이겨내고 긍정적으로 돌리면 뇌 구조도 달라져 긍정적으로 세상을 인식하게 되고 한 걸음 더 앞으로 나갈 수 있는 힘을 가지게 됩니다. 상황이 안 좋다면 좋아지는 방안을 모색해야 하지 누구 때문인지 생각해서는 안 됩니다. 지나가 버린 시간에 매달리는 순간, 긍정은 흩어지고 생각의 틀은 좁아질 뿐입니다.

반면 긍정은 사고를 유연하게 해주며, 보다 혁신적인 아이디어를 샘솟게 합니다. 또한 긍정적인 생각은 행복과 긴밀하게 연결되어 있습니다. 많은 사람들이 긍정을 가까이 두려고 애쓰는 이유도 궁극적인 행복과 연결되기 때문입니다.

사람과 사람을 잇는 긍정 바이러스

긍정은 나 하나에서 그치는 에너지가 아닙니다.

철학의 아버지 아리스토텔레스는 인간을 가리켜 사회적 동물이라 말했습니다. 이는 우리 인간이 객체로서 독립된 삶을 사는 것이 아니라, 하나의 상호보완적인 유기체로 누군가와 연결되고, 연결된 사람은 다시 누군가와 연결되어 큰 사회를 구성한다는 뜻을 가진 말입니다. 이는 한 사람이 긍정적 에너지를 갖추게 되면 자연스럽게 그와 연결된 사회로 전파된다는 의미도 될 것입니다.

우리는 가까이는 가족과 친지, 멀게는 스승, 친구, 동료들을 비롯한 인적 네트워크를 형성하며 살고 있습니다. 나와 관계하는 그들 모두는 나를 나답게 만들어주는 버팀목이자 쉴 수 있는 그늘이며 가장 큰 응원군입니다.

이런 차원에서 긍정은 자신의 삶을 풍요롭게 만들뿐더러, 관련된 모두에게 행복의 에너지를 전달해 주는 통로가 됩니다. 나의 긍정은 모두를 긍정적으로 변모시킬 수 있습니다. 저 역시 이 점을 직접 경험하고 느낀 바가 많았습니다.

서울시 강서구의회 의원으로 활동했을 때, 예산확충과 더불어 역점을 두고 강력하게 추진한 사업이 있습니다. 그것은 공무원들의 '자기명함 주고 인사하기' 행정이었습니다. 지금으로서는 상상도 하기 힘든 일이지만, 1995년 당시의 하위직 공무원들에게는 자기 명함 하나도 없고, 민원인에게 자신의 이름을 알리는 것을 꺼렸습니다. 따라서 모든 민원인들은 자신이 누구에게 민원을 제기하는지, 어떤 문제를 누구에게 부탁해 해결해야 하는지 항상 불명확했고, 민원 만족의 질은 떨어졌습니다. 또한 공무원들은 공무원으로서의 소속감과 의무감이 약했습니다.

그래서 저는 새로운 제안을 해 보았습니다. 열심히 일하는 공무원들이 자신의 정체성을 확실히 하고 구정행정에 도움이 될 수 있도록 출입문 입구에 사진을 붙이고, 그에 맞는 책상 배열과 책상 위에 직위 붙여놓기 운동과 자기명함 주고 인사하기 운동을 전개하기로 건의한 겁니다. 하지만, 구에서는 이를 차일피일 미루는 것도 모자라 중요하지 않다는 식으로 받아들였습니다. 하여 매회 구정 질문에서 이를 끈질기게 건의했고 마침내 자기명함 주고 인사하기 운동과 직위 붙여놓기 운동은 시작 될 수 있었습니다.

가장 큰 변화는 명함을 받은 하위직 공무원들에게서 나타났습니다.

고위직 공무원이나 지니고 다녔던 명함을 가지게 된 공무원들이 자신의 직책에 대해 애착을 갖게 되었고, 보다 사회적이고 적극적으로 민원인들을 상대하기 시작했습니다. 민원인들은 담당자들의 명함을 받고 높은 신뢰감을 얻었으며, 차후 민원이 잘 해결되었을 때 담당자의 이름을 분명히 밝히며 칭찬을 하는 등 매우 긍정적인 연쇄반응들이 이어졌습니다.

자기명함 주고 인사하기 운동은 총체적으로 구정행정의 발전에 크게 기여했고, 행정평가에서도 높은 평가를 받는 계기가 되었습니다. 또한, 오래지 않아 다른 구의 공무원들과 서울시 공무원들에게도 영향을 미쳤습니다. 그들은 강서구 공무원들의 이야기를 듣고 자진해서 자기명함 주고 인사하기 운동을 전개하였고 이는 대유행이 되어 전국의 모든 공무원들이 자기 명함을 갖게 되는 선례를 남겼습니다.

자기명함 주고 인사하기 운동은 참으로 많은 것을 깨닫게 해 주었습니다. 바로 긍정이 지닌 전염력이었습니다. 자신의 이름이 담긴 명함을 건네면서 찡그리는 사람은 없었습니다. 대부분 활짝 웃으면서 명함을 전달했고 그 웃음은 명함을 받은 사람에게 고스란히 옮겨갔습니다. 명함을 손에 쥐는 사람들은 하나같이 미소를 지었고 그 명함이 보다 많은 사람들에게 퍼져가면서 긍정이 깃들었습니다. 명함 하나를 통해 신뢰가 전달되고 그것이 긍정을 불러일으켜 민원이 해결되는 것도 훨씬 효과적이었습니다. 뿐만 아니라 공직에 임하는 사람들은 전보다 활기가 넘쳤고 민원인들의 만족도 역시 매우 높게 변해갔습니다. 그때 깨달았습니다. 긍정이야

말로 바이러스이며, 세상을 아름답게 전염시키는 바이러스라는 것을.

　　하나의 긍정은 여러 갈래의 긍정으로 퍼져 나갑니다. 이것을 가리켜 긍정 바이러스라고 말하고 싶습니다. 마치 바이러스처럼 알게 모르게 조금씩 삶에 퍼져 나가 주변을 감염시키기 때문입니다. 바이러스는 일종의 생명체입니다. 자체적으로 살아 움직이고 증식하고 움직이는 힘이 있습니다. 긍정 바이러스는 원초적인 생명력을 가지고 있습니다. 한 번 자리를 잡기 시작하면 때로는 의지와 상관없이, 예측하지 못한 부분에서 자체적으로 기능을 하기 때문입니다.

　　긍정 바이러스는 나눌 수 있기에 가치가 있습니다. 이 바이러스가 불어넣는 에너지는 모두의 삶을 풍요롭게 만들며, 나누는 방식과 상황에 따라 무궁무진한 변화를 가져오기도 합니다. 긍정 바이러스에 감염된 사람들은

| 2011년 9월 코레일 한국철도공사 강당에서 한국강사은행 릴레이 특강中

자기 자신도 모르게 긍정적으로 생각하고 말하고 실천하게 됩니다. 이 에너지는 작게는 가정을 크게는 직장과 이 사회 전체를 건강하게 만들어 갈 것입니다.

365일 빛나는 긍정 바이러스, '하면 되고'

어떤 상황에서도 긍정주의자가 되는 비결에는 세 가지가 있습니다.

첫째. 본인이 바꿀 수 없는 것에 시간을 허비하지 말아야 합니다.

우리는 오직 앞으로의 것만을 생각해야 합니다. 물리적인 시간은 결코 우리를 기다려 주지 않습니다. '과거에 어떻게 했어야 했다' '이렇게 할 걸' 하는 생각을 멈춰야 합니다. 과거는 지나간 역사에 불과합니다. 자신이 처한 현재, 또한 앞으로 올 미래를 바라보면서 긍정적으로 계획하고 이를 실천하기에도 바쁩니다. 따라서 우리는 본인이 바꿀 수 없는 과거에 연연하며 소중한 시간을 허비해서는 안 됩니다.

둘째, 본인이 원하는 것을 생각해야 합니다.

의외로 많은 사람들이 자신이 정말 원하는 것이 무엇인지 알지 못할 때가 많습니다. 목표가 분명치 않으면 결정적인 순간에 흔들릴 수밖에 없습니다. 그러므로 자신이 무엇을 원하고 있는지 확실히 생각하고 달성하고자 하는 것을 생각해야 합니다. 이는 구체적일수록 좋습니다. 소소하더라도 실현 가능한 것을 생각하는 것이 좋습니다. 작은 것이라도 목표를 달성한다면 그 성취감에서 우리는 또 다른 힘을 얻게 되며 더욱 긍정적으로 매진 할 수 있게 됩니다.

셋째, 어떤 상황이건 좋은 면을 보도록 노력해야 합니다.

사람이나 상황에 대해 좋은 면을 찾는 노력이 필요합니다. 뭔가 일이 잘안될 때마다 "괜찮아"를 외치는 습관을 기르는 일이 중요합니다. 사람의 일이라는 것은 무조건 잘 될 수만은 없습니다. 이것이 당연한 이치임을 인식해야 합니다. 일이 잘 되지 않을 때마다, 쉽게 좌절하고 포기하거나 멈춘다면 결코 좋은 결과를 얻을 수 없습니다. 그럴 때마다 오히려 힘을 내어 한 걸음 더 나아가야 합니다. 백척간두 진일보(百尺竿頭 進一步)라는 말이 있습니다. 절체절명의 상황에서는 결단을 내리고 그 결단을 긍정으로 믿고 나아가야 한다는 뜻입니다. 그렇게 될 때 어떠한 난관도 긍정으로 풀어나갈 수 있습니다. 진짜 큰 난관은 아무것도 하지 않는 일입니다.

똑같은 상황에도 긍정 바이러스에 전염된 사람들은 이렇게 말합니다.

"잘못이 있으면 잘못을 고치면 되고, 부족하면 채우면 되고, 돈이 없으면 돈을 벌면 됩니다."

"잘 모르는 일은 물어보면서 하면 되고, 일이 잘 풀리지 않을 때는 잘 될 때까지 하면 됩니다."

"지쳤을 때는 잠시 쉬면 되고, 넘어지면 일어나면 됩니다."

"사랑받고 싶다면 먼저 사랑하면 되고, 힘이 부족하면 힘을 키우면 그만입니다."

이처럼 '하면 되고' 라는 정신으로 사는 것, 이것이 바로 긍정 바이러스의 본래 정신인 것입니다.

지에스데이타(주)에서 하고 있는 업무

기업을 경영하면서 항상 고민되고 힘든 일이 직원을 채용하는 일이라 생각합니다. 훌륭한 인재의 채용은 곧 기업의 경쟁력 제고와 함께 지속성장 발전의 지름길임을 믿어 의심치 않습니다. 대기업에서는 전문적인 헤드헌터들이 활동하고 있고 중소기업에서도 더 나은 인재채용을 위해 많은 사람들을 고르고 고릅니다만 서로 상생이 되지 않고 있는 것이 현실입니다.

2005년, 서울시 강서구의회 의원 임기를 마칠 즈음 회사 설립을 놓고 고민을 했습니다. 단순한 이익을 창출하는 기업보다 한 단계 더 높은 이상을 실현하는 기업을 꿈꾸었던 터라 오랜 시간 시장 조사와 고민을 거듭했습니다. 누구나 어렵고 힘든 시기에 기업과 인재들에게 힘과 보탬이 되는 회사를 설립하자는 철학으로 고민한 끝에, 하나의 블루오션을 발견하게 되었습니다. 당시에 정부가 무상으로 지원하는 다양한 중소기업 지원금제도가 있음에도 불구하고 많은 중소기업들이 이를 활용하지 못하고 있었기 때문에 그것을 도와줄 기업이 필요했습니다.

조사한 바에 의하면 중소기업들 중 정부지원제도를 활용하는 기업이 5%도 되지 않았습니다.

이러한 사실을 계기로 철저한 준비를 마친 뒤 2005년 5월 31일, 정부지원금 전문 기업자문 회사 지에스데이타 (www.gsdata.co.kr)를 설립하게 되었습니다. 지에스테이타에서는 청년인턴지원제도, 고급인력지원금, 연구인력 지원금, 경영인증, 인재파견 등 5가지 부분에서 중소기업 자문과 인증기업에 인재파견 업무를 하고 있습니다.

청년인턴제도는 노동부에서 청년실업 대책의 일환으로 직원을 채용하는 기업에 한하여 인턴 기간 6개월 동안 매월 80만 원씩, 정규직으로 고용할 경우 월 65만 원씩 추가적으로 지원해주는 제도이며 서울시 소재 기업이 서울시민 실업자를 채용하였을 때에는 월 100만 원씩 십 개월, 총 일천만 원을 무상으로 지원해 주는 제도입니다. 고급인력지원금의 경우 석사, 박사나 경력 5년 이상 되는 직원을 2008년 9월 이후 채용했을 경우 1인당 최대 1080만 원을 지급받을 수 있고, 기업부설 연구소를 인가받은 기업의 경우 고급 연구인력 지원금으로 3년간 최대 5400만 원을 지원받을 수 있습니다.

또한, 지에스데이타는 근로복지공단이 지정한 사무대행기관으로 4대 보험 신고를 무료로 대행 해 드림으로써 중소기업의 고용·산재 보험 사무처리의 부담을 덜어주고 사무처리 능력 보완 등의 편의를 제공하고 있습니다. 이러한 인력지원 자문 이외에도 기업부설 연구소설립, 벤처, 이노비즈 인증 등 경영관련 인증을 전문적이며 체계적으로 기업 자문하여 실시하고 있습니다.

지에스데이타(주)는 현재 7,000여 회원사에 정부무상지원금을 자문하였으며, 지속적인 성장기반을 마련하고 건실한 기업으로 성장하고 있습니다. "남과 같아서는 남보다 앞설 수 없다." 라는 신념으로 항상 임직원들과 열심히 노력하면서 한 차원 높은 기업자문 업무를 준비하고 있습니다. 앞으로도 생산적이고 고차원적 이며 합리적이고 효율적으로 대한민국 중소기업에게 다가서서 비용절감과 수익성 극대화를 위해 부단한 노력을 다하겠습니다.

▼ 2011년 9월 3일 한국강사은행 부총재 권선복 릴레이특강

성공을 위한 리허설
Rehersal

희망의 멘토를 찾습니다

대한민국을 더욱 따뜻하게 만드는 희망의 멘토들의 행진은 계속됩니다.

저희 도서출판 행복에너지에서는 각박한 사회 속 식어가는 인정의 온기를 되살리는 책을 만들고자 노력하고 있습니다.

「성공을 위한 리허설」은 그 노력의 결과물로써 현재 여러 기업체와 각종 공공기관, 지방 자치단체, 복지기관 등에서 활발한 활동을 하시고 계신 다양한 분야에 종사하는 21인의 전문가와 함께 하였습니다.

이 한 권의 책으로 말미암아 조금이나마 대한민국이 따뜻해지리라 믿어 의심치 않습니다. 저희 출판사에서는 이러한 성과에 안주하지 않고, 더욱 폭넓고 다양한 삶의 지침서를 만들어갈 예정입니다.

각자의 분야에서 타의귀감이 되신 분들, 뛰어난 아이디어로 새로운 지평을 열어가는 분들, 본인만의 전문성과 노하우로 무장한 특정분야의 전문가들, 많은 사람들이 인지하지 못하는 영역에 대한 지식이 있는 분들을 모시고자 합니다. 치열한 삶의 이야기, 감동이 묻어나는 사람 사는 이야기로 많은 이들과 소통할 수 있는 기회를 함께 누리고자 합니다.

참여하실 의사가 있거나, 지면을 통해 보다 많은 사람들과 소통하기를 원하신다면 언제든 저희 출판사의 문을 두드려 주십시오. 보내주신 신중한 결정에 대해 최상의 대우를 약속드리겠습니다.

망설이지 말고, 지금 바로 희망의 멘토가 되어주십시오
당신의 참여로 세상은 한결 더 행복해질 것입니다.

행복이 깃드는 도서, 에너지가 넘치는 출판을 지향하는

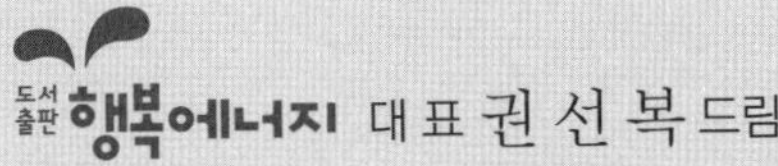

행복의 멘토22

성공사관학교 서필환 외 21인 지음 | 신국판 변형 | 값 15,000원

성공사관학교라는 이름으로 하나가 된 대한민국 명강사들을 이제 책으로 만난다.「행복의 멘토 22」라는 제목은 행복(幸福)의 한자 획수 22에서 착안되었다. 한 획 한 획이 모여 행복幸福이라는 글자를 이루듯이 한 명 한 명이 서로 조화롭게 모여 진정한 성공을 형상화 한다. 현재 대한민국 전국의 기업체들과 각종 공공기관, 지방 자치단체, 복지기관 등에서 활발한 강의활동을 이어가며 큰 인기를 누리고 있는 명실상부한 명강사 드림팀으로 엄선된「행복의 멘토 22」는 진정한 행복과 성공의 멘토로 자리매김 하게 될 것이다.

대한민국 상위 0.1%의 자식교육

이규성 지음 | 신국판 | 값 15,000원

대한민국을 움직이는 명문기업家의 자식들은 뭔가 특별한 것을 배운다? 그간 외부에 드러나지 않았던 명문기업가의 자식교육 비법을 파헤친다. 최고의 자리에 올라 기업을 이끄는 선두리더가 되기 위해 그들은 부모로부터 무엇을 배웠으며, 또 후대의 자식들에게는 어떤 것을 가르치는지를 심층적으로 추적한 이 책은 현재 대한민국을 대표하는 기업 삼성, 현대, LG, SK, 롯데, 한화, 두산, 효성, 코오롱, 대림, 동원, 배상면주가, 샘표식품, 에이스침대, 안철수 연구소의 존경받는 리더들이 어떻게 완성되었는지를 알려준다. 명문기업가의 자식교육비법을 전수받아 대한민국을 넘어 세상에 우뚝 서는 자녀들의 청사진을 그려보자.